A Study on Innovative Broadcasting and Hosting Styles

播音主持风格创新研究

张曼缔 / 著

中国传媒大学出版社
·北京·

图书在版编目(CIP)数据

播音主持风格创新研究 / 张曼缔著. -- 北京：中国传媒大学出版社，2024.6
ISBN 978-7-5657-3612-4

Ⅰ. ①播… Ⅱ. ①张… Ⅲ. ①播音—语言艺术—研究 ②主持人—语言艺术—研究 Ⅳ. ①G222.2

中国国家版本馆 CIP 数据核字(2024)第 025673 号

播音主持风格创新研究
BOYIN ZHUCHI FENGGE CHUANGXIN YANJIU

著　　者	张曼缔
责任编辑	黄松毅
特约编辑	李　婷
封面设计	拓美设计
责任印制	李志鹏
出版发行	中国信媒大學出版社
社　　址	北京市朝阳区定福庄东街 1 号　　邮　编　100024
电　　话	86-10-65450528　65450532　　传　真　65779405
网　　址	http://cucp.cuc.edu.cn
经　　销	全国新华书店
印　　刷	唐山玺诚印务有限公司
开　　本	710mm×1000mm　1/16
印　　张	17.25
字　　数	265 千字
版　　次	2024 年 6 月第 1 版
印　　次	2024 年 6 月第 1 次印刷
书　　号	ISBN 978-7-5657-3612-4/G・3612　　定　价　78.00 元

本社法律顾问：北京嘉润律师事务所　郭建平

序

在语言传播领域,播音员主持人如何才能吸引人们的眼球和耳朵?字正腔圆、准确无误、清晰流畅是基本功夫。比基本功夫更重要的,恐怕是播音主持的个性风格。风格化,是播音主持艺术成熟的标志。在专业上,播音主持的语言表达是艺术加工与艺术创作的过程。技巧的运用,结合播音主持人的文化修养、专业知识、良好气质、语言逻辑,最终形成播音主持的独特风格。

曼缔2009年考入暨南大学新闻与传播学院跟随我攻读新闻学博士学位。她结合自己过去的工作经历和研究特长,决定将播音主持风格研究作为自己的博士学位论文选题。曼缔2012年完成学位论文,顺利通过答辩获得博士学位。读博之前,曼缔在媒体一线从事主持工作多年,对播音主持实践有自己的深切体会与独到见解。毕业之后,曼缔调入东莞理工学院,从事与播音主持艺术相关课程的教学与研究工作,对播音主持风格的研究更加深入,在专业期刊上发表了多篇有见地的论文。这种成长经历,让她对博士学位论文《中国电视节目主持风格的演进与创新》做了进一步修改与完善,在此基础上,结合智能媒介时代播音主持风格的融合、迭代和更新,她又写成了《播音主持风格创新研究》一书。现在这本书即将出版,可喜可贺。

王蒙《风格散记》对众多不同的风格做过阐述,譬如潇洒、机智、幽默、激昂、清明、痛苦、含蓄、赤诚、神秘、老辣、闹剧、奔腾、清新、温馨、雄浑、豁达、单纯、空灵、朦胧、自然。播音主持风格是什么?主持风格是什么?如何进行分类,怎么界定,理论依据何在?这些都是播音主持风格研究首先要解决的问题。曼缔在书中探讨了播音主持风格的理论框架和构成体系,在语言学的修辞、美学的审美和艺术学的表现等多维学术视野中阐释风格理论;探讨风格理论与传播学的双向关联,分析风格理论在传播过程中的应用、风格理论对主持风格的影响,从而建构电视节目主持风格的理论体系。

在曼缔看来,播音主持风格是体现播音员主持人特质的重要内容,是其外在形象、个性语言、思想特点、生活经历等多个方面呈现出来的相对成熟的特质,具有稳定性;播音主持风格不是任何主持人都有的,是一种人格化的传播艺术,具有独特性;播音主持风格是主持人风格与节目风格的融合统一,是呈现出来的整体感觉,具有综合性;播音主持风格需要被受众感知,能增强主持人的可识别性、帮助受众接受信息以及规范主持人的传播行为,具有交际性;播音主持风格是在传播实践中形成的,受到一定时期、一定社会环境、一定地域的制约和影响,具有社会性。

《播音主持风格创新研究》在综合运用人文社会科学有关理论的基础上开拓创新,对不同时期播音主持风格的演进与创新做了系统而深入的探讨,是很有价值的播音主持研究成果。本书从播音员主持人个人的性格和气质特点、播音员主持人与节目的融合程度、节目类型以及播音员主持人形象等维度划分主持风格类型,提出播音主持风格具有表现的独特性、多样性以及稳定性产生的附着性、形成的阶段性、传播的交互性,并对播音主持风格的演进规律、演进动因进行了细致分析;从社会时代语境的变迁、传播观念及体制的变迁、受众审美需求变化三个方面探讨了播音主持风格的演进动因;从媚俗化、同质化、表象化三个方面论述了播音主持风格中存在的问题;从播音主持风格的创新原则、播音主持风格的宏观设计、播音主持风格的微观塑造等方面,探讨了播音主持风格在新时期的创新和发展以及如何提升播音员主持人的国际传播力和影响力等问题。

从20世纪80年代中后期以来,我国真正意义上的节目主持人逐渐从传统播音员队伍中独立出来,其独特、鲜活的主持风格形态受到业界、学界和社会的普遍关注。随着我国广播电视事业和新媒体应用的飞速发展,广播电视技术、广播电视节目形态和播音主持风格样态正在发生变化,互联网和智能媒介的发展为播音主持风格的融合创新提供了平台。在新时代媒介生态的大变革中,移动化、社交化、智能化成为媒体发展的重要趋势,虚拟主持人、数字人及AI主播等技术的出现,让播音主持风格面临传承与创新、理论与实践的交融。曼缔的这部著作,既梳理了播音主持风格传承的历史脉络,序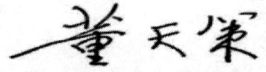

也呈现了新时代播音主持风格的新潮流新风尚,在理性的思索中展现出风格研究的新视角,无论是对奋战在一线的播音员与主持人,还是对正在大学就读的广大新闻传播学子尤其是播音与主持专业的学子,都具有重要的学习、参考价值。

是为序。

董天策

于重庆大学新闻学院

2023 年 6 月 18 日

目 录

绪 论 / 1
 第一节 研究背景 / 1
 第二节 文献综述 / 6
 第三节 研究的理论资源和创新之处 / 13
 第四节 研究方法 / 18

第一章 风格理论与播音主持风格 / 20
 第一节 多维学术视野中的风格阐释 / 20
 第二节 风格理论与传播学的双向关联 / 34
 第三节 播音主持风格的构成体系 / 39

第二章 播音主持风格的演进历程 / 61
 第一节 早期广播电视播音风格的产生和调整 / 62
 第二节 播音主持风格的形成与演变 / 71
 第三节 网络时代播音主持风格的更新迭代 / 81
 第四节 人工智能时代播音主持风格的赋能创新 / 87

第三章 播音主持风格的演进表征及规律 / 98
 第一节 风格样式:从单一到多元 / 99
 第二节 意识形态:从政治化到去政治化 / 101

第三节 叙事方式：从宏大叙事到微型叙事 / 103
第四节 传播身份：从附属到主导 / 105
第五节 播音主持风格的演进历程、特点及其趋势研究
　　　　——以广东地区广播电视播音员主持人的风格为例 / 107
第六节 主流媒体广电直播带货的传播模式和传播效果分析 / 113

第四章 节目类型化：决定播音主持风格的基本路向 / 122

第一节 新闻类节目播音主持风格的演进 / 123
第二节 谈话类节目主持风格的演进 / 128
第三节 综艺类节目主持风格的演进 / 135
第四节 社教类节目主持风格的演进 / 142

第五章 主持人的个人特质：播音主持风格的内在规定性 / 147

第一节 播音员主持人的自身素质对播音主持风格的制约 / 147
第二节 播音主持风格的个案研究 / 154

第六章 播音主持风格演进的动因分析 / 166

第一节 社会时代语境的变迁对播音主持风格的影响 / 166
第二节 传播观念和体制的变迁对播音主持风格的催化 / 173
第三节 受众审美需求的变迁对播音主持风格的推动 / 180

第七章 播音主持风格的批判性审视 / 189

第一节 马克思主义异化理论的内涵 / 190
第二节 播音主持风格的异化问题 / 191
第三节 媚俗化：商业浪潮和消费社会带来的播音主持风格异化 / 193
第四节 同质化：缺乏原创特色和主持意识的播音主持风格异化 / 199
第五节 表象化：认知偏差与现实瓶颈造成的播音主持风格异化 / 202

第八章　播音主持风格的创新　/ 209
　　第一节　播音主持风格的创新原则　/ 209
　　第二节　播音主持风格的宏观设计　/ 215
　　第三节　播音主持风格的微观塑造　/ 221
　　第四节　播音主持风格的创新策略　/ 227

第九章　提升播音员主持人国际传播能力的策略研究　/ 231
　　第一节　智能媒介时代提升播音员主持人国际传播能力的
　　　　　　重要意义　/ 234
　　第二节　智能媒介时代我国国际传播的现状及趋势　/ 237
　　第三节　我国主流媒体播音员主持人在国际传播中存在的问题　/ 240
　　第四节　欧美优秀电视主持人的国际传播特点及经验　/ 245
　　第五节　提升我国主流媒体播音员主持人国际传播能力的策略　/ 247

参考文献　/ 253

后　记　/ 259

致　谢　/ 264

绪 论

▶▶▶ 第一节 研究背景

一、研究目的和意义

电视节目播音员主持人作为电视媒介最活跃、最生动的体现者和传播者,因其在大众传播活动中的"前台"位置而扮演着重要角色。播音员主持人在《广播电视词典》中的定义为"在广播电视节目中,以个体行为出现,代表群体观念,以有声语言为主干或主线驾驭节目进程,直接面对受众,平等地进行传播的人"[①]。可以看出,以播音员主持人为主体的传播可视为一种独特的大众传播,它体现了大众传播人际化、拟态化和人格化的特点和优势,也发挥了重要的传播影响力。在这种传播方式下,"播音员主持人在提供信息、满足受众信息要求的同时,给予受众一种人情味和亲近感,造成一个人与人相交往、相交流的虚幻的传播环境,弥补了大众媒介传播所造成的受众的情感断流"[②]。大众传播学理论和播音主持传播实践皆证明,播音员主持人在大众传播中扮演了重要角色,播音主持风格不仅体现了媒体的风格、节目的风格和个人风格,并且成为节目和主持人与受众交流的纽带,是受众对传播活动的直接感知和整体把握,成为影响传播效果的重要因素之一。

---

① 赵玉明,王福顺.广播电视词典[M].北京:北京广播学院出版社,1999:212.
② 东亚.主持人:在文化超越的背后[J].现代传播,1996(2):55.

随着时代的变迁、社会的转型,受众的地位、结构和需求也发生变化,消费主义兴起,电视媒介在传播语境、传播观念、传播内容和传播手段上也随之改变,这些变化使得播音员主持人群体在风格样式上呈现出鲜明的时代特征和媒体风貌。播音主持风格体现着节目、媒体的风貌和格调,关乎一档节目甚至是媒体的成败,成为影响受众收看节目的重要因素,其演进也折射出时代和社会变迁、传播媒介和传播产业的发展变化。由此可见,影响播音主持风格变化的因素也可以从宏观(时代、社会)、中观(媒介、受众)和微观(节目、主持人)三个层次来分析探讨。

中国电视节目主持人的正式推出是 20 世纪 80 年代,之后主持人队伍逐步扩大。80 年代以前我国有电视播音员,他们形成了具有一定时代特色的播音风格,但相对而言个性风格不明显,播音模式比较单一。随着播音主持传播实践的发展,播音员逐渐向主持人过渡,并且随着电视节目小众化、类型化及频道专业化的发展,主持人发挥的主导作用和社会功能越来越大,从事电视主持工作的人越来越多,40 年来播音员主持人队伍在不同时期形成了不同节目类型、不同个性特征的主持风格,呈现出多样化的特点。

播音主持风格之所以受到广泛关注,是因为具有独特风格的优秀播音员主持人是电视台最鲜活、最具影响力和号召力的品牌,不仅体现了媒体和节目的风格,也是吸引观众收看的重要因素。从实际情况来看,我国电视节目播音主持风格呈现多样化、个性化的发展趋势,产生了许多广受观众欢迎的播音员主持人,但播音主持风格类型还远不能满足观众日益提高的欣赏水平。随着受众需求的变化,观众企望的是风格独特、富有个性魅力的播音员主持人,其播音主持风格应该朝着深刻而不古板、热忱而不轻浮、生动而不流于俗气、自然而不做作的方向发展。这有赖于时代环境、社会风尚、观众意识的培养,更有赖于播音员主持人独创性的实践积累,最终形成各种独具魅力的播音主持风格类型。因此,研究播音主持风格的演进,需要深入研究播音主持风格的构成要素和形成原因,研究时代社会潮流的变迁和受众审美需求的变化,提倡播音主持风格的大胆尝试、创新求变。目前,我国电视节目播音主持风格仍然存在媚俗化、同质化和表象化的现象,需要从整体上塑造具有时代特色并为广大观众接受的风格类型,推出具有全国影响力、能体现中国特色的电视节目主持人,使得主持风格朝品牌化、专业化、人文化的方向创新发展。

从记录新闻到新时代AI主播的出现,播音主持行业在当前的技术化浪潮中正在发生着巨变。中国的播音主持艺术经过一系列历史演进,始终作为党和政府喉舌,在社会生活中扮演传播使者等重要角色,并逐渐朝着标准化、专业化、时代性的方向发展,形成了一系列行业规范与专业标准。播音主持风格在当代的传承与发展,不仅是对播音主持行业珍贵历史声音、影像记忆的留存,也是对中国播音主持艺术家们高尚人格与情操的传承,这些宝贵财富作为文化软实力融入中华民族伟大复兴进程中。播音主持艺术不仅为社会带来政治经济价值,同时也不断满足人们的精神与文化需求,作为重要的宣传与传播方式在特定场合代表国家形象,传播新闻、传播中华民族优秀传统文化;由播音主持艺术延伸的朗诵、演讲等艺术,不仅有丰富的文化底蕴,也给人们带来美的享受。

从2016年习近平总书记"2.19"讲话提出的"48字方针"到2021年"5.31"讲话提出的"加强国际传播能力建设",党的新闻舆论工作系列重要论述为播音主持创新发展提供了理论指导,即要为人民服务、为时代发声、做媒体把关人。党的二十大,习近平总书记再次提出"增强中华文明传播力影响力""要更好推动中华文化走出去,以文载道、以文传声、以文化人,向世界阐释推介更多具有中国特色、体现中国精神、蕴藏中国智慧的优秀文化"。播音主持风格在继承过去优良文化基因的同时,要紧跟时代发展,塑造符合社会主义核心价值观、代表国家形象的主流风格,体现中国气派。

本书以不同时代播音主持风格的演进为研究对象,从理论上直指问题,从实践中提出应对策略,为当前智能主播的风格设计和技术赋能,为建设播音主持人才体系、规范从业标准、建立管理制度、完善评价指标提供参考,进一步指导和深化播音主持实践。智能媒介形态及国际传播话语权构建研究,有益于塑造具有新时代中国特色、符合传播实际的播音主持风格,有益于树立主流价值观,提升受众语言传播水平和文化品位。

播音主持风格研究具有较强的实践性、理论性,内涵丰富,涉及新闻学、传播学、播音学、美学、艺术学、文学、语言学、社会学和心理学等多学科领域,可借鉴的研究成果较少,需要通过大量样本、个案研究,去发现规律、得出结论。本书主要以当代电视节目播音主持风格的演进历程为研究基点,用历史学的研究方法,结合传播学、美学、艺术学、语言学等多学科的分析视角,深入分析播音主持风格的构成要素、变化规律、演变动因,通过建立播音主持风格研究的理论框架和体系,为播音员主持人及主持传播研究带来新的素材、新的话语乃至新的观念和方法,为播音员主持人塑造适合节目形态和时代发展的风格提供实践指导。本书的理论价值和应用价值具体如下。

第一,本书以马克思主义新闻观为指导,从理论上梳理播音主持风格的表现形态和主体,对其类别形态、风格特征、构成要素等进行深入研究,有益于丰富和发展现有的播音主持理论。

第二,以习近平新时代中国特色社会主义思想为指导,加深对广东省粤语方言语境、粤港澳大湾区融合传播语境、传媒文化及播音主持业务等方面的理论研究,探讨播音主持风格的形成动因和演进规律,并结合个性化的播音主持案例进行描摹分析,以指导和深化播音主持实践。

第三,运用社会学和传播学受众调查研究方法,建立数据分析研究模型,对受众喜爱的主持人类型和社会动因进行深入研究,对主持人培养和评价的行业标准建设提出科学系统的建议和意见。

第四,立足于播音主持艺术的继承和创新,赋予播音主持风格的意境美,正确认识播音主持与采编各环节的关系,明确播音主持的创造性、情感性。

第五,增加广东地区粤语方言播音主持的演进历程研究、粤语电视节目变化趋势研究,增加中英电视节目主持人比较研究,借鉴国外播音主持先进经验,探讨国际传播的最新趋势,对如何塑造符合新时代中国特色和传播实际的播音主持风格提出一些新方法和新理念,助力广播电视网络节目质量提高和广播电视产业发展。

二、研究对象

本书主要以播音主持风格的演进和创新为研究对象,从20世纪80年代中国真正意义上的电视节目主持人产生,到90年代播音主持风格的形成,20世纪前后播音主持风格的融合创新、网络时代播音主持风格的更新迭代、人工智能时代播音主持风格赋能创新等,分析不同时期播音主持风格的演进;

从新闻节目、综艺节目、谈话节目和社教节目等不同类型节目的主持风格，以及不同个性播音员主持人的播音主持风格等多个维度，运用语言学、文艺学和美学的风格理论资源，结合中外电视节目播音主持实践、播音主持传播的发展历程，对播音主持风格予以系统探讨，从理论层面探讨播音主持风格概念、构成要素、影响因素；从关系视角分析播音主持风格与主持人、节目类型和受众的关系，为主持人在节目中塑造有个性的风格提供理论指导；从传播史视角分析当代电视节目主持风格演进的特征、规律和动因，分析目前主持风格中存在的问题和其发展趋势，探讨主持风格的创新路径。

三、研究的基本问题

播音主持风格不是单纯的文艺作品文本研究，也不是简单的作家或艺术家的风格研究；播音主持风格研究不仅涉及其载体或体现者，而且与传播环境和传播过程密切相关。从传播学角度而言，一个完整的传播过程不仅包括传播者、传播环境、传播渠道，还包括信息传播的终端，即受众以及受众的反馈；播音主持风格的效果经由这一环节得以实现。因而，对播音主持风格的研究不仅局限于对播音员主持人自身风格的研究，还应包括探讨其与节目形态的关系以及受众对播音主持风格的接受和反馈。因此需要解决的问题包括：一是20世纪80年代以来中国电视节目播音主持风格演进的表征如何，有何变化规律？二是播音主持风格演进的成因是什么？三是播音主持风格塑造的现实路径如何，有何发展趋势？要解决这三个问题，需要从理论上界定什么是播音主持风格，分析播音主持风格由哪些要素构成，播音员主持人如何通过这些要素体现风格，播音主持风格与电视节目形态如何实现有机融合，受众与播音主持风格的关系如何，播音主持风格与时代特征有何关系等相关问题。就结构而言，本书从五个方面深入探讨上述相关问题。

第一，现象分析：1980年以来中国电视节目播音主持风格是如何演进和创新的？有何特征？

第二，动因分析：播音主持风格演进的动因是什么？

第三，批判性审视：从文化学、社会学角度理性审视作为精神产品的播音主持风格，分析其本质和价值。

第四,趋势分析:目前中国电视节目播音主持风格存在什么问题,将来的发展趋势是什么?

第五,创新策略:播音主持风格演进和创新的现实路径是什么?播音员主持人如何塑造自己的风格以满足时代和受众的需求?媒体如何通过塑造播音主持风格实现媒介品牌化传播,以提升传播效果?主流媒体主播如何讲好中国故事,提高国际传播力?

第二节 文献综述

一、国内研究现状述评

目前国内关于播音员主持人的研究虽有一定成果,但大都停留在对播音员主持人工作经验总结或审美文化分析层面,偏重于实务性和操作性,且失之零散。有关播音员主持人的基础理论研究薄弱,滞后于飞速发展的实践,不仅使该学科的一些基本概念的认识及理解众说纷纭、莫衷一是,而且对实际工作未能起到应有的指导作用。

从研究体系来看,播音主持方面的基础理论研究主要侧重于播音员主持人概念的界定,播音主持传播历史的总结,播音主持艺术的审美特征、传播特点和效果的研究等;应用理论研究主要是从播音主持实务、方法策略、个人培养、播音主持语言等方面进行研究;综合研究主要从理论和业务的多个方面或某些重要问题进行多角度研究,如播音员主持人的管理制度和文化传播研究等;专项研究则是研究个别播音员主持人,并对某些值得商榷的问题进行深入研究和个案研究,如研究成功节目播音员主持人的经验和经历等。

从研究内容来看,主要以语言学、新闻学和交叉学科的研究为主。一是从语言学角度来研究,如关于播音员主持人的语言表达、语言运用、心理语言以及语言风格的研究;二是从播音员主持人本体角度研究,如探讨播音员主持人的播报、策划、采访、编辑、评论艺术和现场主持艺术等;三是从节目本体角度研究,如从主持人节目与非主持人节目(播音员节目)的区别及差异入手,探讨播音员主持人与节目的关系,不同类型节目播音员主持人的素质构成、培养与管理,探讨播音员主持人节目的策划、定位、功能和传播策略等。

从研究视角来看,主持人研究视野不够开阔,大多局限于新闻学和传播学的单一视角,停留于应用层次,与美学、社会学等其他学科结合较少或者结合不充分。从风格学角度研究主持人的论著和成果不多,有关播报风格、主持风格或主持人风格的理论著作中没有一本专门论述节目播音主持风格的,大多数是将播音风格或主持风格作为其中的一个篇章进行概括和描述,没有系统论述播音主持风格的概念、演进或形成原因。

总体来说,播音主持风格研究的整体性、历史性不够,特别是关于播音主持风格的内涵界定、分类都较为模糊。针对播音员主持人传播历史、播音主持风格及其群体特征的专门研究很少。有部分著作提及播音主持风格,但论述也不详细,没有统一的理论指导,缺乏系统性和全面性。尤其是目前关于播音主持风格及演进的研究相当滞后,需要加强。中国期刊网数据显示,截至 2023 年 1 月,以"播音主持""风格"为题名的论文中,以"播音主持"为关键词的论文有 80,490 篇,以"风格"为关键词的有 283,536 篇,以"主持人"为关键词的有 82,777 篇,但以"播音主持风格"和"主持人风格"为关键词的分别只有 2973 篇和 345 篇,可见关于播音主持风格的研究在主持人研究中所占的比例很小。提及播音主持风格的论著仅 9 本,分别是《电视节目主持》(赵淑萍,1999 年)、《播音主持艺术新说》(曾致,2002 年)、《中国播音学》(张颂,2003 年)、《节目主持艺术学》(曾致,2006 年)、《综艺类娱乐节目主持概论》(刘洋、林海,2007 年)、《中国主持传播概论》(高贵武,2008 年)、《节目主持人语言传播艺术》(肖沛雄,2009 年)、《播音与主持艺术论纲》(毕一鸣,2011 年)、《主持艺术风格形态》(陈墨,2018 年)。其中,仅有一本专门论述节目的播音主持风格,其余是将播音主持风格作为论著中的一个篇章进行概括和描述,或对播音主持风格进行艺术学阐述,或阐述某类播音主持风格的特征,或阐述播音主持风格的时代特征。这些内容多以描述为主,没有系统分析播音主持风格的类型、形成历史、形成原因,其理论深度不够。还有的讨论了播音主持风格的分类,但是分类的依据显得理论性不强。

现有关于"播音主持风格"的研究主要集中在以下三个方面:一是关于播音主持风格的内涵界定。主要观点有:播音主持风格是主持人在创作中所体现出的创作个性和艺术特色(姚喜双,1992);播音主持风格包括外在形象、内在气质、个性语言、品德修养等相互关联协调的部分(赵淑萍,1999);播音风格是播音创作美的多种形态(张颂,2003);主持风格是主持人创造性劳动的结果和体现(魏南江,2006);播音主持风格通过节目的编排创意、后期包装及主持人风格等各方面来体现(刘洋、林海,2007);播音主持风格的形成除了自身主观因素外,主要是受时代特征、民族风格、地域优势、政治环境、媒体背景等因素的影响(姚喜双、孙琰洁,2011);播音主持风格是长期节目创作中培养形成的独特个性(曾致,2015)。

二是关于播音主持风格的类型划分。黄幼民、张卓、刘洋、林海、高贵武、蒋育秀、徐浩然、肖沛雄、毕一鸣分别从语言个性风格、形象特点、心理学特征、职业特点等方面划分主持风格类型;陈墨依据主持艺术风格与生命体验之关系,将主持风格划分为"壮丽型""典雅型""精约型""果敢型""远奥型""新奇型""显附型""繁缛型";喻国明、张珂嘉将智能媒介主播分为"资讯型"和"关系型",认为资讯型主播风格即内容风格,关系型主播风格源自媒介风格。

三是关于播音主持风格的构建路径。主要观点有:孙浩琛(2020)认为电视新闻播音主持风格需要创新创作方法、创作形式、创新环境以及创作内容;邓佳君(2021)提出播音主持风格的"雅俗"之辩,认为播音主持风格应该在保证内容"雅正"的基础上,从"雅"向"俗"转变,内容风格体现主持的语言美、规范性、逻辑性、文化性和情感性,传播风格要逐渐趋于口语化和平民化,多角度多形式满足大众文化需求,最终实现"雅俗共赏"。周勇、郝君怡(2022)认为传媒机构的智能主播风格是人对机器不断"驯化"的结果,其创制阶段必然要将职能级别、目标受众、内容取向、传播形态等因素纳入考量范围,以确保传播平台内容风格和谐统一。

从理论上来讲,播音主持风格概念宽泛,无法具体描摹,本应该属于宏观研究领域的课题;但在现实中,播音主持风格恰恰与播音员主持人的技巧一样成为相对微观的研究项目,那些受众关注度高的著名播音员主持人的播音主持风格常常成为研究个案。之所以会出现这样的情况,是由于缺乏相应的理论支持,不如音乐、绘画和文学作品的风格,容易找到具体的分析要素和分析维度。由于无法从宏观上把握,很多关于播音主持风格的研究只截取一部分来进行局部研究,比如语言风格、某类播音员主持人的播音主持风格,而缺乏对播音主持风格的宏观理解,具有明显经验主义色彩。因此,要做好播音主持风格研究,必须广泛占有研究材料,并大大突破原有播音员主持人的研究范围和研究成果,借鉴语言学、文学、美学、艺术学研究方法和视觉文化、身体文化、消费文化、大众文化等文化研究范式,来丰富主持人研究的视野和范围,增加播音主持风格研究的理论深度,并对播音主持实践提供指导和方法。

综上所述,国内学术界大多研究是针对风格形态的描摹和个案研究,停留在工作经验总结或审美文化分析层面,偏重于实务性,缺少理论支撑,没有系统论述播音主持风格的内涵、成因及存在问题;教学型、考试类著作多,研究型著作少;研究的整体性、历史性不够,对智能媒介时代出现的异化问题没有深入研究,滞后于飞速发展的传播实践。

二、国外研究情况述评

在国外,风格学的概念根植于西方语言学研究框架和其衍生出的经验主义哲学。早期风格学理论一般分为修辞学和文体学,主要观点有:风格的美可以确定为明晰(亚里士多德,公元前四世纪);修辞风格文雅合乎身份(西塞罗、昆提利安,古罗马时期);风格即人(布封,1758);风格是艺术已经达到和能够达到的最高境界(歌德,1789);风格的语言和言语活动属于个人和社会领域(索绪尔,1916);风格是说话者个人语言感情的特点(巴里,1905);风格因气质而异(沃尔夫林,1915);风格是表征一种文化的构成原则(鲍列夫,1981);从语言学、美学、艺术学角度建构风格理论。国外关于播音主持风格研究的论著不多,类别宽泛,相关著作不足30本,内容偏重于演讲技巧、说话艺术、个人传记、从业规范等,如《风格:关于语言清晰及优雅的十条建议》(*Style:Ten Lessons in Clarity and Grace*,Joseph M. Williams. Chicago,1994)、《如何成为广播电视主持人》(*Making it as a Radio or TV Presenter*,Peter Baker. London,1995)、《表现自信的秘密》(*Secrets of Performing Confidence*,Andrew John Evans. London,2003)、《最具影响力的演讲者:来自美国顶尖演讲导师的技巧、风格及策略》(*The Power Presenter:Technique,Style,and*

Strategy from America's Top Speaking Coach, Jerry Weissman. New York, 2008)、《天生有罪:特雷弗·诺亚的变色人生》(*Born a Crime: Stories from a South African Childhood*, Trevor Noah, 2016);美国脱口秀主持人欧普拉·温弗瑞自传《我坚信》(*What I Know for Sure*, Oprah Winfrey, 2015)、杰里米·克拉克森自传《发狂》(*Driven to Distractaction*, Jeremy Clarkson, 2009)、杰瑞·魏斯曼的《演讲制胜——讲故事的艺术》(*Presenting to Win: The Art of Telling Your Story*, Jerry Weissman, 2003)以及罗纳德·B.阿德勒和拉塞尔·F.普罗科特的《沟通的艺术》(*Looking out, Looking in*, Ronald B. Adler, Russell F. Proctor, 2006)等。

与播音主持风格(Broadcasting and Hosting Styles)相关的英文文献共45篇,40篇为国内学者论文译文,仅5篇为国外学者所写。它们主要是对新闻节目语言风格、Vlog视觉风格、不同地域普通话节目风格的差异分析,没有阐述主持风格概念特征及形成历史,缺乏参照性国际主流理论,研究范式模糊,理论线索不明。这与国外的新闻院校较少设置播音主持专业有关,它们对主持人概念的界定与国内也有差异。

国外关于播音员主持人研究的论著论文都较少,英国伦敦及美国费城的公共图书馆有关主持人的资料寥寥无几,英文文献不足50篇,几乎没有研究"主持人"的理论专著。仅仅有少数几本主持人的个人传记,以及讲述公众主持、演讲、语言技巧的书籍,缺乏具有参照性的国际主流理论。与主持有关的书籍也仅限于演讲技巧、说话艺术方面的内容。上述著作主要介绍主持人个人的传播经验及语言技巧,并非专门论述主持人的形成及历史,大部分是与主持业务有关的教科书,侧重趣味性和可看性。专门研究主持人特别是主持风格的著作基本是空白,整体性和历史性不够,研究的重视程度也不够。这一方面与国外的新闻院校较少设置播音主持专业有关,另一方面与主持人的概念差异有关,国外并没有一个类似中国"主持人"的广义概念。笔者在香港公共图书馆查阅的主持人理论专著,中文方面的相关著作几乎全是来自内地,似乎香港本地很少有人研究主持人,相关书籍十分匮乏。

与中国不同,西方新闻、文艺、体育等类型节目主持人之间基本不存在一个共同的组织,而是依据市场的需求按不同的演出形式或职业特征形成不同的圈层,不同类型的主持人其名称也各不相同。例如,Broadcaster(播音员),Television Presenter(电视播音员),Host(谈话节目主持人),Emcee(活动司仪),Journalist(记者型主持人),Analyst(评论员),Newscaster(新闻主持人),Sportscaster(体育主持人),VJ(音乐主持人),Commentator(解说员),Announcer(宣读员),Weatherman(天气主持人),Showman(演出主持人),Moderator(法律主持人)。因此,国外主持人的定义需按类别来区分,它没有一个能对应中国"主持人"这个广义概念的词。在国内现有的研究论文中,提到"主持人"的英文译法大致有两种:Anchor 和 Host,这两个译法基本上特指新闻类和文艺类主持人。从国外对于主持人的多种表述形式来看,它们对于主持人的专业化、类型化要求较高,主持人要拥有较深的专业背景,由此可以理解,为什么国外关于主持人理论方面的书籍较为分散,除著名主持人传记、游记、随笔外几乎没有专门论述主持人的理论书籍。

三、存在的问题和不足之处

目前,国内专门研究主持风格的成果相对较少,研究层次较浅,相关研究的主要问题有以下四类。

一是播音主持风格的类型划分不明确。黄幼民、张卓等学者依据主持人的气质魅力将主持人分为"温和型""稳健型""清纯活泼型""端庄型""儒雅型""幽默型""理智型"等七种不同的类型;[①]刘洋、林海等学者依据综艺节目主持人的风格个性将主持人划分为"情感型""机敏型""幽默型""活泼型""平民型"等五种类型;[②]曹可凡、王群等学者依据节目主持人的语言风格将主持人划分为"柔和型""儒雅型""活泼型""幽默型"等四种类型;[③]徐浩然等学者依据心理学理论和主持人的气质特征将主持人划分为"胆汁质类型的主持人""多血质类型的主持人""黏液质类型的主持人""抑郁质类型的主持人"四

---

① 黄幼民,张卓.主持人形象塑造[M].武汉:华中科技大学出版社,2006:233-237.
② 刘洋,林海.综艺娱乐节目主持概论[M].北京:中国传媒大学出版社,2007:47-64.
③ 曹可凡,王群.节目主持人语言艺术[M].上海:上海人民出版社,1997:254-270.

种;①高贵武等学者依据主持人的个人风格将主持人分为"青春靓丽型""老成持重型""专家学者型""编辑记者型""演员艺人型"五类。② 蒋育秀等学者从主持人的形象塑造类型和节目类型,将主持人划分成"权威型主持人""记者型主持人""教师型主持人""朋友型主持人"和"演员型主持人"五类。③ 陈墨等学者依据主持艺术风格与生命体验之关系,将主持风格划分为"壮丽型""典雅型""精约型""果敢型""远奥型""新奇型""显附型""繁缛型"。④ 以上与主持风格有关分类的主要依据是学者的个人经验,对于主持风格的划分有一定的参考作用,但总体而言缺少理论高度,缺少全面性和科学性。有的学者分析主持人语言个性风格的品牌效果,仅从主持语言的风格及其传播效果的角度研究,没有论及体现风格的其他形式;有的按心理学的分类去区分主持人的气质类型,不能全面概括主持风格的类型。

二是对于播音员主持人的历史性研究阶段划分不明确。陆锡初等学者将节目主持人的发展轨迹分为三个阶段,即"第一阶段(1979年至1986年),初创探索期""第二阶段(1986年12月至1991年),普及发展期"和"第三阶段(1992年至今),鼎盛黄金期";⑤吴郁等学者将主持人的发展脉络分为"初创时期(1980—1983)""规模扩展时期(1984—1992)""新闻评论类节目主持人崛起时期(1993—20世纪末)"和"深入发展时期(20世纪末—当前)";⑥高贵武等学者将主持人的发展阶段分为"初创发展阶段""快速发展阶段""飞跃发展阶段"和"深入发展阶段";⑦喻梅等学者将主持人的历史分为"恢复与发展期(1978—1989年)""成熟与突破期(1990—1999年)"和"创新与融合期(2000年至今)";⑧陈虹等学者将主持人的发展脉络分为"萌芽时期(20世纪80年代初—80年代末):节目主持人的基本形态已具雏形"

---

① 徐浩然.主持人语言逻辑与管理制度研究[M].北京:中国传媒大学出版社,2009:296-300.
② 高贵武.主持传播学概论[M].北京:中国传媒大学出版社,2007:69-71.
③ 蒋育秀.主持人形象塑造艺术[M].北京:中国广播电视出版社,2007:66-70.
④ 陈墨.主持艺术风格形态[M].北京:中国传媒大学出版社,2018:1-3.
⑤ 陆锡初.节目主持人概论[M].北京:中国广播电视出版社,2006:83-92.
⑥ 吴郁等.电视节目主持人的综合素质研究[M].北京:中国广播电视出版社,2007:12-21.
⑦ 高贵武.主持传播学概论[M].北京:中国传媒大学出版社,2007:54-62.
⑧ 中国传媒大学播音主持艺术学院编.播音主持艺术10[M].北京:中国传媒大学出版社,2010:11-17.

"发展时期(20世纪80年代末—90年代初):节目主持人由单一的灌输式的模式开始向多种多样的风格发展)"和"繁荣阶段(20世纪90年代—21世纪):节目主持人的主体意识及个性得以凸显)";[1]魏南江等学者将节目主持艺术的历史发展阶段分为"初创探索期(1980—1991)""转型发展期(1992—2001)"和"多元拓展期(2002年至今)"三个阶段。[2] 以上关于主持人发展史的阶段划分,主要依托社会发展历史阶段、广播电视史和电视栏目发展史进行的大体区分,仅在每个阶段阐述有代表性的节目及其主持人,没有着重从主持风格的研究上进行阶段性分期。

三是对于播音主持风格的形成原因研究不深入。多数篇章主要分析播音员主持人的生活背景、学识修养、个人气质、传播内容、传播对象以及媒介环境、社会环境等,其中举例较少,多是泛泛而谈,研究不深入、不系统,各要素的分析顾此失彼、不够均衡。

四是播音主持风格的整体性研究不多,理论研究不深入。多数研究播音主持风格的论文主要是选取部分明星节目播音员主持人的风格进行个案研究,重点分析其语言细节和主持情节,归纳其个人的主持经验,分析播音主持风格的个性特征,而针对相同特征的主持人群体风格的共性研究、规律性研究不多。

第三节 研究的理论资源和创新之处

一、研究的基本假设和理论资源

在以上播音主持研究的基础上,本书以不同时期播音主持风格为研究对象,通过研究广播电视视频节目播音主持风格的特征、表现形态、演进过程以及形成原因,结合时代特征、节目形态、传播制度、受众审美及需求的变迁,总结播音主持风格演进的特征及规律。

---

[1] 陈虹.节目主持人传播[M].上海:复旦大学出版社,2007:28-33.
[2] 魏南江.节目主持艺术学[M].北京:中国广播电视出版社,2006:1-29.

1. 播音主持风格主要通过个性语言、外在形象、整体感觉和受众反馈等多个维度体现出来。播音主持风格可以通过传播者、传播环境和传播对象来分析,是增强传播效果的一种途径。播音主持风格是播音员主持人的个人风格和节目风格的有机融合。

2. 播音主持风格演进遵从单一到多元的变化规律,播音主持风格日益个性化,凸显专业化、类型化,逐渐朝平民化方向发展。

3. 播音主持风格与时代及社会、传媒环境、传播观念、节目样态、受众需求和主持人自身有密切联系,受到各种主客观因素制约,不可能超越时代、民族的共性。

4. 播音主持风格是一种艺术创作,需要长期积累,具有附着性、可感性、独特性、一贯性、多样性和可变性。

5. 主持人是主持风格的表现载体,主持风格体现着主持人的个性特征,又具有同一类主持人表现出的一般性特征。

6. 播音主持风格不能脱离节目类型而独立存在,不同类型的节目有与之契合的主持风格,只有适应节目类型的播音主持风格才能深入人心,播音主持风格随节目类型的变化而变化。

7. 播音主持风格能影响受众对节目的收视偏好和忠诚度,是节目质量的衡量标准之一,与受众需求契合的播音主持风格能获得受众青睐,受众的需求也能影响播音主持风格的变化。

8. 播音主持风格不断"变形""变相""变声""变迁",其风格样式、意识形态、叙事方式、传播身份呈现出鲜明的时代特征和媒体风貌,播音主持风格的宏观设计和微观塑造应树立正确的新闻观、语言观、文化观、艺术观。

9. 播音主持风格异化主要表现为媚俗化、同质化、表象化三种具体形式。主持风格媚俗化是商业化逻辑和泛娱乐化逻辑综合作用的结果。主持风格同质化是从众心理和创新思维缺失综合作用的结果。主持风格表象化是价值观念偏差和受众评价综合作用的结果。

10. 播音主持风格异化会对社会主流价值观、大众传播媒介形象、社会阶层行为和社会风气产生消极影响。

11. 智能媒介时代,要解决播音主持风格的异化问题,就要加强播音主持风格的宏观定位和微观塑造,充分运用技术条件,融入中华文化风格特色,提升国际传播能力;就要加强大众传播媒介的价值观和评价制度建设,正确引导社会公众的媒介消费行为,提升文化影响力。

本书将从语言学(语言风格)、艺术学(文学文本层次)、现象学美学(言象意的美学逻辑)、接受美学(接受者的审美经验构成和审美交流活动)、传播学(受众)、社会学(社会阶层与文化价值取向)等多学科视角,阐述播音主持风格不同于其他艺术风格的特性,整体勾画和分析播音主持风格,结合播音主持传播的过程和特点,分析播音主持风格的演进规律、不同类型节目及不同个性播音员主持人的主持风格;尝试从艺术学、美学角度界定播音主持风格的概念,探讨播音主持风格的构成要素和表现形式,分析播音主持风格与播音员主持人、电视节目、受众和社会的关系,总结不同阶段播音主持风格的变化规律,并对成功的播音主持风格进行深入分析,为播音员主持人如何构建适合自己和节目的风格提供一个有效的参考体系。本书通过对大量的播音主持风格样式和表现手法的观摩、整理、归纳、分析,通过对区域性受众进行调查研究,结合具有独特风格特点播音员主持人的视频和访谈资料,找出不同类别有代表性的播音主持风格及其特点,对新闻节目、谈话节目、综艺节目和社教节目等不同类型节目的播音主持风格进行个案分析、分类研究,对不同时期播音主持风格的演进阶段进行历史研究,试图在播音主持艺术理论研究上有所创新。

本书运用语言学、文艺美学的理论资源,对播音主持风格予以系统的理论研究,在一定程度上填补了国内播音主持风格研究的理论空白,尤其是在美学、艺术学、语言学理论资源的基础上,结合传播学的研究实际,对播音主持风格的理论探讨有一定的创新价值。

二、研究重点和难点

(一)研究重点

本书着重对播音主持风格进行理论探讨,围绕体现播音主持风格的播音员主持人和节目形态展开,而播音主持风格和受众的互动关系是本书具有开拓性的内容,将显示其新意和深度。研究播音主持风格需要将不同时期的播音主持风格进行分类,对播音员主持人的概念进行溯源,对播音主持风格的特征、构成要素、类别、演进动因等进行充分论证,对播音主持风格的演进规律进行深入分析与总结,并结合各类具有个性特征的播音主持风格的案例分析,对如何塑造符合传播规律的播音主持风格这一问题提出新的方法和独到见解。

(二)研究难点

播音主持风格可资借鉴的研究成果有限,需要在理论上夯实基础,有所创新。风格是人人可以感知而无法具体描摹的事物,如何运用语言学、文艺学和美学中的风格理论对电视节目播音主持风格予以系统研究,这是跨学科研究的一大挑战。

首先,播音主持风格的描述难。主持风格的内涵丰富、展现形式宽泛、交叉性强,以较少的一些词汇难以概括主持风格,难以准确描摹某种风格。

其次,播音主持风格分类难。主持风格研究属于美学、文学和艺术学范畴,主持风格的主观性评价和感知性差异较大,理论依据不足,可研究的材料纷繁复杂,没有现成的可参考的分类标准,需要研究者从大量播音员主持人的案例中,用科学的方法进行统计、比较、归纳,划分出不同类别并对其进行准确描述。

再次,播音主持风格的演进阶段难以准确划分。其划分需要依据广播电视传播史和电视节目形态演变史的分期,选出有代表性的播音主持风格,描述其阶段性特征,但每个阶段难以找到绝对的区分标志。

此外,受众与播音主持风格的互动关系较难研究。受众与播音主持风格的互动关系相对较复杂,受众的类别及其偏好难以准确剖析,对受众的阶层、受众的收视需求、受众与播音主持风格的相互影响进行深入分析,需要做大量行之有效的实证性研究,需要做大量科学的问卷调查和数据分析,以一己之力其难度显而易见。

三、创新之处

(一)在学术思想上的创新与特色

将播音主持风格置于广播电视传播史、电视节目形态演变史以及受众变迁史中去研究,从关系视角中对其进行深入分析,既能勾勒出播音主持风格与传播主体(播音员主持人、节目)、传播客体(受众)、传播环境(时代、社会)之间的关系,又能构建传媒、受众、社会三位一体的广阔研究视角。根据马克思主义异化理论,运用风格学、形态学、知觉现象学及文艺批评学对播音主持风格进行学理探讨,从宏观、中观、微观的分析维度,借鉴哲学、语言学、文学、美学、艺术学理论和视觉文化、消费文化、大众文化等研究范式,分析风格的"范式转型"和异化问题,这就超越了简单的风格研究和受众变量研究,从而实现了学术思想上的创新,有效构建了播音主持风格理论体系和批评体系。

(二)在学术观点上的特色和创新

本书首次提出播音主持风格异化问题,并分析媚俗化、表象化、同质化三种现象,运用马克思主义异化理论分析播音主持风格的劳动创作过程,认为风格交流异化、大众文化异化、消费异化、科技异化、审美异化是播音主持风格异化的影响因素,播音主持风格异化会对社会主流价值观、大众传播媒介形象、社会阶层行为和社会风气产生消极影响。本书认为要解决播音主持风格的异化问题,就要加强播音主持风格的宏观定位和微观塑造,将中华文化风格特色融入其中,提升国际传播能力;就要加强大众传播媒介的价值观和评价制度建设,正确引导社会公众的媒介消费行为,提升文化影响力,以技术赋能增值塑造全新互动式、智能化的艺术风格,这些观点具有一定的特色和创新性。

从风格学角度系统研究播音主持风格的概念、类型、特征、演进以及形成原因,是对以往播音员主持人研究内容的创新;将播音主持风格置于广播电视传播史、节目流变史中进行研究,开拓了播音员主持人传播历史研究的新视角,也便于从整体上把握播音主持传播历史的阶段性特征。

本书为如何塑造符合节目与播音员主持人自身特点、符合观众审美、适应媒介市场需求和体现时代特征的播音主持风格提供了理论依据,为打造品牌播音员主持人提供了实践经验,对于提升播音主持传播效果具有较强的现实指导意义。

(三)在研究方法上的特色和创新

本书运用美学、文艺学、历史学和传播学等相关理论资源和方法进行跨学科、交叉性的研究,用各学科的风格理论阐释播音主持风格,从分析维度、呈现方式和创作方法等方面提升研究的理论深度和价值。本书在研究方法上坚持"问题意识",注重方法与问题的适用性,力求实现规范研究与实证研究的有机结合,从而使我们对问题的认识更为全面与深刻。具体而言,在理论分析部分,主要运用文献调查法、归纳法等研究方法;在实证分析部分,主要运用结构访谈法、参与观察法、类型化分析法、结构分析法等研究方法;在对策构建部分,主要运用演绎分析和比较分析等研究方法。

本书注重播音主持风格问题研究的贴近性,紧密结合传统广播电视播音员主持人、新媒体主播、智能主播的传播实践,将广东地区节目主持风格、新冠疫情期间广电直播带货案例与互联网技术、虚拟主播技术应用相结合,从虚拟主播的语言个性风格方面研究自然语言处理技术,力求将定量研究与定性研究相结合、事实判断和价值判断相统一,运用视听率、点击率等数据统计和问卷调查等社会学研究方法,构建数字模型,分析播音员主持人的素质能力构成、社会影响力、商业价值和传播潜力,深刻揭示问题,为提升播音主持传播效果提供理念指导。从总体上看,这就超越了播音主持艺术传统的研究方法,从而实现了创新。

第四节 研究方法

一、内容分析法

本书参考了中国电视节目播音员主持人史、广播电视发展史、经济社会发展史、受众变迁史等专项研究文献资料,对现有的、有一定代表性的史料进行了系统、客观的内容分析,梳理了电视节目主持人的概念和发展历程,探讨其与社会、时代的相互关联,总结了不同时期、不同类别、不同主持人的风格特征和呈现方式。通过调查受众数据、搜集主持人及节目的视频资料和文献,分析不同阶段主持风格的特点,阐述其发展规律和演进动因。

二、对比研究法

本书采用跨学科研究方法,运用美学、艺术学、语言学等学科中关于风格的界定与分类方式,以新闻传播学的基本理论和方法构建主持风格的研究框架。同时针对广播电视的每个历史阶段,比较中国电视节目主持风格和国外电视节目主持风格,比较不同类型节目主持风格,以及同一类型节目在不同时期主持风格的异同和发展变化,探讨主持风格的突出特点和演进规律。

三、个案调研法

本书就播音主持风格的演进和创新进行个案研究,收集了具有代表性、有特色的主持风格案例,对其进行描述、归纳、分析,使播音主持风格研究有理有据、言之有物。在一定区域受众中进行问卷调查、座谈走访,了解受众对播音员主持人、播音主持风格的认知、偏好和期待。同时对部分当代电视节目的播音员主持人或栏目制片人进行访谈和调研,收集部分播音员主持人的个人经历和主持实践等相关研究资料,通过丰富的个案研究,全面了解播音主持风格的特征、类型、形成原因,分析时代社会、传播制度、受众变迁等因素对主持风格的影响,探讨主持风格的形成规律和其中存在的问题。

四、参与观察法

以参与和观察两种方式介入具体节目的制作,分析播音主持风格的创新路径。参与即以主创人员的身份加入到节目制作当中去,以获得最直接和最真实的节目主持体验,体会播音员主持人的职业特征,增强对播音主持风格呈现方式的主观认知。观察即以旁观者的身份观察节目制作的每个环节,观察播音员主持人与策划、编导、摄像人员之间的关系,观察播音主持风格与播音员主持人、节目类型、媒体定位的融合关系,分析播音主持风格形成的每个细节因素。

第一章　风格理论与播音主持风格

不同事物有不同特点,不同的人也有不同的行为表现,风格作为描述客观事物的总体风貌和特点的概念,是便于区分事物类别、界定其时代特征和地域特征的重要手段,特别是在诗歌、绘画、音乐等艺术作品中使用较为广泛,它常常用来区分不同类别、不同年代、不同地域的艺术作品或艺术家。

一个播音员主持人要在竞争激烈的语言传播领域中凸显自己的特点和个性,就要塑造自己的"风格"。因此,"风格"是创作主体在长期的创作实践中经过艰苦努力和不断磨砺形成的产物,是播音员主持人在艺术之路上日臻成熟的标志,也因此成为播音理论研究和鉴赏活动中的一架虹桥,体现出其独特的现实指导意义和重要的研究价值。

本章将根据语言学、美学和艺术学的风格理论,探讨风格理论在传播学中的应用,并梳理出主持风格的理论体系,为其后各章节分析不同时期、不同类型和不同主持人的主持风格演进特征、规律及创新路径奠定理论基础。

▶▶▶ 第一节　多维学术视野中的风格阐释

古今中外,对风格的论述不少。风格学研究,一般分为两种,狭义的风格学古已有之,即修辞学;突破传统的风格学格局而另立原则与方法的是20世纪的文体学,即广义的风格学。在文学创作中,风格指的是作家通过作品体现出来的综合性特点;而作家风格的形成受到其生活环境、知识积累、写作题材的选择、运用语言的习惯等因素的影响,作品中不约而同地反映出一个社会、一个时代甚至一个民族的共同的风格特征。而语言学维度的语言风格、美学维度的审美风格、艺术学维度的表现风格等方面的学说,为主持风格的研究提供了理论基础。

一、语言学维度的语言风格

语言学是研究语言的科学,包括研究语言结构的语音学、词汇学、语义学、语法学,研究语言运用的修辞学、风格学,以及研究语言与社会、文化现象关系的交叉学科,如社会语言学、文化语言学等。可见,语言风格学是研究使用语言的特点和行为的学说。

关于风格的含义,黎运汉教授在《汉语风格学》中将风格进行如下溯源:"风格"最初出自希腊文,后来进入拉丁文。希腊语stylos和拉丁语stylus,原解作"锥子"和"一把用以刻字或作图的刀子"。后来它的意义渐渐发展为"写字的方法",又渐渐引申为"以辞达意的方法""写作的风度""作品的特殊格调""伟大作家的写作格调""艺术作品的气势",进而成为一个国际科学术语,英语称为style,以stylistics表示风格学。德语称为stiel,以stilistik表示风格学,法语称style,以stylistique表示风格学,俄语称为стиль,以стилистика表示风格学。① 此外,《牛津高阶英汉双解词典》中的style有以下义项:做事方式,作风;服饰发型,样式,款式;格调优雅,精致性,品位;风度;气派;书、画、建筑物的体裁和风格;语言运用;样式;构成形容词,风格的。②《现代汉语词典》将风格界定为:一个时代、一个民族、一个流派或一个人的文艺作品所表现的主要的思想特点和艺术特点。③

关于语言风格的研究古已有之。古希腊的哲学家、修辞理论家亚里士多德(公元前384—前322年)专门写了《修辞学》一书来探讨运用语言的艺术,其重点在于研究如何能打动听众,因此为政治演说家与法庭辩护人所必读。《修辞学》里就有关于语言风格问题的论述,它开头的一句是:"修辞术是论辩术的对应物。"④这句话表示修辞术是一种语言表达的艺术,它和论辩

---

① 黎运汉.汉语风格学[M].广州:广东教育出版社,2000:145.
② 牛津高阶英汉双解词典(第七版)[M].北京:商务印书馆、牛津大学出版社,2010:3011.
③ 中国社会科学院语言研究所词典编辑室编.现代汉语词典(第7版)[M].北京:商务印书馆,2016:388.
④ 亚里士多德.修辞学[M].罗念生,译.北京:三联书局,1991:147.

术相似而不完全相同。对于风格,他提出"风格的美可以确定为明晰"。

古罗马时期,西塞罗(公元前106—前43年)、昆提利安(约公元35—95年)等人又进一步研究各种修辞手段的运用,从此修辞学成为西欧各国学校中的必修课,与文法、逻辑并列。其影响所及,凡上层人士而标榜教养,必注意言词的文雅与合乎身份,结果是矫饰过甚,套语层积,反成修辞之病。此后在欧洲多个国家都有人从事语言风格学的研究。

语言学奠基人瑞士语言学家费迪南·德·索绪尔(Ferdinand de Saussure)在他的《普通语言学教程》中提出了与社会、集体的"语言"(langue)相对立的术语"言语"(parole)以及调整言语与语言对立的"言语活动"(language)的学说,他认为"言语活动是多方面的,性质复杂的,同时跨着物理、生理和心理几个领域,它还属于个人的领域和社会的领域。我们没法把它归入任何一个人文事实的范畴,因为不知道怎样去理出它的统一体"①。语言风格学正是在语言、修辞、言语活动的基础上提出来的。

"语言风格"这个术语最早见于索绪尔的学生查尔斯·巴里(Charles Bally)1905年出版的《风格学概说》,他提出"风格是说话者个人语言感情的特点"②。巴里正式提出了语言风格学的学说体系,他把风格限定在语言学的范围之内,为语言风格的研究打下了基础。后来各国语言学家也都纷纷采用了"语言风格"这一说法。不同人的言语方式不同,其语言风格也不同;不同的语言环境、体裁、节奏、修辞等不同,所体现的语言风格也不同。从上述研究中可以发现,语言风格是言语行为的产物,言语行为一般在具体的交际场合中发生,为着特定的交际目的,进行具体内容的交际活动,在许许多多、不同类别的交际场合和语言环境中,使用不同的语法、词汇、修辞,形成不同的言语作品,产生各种不同的格调和气氛。语言学称这些不同的格调或气氛为语言风格。

相对西方而言,风格理论在我国的研究起步较早,但论述分散庞杂,并未构成理论体系。在中国,对于语言运用之术早就有人注意,孔子说:"辞达而已矣""言之无文,行之不远"。春秋战国诸子百家各逞雄辩的时候,更是

---

① 程祥徽,邓俊捷,张剑桦.语言风格[M].香港:三联书店(香港)有限公司,2002:8.
② 黎运汉.汉语风格学[M].广州:广东教育出版社,2000:145.

讲究说话作文的本领。我国古代文学理论批评和艺术理论（画论、书论、乐论等）中常提到风格，并研究过相关问题，而在理论上对其加以总结的是公元5世纪的刘勰（约公元465—532年）。他的论著《文心雕龙》把文章按风格分为八体，"一曰典雅，二曰远奥，三曰精约，四曰显附，五曰繁缛，六曰壮丽，七曰新奇，八曰轻靡"（《文心雕龙·体性》），并且进一步指出："雅与奇反，奥与显殊，繁与约舛，壮与轻乖。"他将风格分成了四组对立的类型。刘勰的"八体论"被认为是狭义的风格学之起源。他把风格称为"体性"，认为风格是一种用语的文体和使用语言的习惯，风格通过文学作品来实现。他在《文心雕龙·议对》中说，应劭、傅咸、陆机三人的作品"亦各有美。风格存焉"，并对不同诗人的作品进行了风格描述和分类。《文心雕龙·夸饰》中说："虽《诗》、《书》、雅言，风格训世，事必宜广，文宜过焉。"这里的风格即作家和作品的风格，阐述了风格创作的规则应当是言之有物，题材宽广，风格鲜明。《文心雕龙·定势》中说："章表奏议，则准的乎典雅；赋颂歌诗，则羽仪乎清丽；符檄书移，则楷式于明断；史论序注，则师范于核要；箴铭碑诔，则体制于宏深；连珠七辞，则从事于巧艳……"刘勰认为作品不论诗、赋、散文或奏议等，都要归入某一种文体，要构成一种风格，不同文体分别具有一种约束性的风格特征。刘勰论风格，还提出了"才、气、学、习"，称"才有庸俊，气有刚柔，学有浅深，习有雅郑，并情性所铄，陶染所凝，是以笔区云谲，文苑波诡者矣"[①]。他分析了不同风格的形成原因，认为作品中显示的作家风格个性，受到作家的性情、主观意识和掌握的创作手段或技法的影响。刘勰论风格，除了提出风格的体性之外，还解释了风格的形成、风格的高下、评论风格是否得当等问题。

除刘勰的"八体"说外，初唐李峤（公元645—714年）早在《评诗格》中提出"诗有十体"：一曰形似；二曰质气；三曰情理；四曰直置；五曰雕藻；六曰影带；七曰婉转；八曰飞动；九曰清切；十曰菁华。具体如下。

形似一：谓貌其形而得似也。诗曰："风花无定影，露竹有余清。"

质气二：谓有质骨而依其气也。诗曰："霜峰暗无色，雪覆登道白。"

情理三：谓叙情以入理致也。诗曰："游禽知暮反，行人独未归。"

---

① 刘勰.文心雕龙[M].徐正英，罗家湘，注释.郑州：中州古籍出版社 2008：279-281.

直置四：谓直书可置于句也。诗曰："隐隐山分地，苍苍海接天。"

雕藻五：谓以凡目前事而雕妍之也。诗曰："岸绿开河柳，池红照海榴。"

影带六：谓以事意相惬而用之也。诗曰："露花如濯锦，泉月似沉钩。"

婉转七：谓屈曲其词，婉转成句也。诗曰："流波将月去，潮水带星来。"

飞动八：谓词若飞腾而动是。诗曰："空葭凝露色，落叶动秋声。"

清切九：谓词清而切者是。诗曰："猿声出峡断，月影落江寒。"

菁华十：谓得其精而忘其粗者是。诗曰："青田拟驾鹤，丹穴欲乘凤。"

从十体侧重点来看，飞动、婉转、清切三体属于对词句或声调的语言要求，包含一定的风格之意；影带、雕藻、菁华三体属于技法要求，与风格有所关联；直置、情理，属于创作手法；形似、质气则属于创作倾向或艺术效果。可以看出，"十体"并非纯粹的风格类型，具有一定的混杂性。

此外，从字面押韵来看，李峤还总结了九种"切对"：一曰切对；二曰切侧对；三曰字对；四曰字侧对；五曰声对；六曰双声对；七曰双声侧对；八曰叠韵对；九曰叠韵侧对。具体如下。

切对一：谓象物切正不偏枯。

切侧对二：谓精异粗同，谓理别文同。诗曰："鱼戏新荷动，鸟散余花落。"

字对三：谓义别字对。诗曰："山椒架寒露，池筱韵凉飙。"

字侧对四：谓字义俱别，形体半同。诗曰："玉鸡清五洛，瑞雉映三秦。"

声对五：谓字义俱别，声名对也。诗曰："疏蝉韵高柳，密鹜挂深松。"

双声对六：谓双声词对举也。诗曰："洲渚近环映，树石相因依。"

双声侧对七：谓字义俱别，双声来对。诗曰："花明金谷树，菜映首山薇。"

叠韵对八：为上下句以叠韵词相对。诗曰："平明披黼帐，窈窕步花庭。"

叠韵侧对九：谓字义别声同，名叠韵对。诗曰："浮钟霄响彻，飞镜晚光斜。"

王昌龄的《诗格》提出"五趣向"说，即"高格、古雅、闲逸、幽深、神仙"。高格，即格调高远、风韵朗畅；古雅，即高雅端庄、不落浮华；闲逸，即体格闲放、高远飘荡；幽深，即曲折含蓄、思力沉厚；神仙，即超凡脱俗、光怪奇谲。王昌龄以不同诗人的诗歌体式句法为例，认为如果诗歌有这五种风格上的

第一章 风格理论与播音主持风格

趣向,那么其字里行间体现的人生感悟必有独到之处。具体而言,高格一:曹子建诗"从君过函谷,驰马过西京"。古雅二:应休连诗"远行蒙霜雪,毛羽自摧颓"。闲逸三:陶渊明诗"众鸟欣有托,吾亦爱吾庐"。幽深四:谢灵运诗"昏旦变气候,山水含清辉"。神仙五:郭景纯诗"放情凌霄外,嚼蕊挹飞泉"。王昌龄的"五趣向"提出了风格的创作主体和作品之间的联系,作品的风格不能舍弃同作者的人生况味和创作品位的联系,不能割断与作者的灵性、所处的具体环境的联系,所谓"于细微处见精神"。

皎然的《诗式》用"辩体有一十九字"概括了十九种风格类型,如"忠、志、情、思、诚、达、静、远、高、逸、贞、德、怨、意、力",此种概括,恰是"风律外彰,体德内蕴",所谓"其一十九字括文章德体风味尽矣"。十九字或侧重于内德,或侧重于外貌,但必须做到"真于性情尚于作用",达到内容和形式的完美统一,从而具有既能彰显形式风律又能显示思想德行的诗文。皎然的风格论中,注重内德的,大多从思想情绪和道德素养的角度强调风格,对风格的阐述独出机杼,具有真知灼见。皎然还提出"诗有七德"说,"七德"为:识理、高古、典丽、风流、精神、质幹、体裁,也大多指风格而言。总的来说,皎然的《诗式》吸取了刘勰《文心雕龙》、钟嵘《诗品》和王昌龄《诗格》的精华,并以自己儒释道三家合流的思想作为依托,有所创新。《诗式》以其内容和形式的丰富性和独特性,影响了晚唐的司空图,他提出"韵外之致""味外之旨"说。

司空图创作的《二十四诗品》,每一则概括的便是一种风格类型,将诗歌所创造的风格、境界分为雄浑、冲淡、纤秾、沉着、高古、典雅、洗炼、劲健、绮丽、自然、含蓄、豪放、精神、缜密、疏野、清奇、委曲、实境、悲慨、形容、超诣、飘逸、旷达、流动二十四类。它继承了前人的美学思想,包含了二十四种诗歌艺术风格和美学意境,每种都以十二句四言诗加以说明,形式整饬,是一部古代诗歌美学和诗歌理论专著,形式上由二十四首四言诗组成,因此又名"诗品二十四则"。这是探讨诗歌创作,特别是诗歌美学风格问题的理论著作。这二十四首诗不仅形象地概括和描绘出各种诗歌风格的特点,而且从创作的角度深入探讨了各种艺术风格的形成,对诗歌创作、评论与欣赏等方面有积极的贡献,既为当时诗坛所重视,也对后世产生了影响。

宋代词人严羽在《沧浪诗话·辨体》中写道:"诗之品有九,曰高、曰古、曰深、曰远、曰长、曰雄浑、曰飘逸、曰悲壮、曰凄婉。"严羽非常推崇"高""古"二品,在对诗人进行评价时,亦以二者为多,如评价孟郊为"格致高古",对阮籍《咏怀诗》的品评则是"极为高古,有建安风骨",他有很多观点与皎然的观点相似。

明朝诗评家胡应麟认为:"作诗大要不过二端,体格声调、兴象风神而已。"他将诗歌创作分为虚实结合的两个方向,一是"体格声调",即题材、声调等具体而实在的诗歌组成材料;二是"兴象风神",即情感、风格、神韵,是前者的一种升华,也是将诗歌的风格意蕴放置到更高的艺术层面。他是提出"古诗之妙,专求意象"的第一人,他的《诗薮》是明代中期一部重要的诗话著作,书中汇聚了他对历代诗歌作品的评价,为文学作品的风格研究奠定了基础。

此外,我国古代对于"风格"的论述还散见于不少诗文的字里行间,虽未有系统论述,亦有精妙论断。例如,曹丕在《典论·论文》中写道:"夫文本同而末异,盖奏议宜雅,书论宜理,铭诔尚实,诗赋欲丽。"①陆机的《文赋》中写道:"诗缘情而绮靡,赋体物而浏亮。碑披文以相质,诔缠绵而凄怆。铭博约而温润,箴顿挫而清壮。颂优游以彬蔚,论精微而朗畅。奏平彻以闲雅,说炜晔而谲诳。"《颜氏家训·文章》中提出:"古人之文,宏才逸气、体度风格,去今实远;但缉缀疏补,未为密致耳。"杜甫在《苏端薛复筵简薛华醉歌》中写道:"坐中薛华善醉歌,歌辞自作风格老。"陆时雍在《诗镜总论》中提出:"齐梁人欲嫩而得老,唐人欲老而得嫩,其所别在风格之间。"②此外,在钟嵘的文论、诗论中,不仅有对作品风格、作家风格的品评、界定,而且涉及体裁风格、流派风格、历史风格、时代风格等极其广阔的领域。以上论述,分别从语言、体裁、内容的约定性上对风格塑造提出了要求,说明了文体与风格的关系,把文体风格和创作目的联系起来,对语言风格的形成进行归因。可见,不同类型的文学作品有其语言风格的特点,这些风格特点也是其创作的标准与规范。

从以上提到的风格理论可以看出,我国古代的风格理论各有内涵,不仅

---

① 郭绍虞.中国历代文论选(一卷本).上海:上海古籍出版社,2001:60.
② 郭绍虞.中国历代文论选(一卷本).上海:上海古籍出版社,2001:66.

第一章　风格理论与播音主持风格

划分出风格类型,描述出各种各样的风格现象,还对风格的构成要素和形成原因做了一定程度的探讨,早在魏晋南北朝时代,风格学便已经达到相当高的水平。

以上关于语言风格的研究,可归纳为以下四类:一是"格调气氛论"——因交际情境、交际目的的不同,选用一些适用于该情境和目的的语言手段而形成言语气氛和格调;二是"综合特点论"——在语言实践中产生的现象,是对语音、语法、词汇、修辞等语言材料综合运用的结果;三是"表达手段论"——按语言手段(词汇、成语、句子结构及其应用规范)的构成来表达的体系;四是"常规变体论"——人们在语言运用中有意识地违反常规的一种变异。

总而言之,语言风格就是利用语言学的观念与方法,从语境、语体、修辞和语法等方面分析语言行为或文学作品,包括研究语言的格调气氛、综合特点、表达手段和突出特点,这一研究思路为之后主持人的语言风格研究提供了研究对象和研究方法。

二、美学维度的审美风格

黑格尔在《美学》(第一卷)中谈道:"风格,用它来指艺术表现的一些定性和规律,即对象所借以表现的那门艺术特性所产生的定性和规律。风格就是服从所用材料的各种条件的一种表现方式,而且它还要适应一定艺术种类的要求和从主题概念生出的规律。"①这一概念指出风格具有一定的艺术特征,并且具有稳定性和内在规定性,各风格要素必须围绕风格主题而表现。

歌德在《自然的单纯模仿·作风·风格》中说:"单纯的模仿以宁静的存在和物我交融作为基础;作风是用灵巧而精力充沛的气质去攫取现象;风格则奠基于最深刻的知识原则上面,奠基在事物本性上面,而这种事物的本性应该是我们在看得见触得到的形体中认识到的。照我们看来,唯一重要的是给予风格这个词最高的地位,以便有一个用语可以随手用来表明艺术已

---

① 黑格尔.美学(第一卷)[M].朱光潜,译.北京:商务印书馆,1982:243-244.

经达到和能够达到的最高境界。"①

苏联美学家鲍列夫在《美学》一书中将风格做出如下界定："风格是某种特定文化的特征,这一特征使该种文化区别于任何其他文化。风格是表征一种文化的构成原则。风格揭示一个对象或现象的功能特征。"②这一概念指出风格是社会文化的表征,也是文化的重要组成部分,重点提出了风格的文化性。此外,他根据风格的特点和功能提出四个观点:一是"风格是创作过程的一个因素,它统一着这一过程,将其纳入统一的轨道,为艺术家处理对世界的关系指示方向"。二是"风格是艺术发展过程的一个因素,它为艺术家在创作过程中指示方向"。三是"风格是作品社会存在的一个因素,是艺术家对于社会的关系的实现,它规定着艺术家必须创造艺术整体,从而确保作品能作为一个完备的、独特的社会现象而存在"。四是"风格是艺术发挥其影响的因素,它决定着艺术作品对欣赏者的审美影响的性质,使艺术家面向一定的欣赏者类型,又使后者面向一定的艺术价值类型"③。这些观点全面地概括和总结了风格的创作特点——具有统一性、主观性;风格的艺术特点——具有指示性、概括性;风格的存在特征——具有社会性、客观性;风格的审美特点——具有审美对象和审美价值。

法国美学家杜夫海纳从审美经验角度提出:"风格是某种操作方式,从它产生的风格化,即人所想要的形式代替繁多的、杂乱无章的形式……所以风格标志着一种有组织的活动。它不要悠然性,它追求最纯正的形式。达到风格的高度就是要达到炉火纯青、运用自如的程度。"④可见,"风格"是艺术创作达到一定高度后的产物,它标志着有序的、必然的创作实践。

以上关于风格的论述,主要从艺术创作主体和欣赏对象两个方面来探讨。对于风格的创作主体而言,它强调了风格的审美。风格是创作主体本质的显现,是美的创造。马克思说:"一个种的全部特性、种的类特性就在于生命活动的性质,而人的类特性恰恰就是自由自觉的活动。"⑤这种自由自觉

---

① 歌德等.文学风格论[M].王元化,译.上海:上海译文出版社,1982:4-6.
② 鲍列夫.美学[M].乔修业,常谢枫,译.北京:中国文联出版公司,1986:283.
③ 鲍列夫.美学[M].乔修业,常谢枫,译.北京:中国文联出版公司,1986:284-285.
④ 杜夫海纳.审美经验现象学[M].韩树站,译.北京:文化艺术出版社,1991:133.
⑤ 马克思.1844年经济学—哲学手稿[M].刘丕坤,译.北京:人民出版社,1979:96.

的活动就是自由创造,能够产生风格的必须是创造性的活动。

马克思就人的本质及美的关系说:"动物只是生产自身,而人则自由地对待自己的产品。动物是按照它所属的那个种的尺度和需要来建造,而人却懂得按照任何一种尺度来进行生产,并且懂得怎样把内在的尺度运用到对象上去。因此,人也按照美的规律来建造。"①所以,风格作为美的创造过程,是创作主体展现人的自由自觉的本质的过程。风格作为一种创作追求,需要创作主体深深涵化对生命的体验、感悟,在实践中将独特的感受表现为风格美。

风格的欣赏,主要是由于接触艺术作品而产生的一种审美活动,也是一种通过艺术形象去认识客观世界的思维活动。风格的审美,表现在它是一种感觉与理解、感情与认识相统一的精神活动。这样的高度统一,使欣赏者和创作者之间产生共鸣。

艺术创作的风格,直接目的是为受众提供欣赏对象,以期感染受众,使之产生共鸣,因而,满足欣赏者的审美需求常被作为创作方向。德国哲学家鲍姆嘉通1750年出版了《美学》一书,他认为"美的本质是一种感性认识的现象,感性认知在人类认知活动中具有重要地位"②。艺术的审美风格,是艺术家创造性劳动的产物,和社会生活的美相比,它具有更高、更强烈、更集中、更典型和更理想的特点。风格创作是创作主体的创造性劳动,也是欣赏者的审美对象,风格的欣赏是对美的一种认知和感受,创作主体主导着风格的创造,并自觉或不自觉依据欣赏者的审美和认知不断调整着风格的创造。因此可以说,在风格审美的过程中,是创作者的创造性劳动,创造者创造了风格的美;同时,欣赏者的认知和欣赏的过程,也推动着风格美的创造。

三、艺术学维度的表现风格

如果说哲学代表着人类理性认识的最高形式,那么艺术学则代表着感性认识的最高形式,是对艺术形式具体表现的品评和分析。从广义上讲,艺术应当包括实用艺术(建筑、园林、工艺美术和现代设计等)、造型艺术(绘

---

① 马克思.1844年经济学—哲学手稿[M].刘丕坤,译.北京:人民出版社 1979:96-97.
② 任悦.视觉传播概论[M].北京:中国人民大学出版社,2008:131.

画、雕塑、摄影、书法等)、表演艺术(音乐、舞蹈等)、综合艺术(戏剧、戏曲、电影、电视等)、语言艺术(诗歌、散文、小说等)以及杂技、曲艺、木偶、皮影等历史悠久的民间艺术。① 每一种艺术都可以用风格来划分类别或阶段,用风格来概括某一种艺术形式的特点。

李心峰教授在《元艺术学》一书中认为:"风格是指作风、风貌、格调,是各种特点的综合表现;风格概念的内涵不同,其所指的对象本质属性就不同,其所归属的学科也就不同。"②可见,艺术学把风格理解为各种特点的综合表现,不同的艺术学科或表现对象具有不同的内涵及本质属性,每种艺术形式都有不同的风格特征。如前文所述,风格最初用来形容作家独特的文字艺术魅力,如语言风格,后来随着适用语境的泛化,风格一词也出现在其他领域,如建筑风格、音乐风格、服饰风格、表演风格等。虽然风格的具体内容不同,但风格的规律和特性却是相对统一的,都是指某类艺术主要的思想内涵和表现手法上的综合特点,是许多具有稳定性的特质与具有规定性的元素之总和。

俄国著名文艺理论家别林斯基在其著作《艺术论》中写道:"风格是思想和形式密切融会中按下自己的性格和精神独特性的印记。"③这一概念一方面指出风格具有文化特征,是内容和形式的统一体,具有某一类艺术的共同特征,与创作者的个人性格有密切关系,另一方面指出风格具有区别性,也就是独特性。

法国布封有一句名言:"风格即其人。"它强调了人的主观意识及其掌握的创作手段的重要性。他在《论风格》一文中说:"作品里所包含的知识之多,事实之奇,乃至发现之新颖,都不能成为不朽的确实保证;如果包含的这些知识、事实和发现只谈论些琐屑对象,如果它们小得无风致,无天才,毫不高雅,那么,它们就会是湮没无闻的,因为知识、事实与发现都很容易脱离作品而转入别人手里,它们经更巧妙的手笔一写,甚至于会比原作还要出色些。这些东西都是身外物,风格却就是本人。"④可见,所谓"风格却就是本

---

① 彭吉象.艺术学概论[M].北京:北京大学出版社,2006:1.
② 李心峰.元艺术学[M].南宁:广西师范大学出版社,1997:213.
③ 鲍列夫.美学[M].乔修业,常谢枫,译.北京:中国文联出版社,1986:286.
④ 布封.自然史[M].陈筱卿,译.译林出版社 2018:4

人",指的不仅仅是作品的内容,也不仅仅是作品的形式,更重要的是作品的境界,"风致""天才""高雅"等就是境界的标志。换句话说,作品境界必须通过创作主体来完成,必须将知识、事实和发现融入创作主体的见识、体验中,才可能变身外物为身内物,成为具有本人风格的作品。这段话告诉我们,创作风格受到创作主体所处环境地点、风土人情、个人学识修养和理想意志的影响,作品风格只是个人意识情感倾向通过一定的创作方法和手段体现出来的某种符号特征而已。①

在艺术学中,风格界定最早出现在古希腊—罗马时代,风格首先是用来给作家分类的,用来区别不同的艺术作品。"人们一般把风格分为三类,并有这样的习惯,即给每个作家贴上一个标签以资区别,像繁缛风格、简洁风格和介于其中的中间风格便是当时流行的风格类型划分法。"②后来朗加纳斯在《论崇高》中则对崇高风格形成的机制做了若干探讨。他认为崇高的风格来源于五个方面,一是伟大的思想,即"崇高可以说是灵魂的伟大的反映";二是"强烈而激动的感情";三是"运用藻饰的技术"(包括思想和语言的藻饰);四是"高雅的措辞";五是"整个结构的堂皇卓越"。他认为崇高的对象是"不平凡的,伟大的",崇高的效果是使人产生惊奇和狂喜之感,提高人的情绪和自尊感。③ 可见,艺术家要创造出崇高的作品,必须有丰富的想象力,即具有"选择所写事物的特点和把它们联合成一个有生命的整体的能力"。这五个方面,前两个来源于天赋,后三个来源于个人修养,只有它们很好地结合,才能真正产生崇高的艺术风格。

西方自近代以来,产生了许许多多影响深远的艺术风格理论,划分出艺术风格诸层次、总结出风格的各种分类以及风格的有关理论学说。例如,将艺术作品、个人的风格视为在艺术风格体系中最小的单位、最初的层次,是风格的具体体现形式;而时代风格、地理风格、人种风格、社会风格被视为风格的更高层次、更为复杂和包容面更大的风格现象。李心峰教授将西方关于风格理论的各种学说归纳如下:一是席勒关于"素朴的诗"和"感伤的诗"的学说;二是黑格尔关于"象征型、古典型、浪漫型"三大艺术类型的学说;三

---

① 金重建.播音主持艺术导论[M].北京:中国传媒大学出版社,2016:174-175.
② 李心峰.元艺术学[M].南宁:广西师范大学出版社,1997:220-222.
③ 文艺理论译丛编辑部.文艺理论译丛[M].北京:人民文学出版社 1958:39.

是尼采关于"日神艺术"与"酒神艺术"的学说;四是荣格的"感动型"和"直观型"风格分类学说;五是狄尔泰关于"自然主义""自由的观念论"与"客观的观念论"的风格学说;六是乌尔富林从绘画理论基础上提出的五对基本风格概念,即"线描的与图绘的""平面的与纵深的""封闭型与开放型""一元型与多元型""清晰型与模糊型";七是伏尔盖特从创作类型和创作方向构制艺术的五对对立的基本风格,即"原素的风格与理性明净化的风格""素朴风格与感伤风格""客观风格与主观风格""强化风格与现实风格""类型风格与个性化风格";八是佩特森的文学风格系统,他解构了文学作品的层次和构成要素,将风格分为"造型的—音乐的""客观的—主观的""明了的—朦胧的""日常的—显示出特性的""平俗的—夸大的""感觉的—概念的""投入的—间离的""逻辑的—空想的""游戏的—形象的""对比累积的—调和平衡的"等十种;九是日本学者竹内敏雄的基本风格体系学说,他总结、分析、归纳了西方近代以来关于艺术基本风格的种种有代表性的学说,将风格体系概括为三维对立概念,即"客观的风格与主观的风格""静的风格与动的风格""即实的风格与虚构的风格"。①

我国作家王蒙在《风格散记》一书中,通过三个篇章用深入浅出的文学语言分别描述了不同风格的含义,如潇洒、机智、幽默、激昂、清明、痛苦、含蓄;赤诚、神秘、老辣、闹剧、奔腾;清新、温馨、雄浑、豁达、单纯、空灵、朦胧、自然。例如他对"清新"的解析为:"清新,好像是儿童的眼光。好像是初恋的心绪。好像刚刚下过一场洗涤世界与洗涤魂灵的雨。好像突然打开了封闭多年、混沌沉闷的窗户。好像清冽的山泉汩汩流过。好像早晨深深地吸进的第一口空气。"②这些具体的描述,让读者可以从感受上把握"清新"的风格。又如对"空灵"的解析为:"空灵,不是出世的逃避而是入世的精微。不是弱者的无奈而是强者的胸有成竹。不是闲者的无聊点缀,而是工作者的从容一瞥。"③从风格形成的途径理解"空灵",空灵会变得具象而深刻。又如对"自然"的解析为:"自然就是朴素,自然就是明白,自然就是单纯,自然就是真功夫。行云流水,无迹无踪,有文气贯之,有真情贯之,有自然贯之。自

---

① 李心峰.元艺术学[M].南宁:广西师范大学出版社,1997:214-219.
② 王蒙.风格散记[M].北京:人民文学出版社,1991:10.
③ 王蒙.风格散记[M].北京:人民文学出版社,1991:13.

第一章　风格理论与播音主持风格

然就是真情。自然就是了然于心,得心应手。自然最舒适。自然最养生。然而自然不是木然,不是自私地自欺欺人。"①他对"自然"风格的内涵、形成、传递、感受进行了深入描述。

以上关于风格的总结,各自成说,分别从文学、绘画、音乐等艺术领域分析风格的概念、种类、体裁、特性、成因、意义,合理吸收并融合了席勒、尼采、狄尔泰以及其他学者的风格学说,具有一定的系统性和理论性。可见,学者论述风格时,已经从风格的特征、分类方法、创作规律和社会功能着手,逐渐建立起风格的理论体系。

风格作为一种艺术,具有它的艺术标准,风格不是一蹴而就的,而是长期在实践中形成的一种稳定的艺术形式。艺术学认为,艺术作品可以看成一个具有多层结构的作品,是由表层(言)、中层(象)、高层(意)逐层构成的整体。王岳川在《艺术本体论》中将艺术作品的构成分为三个层次:"第一层是作品的存在方式,主要可以归结为艺术语言问题,如声音、文字、色彩、线条等物质材料构成的层次(又可称为作品外形式)。第二层是形象层,又可分为两个方面,一是再现对象层(又可称为作品内形式),包括人物、景物、题材、情节及其结构,主要是一种精神形式、意识形式;二是表现主体情思层,这是主体将自己的整个生命价值的一种定向。艺术家借助自己的情感和想象创造出不同于现实的,但却是可能存在或应该存在的艺术世界。第三层是作品本体层次的深层结构(意蕴),是优秀艺术作品必须具备的灵魂。这种深邃意义带有浓烈的生命底蕴意味,成为作品更为隽永、更具有普遍性的成分。"②

可见,若将播音主持风格作为一种艺术作品来欣赏,那么,风格的表层结构是语言、声音、节奏构成的一个外在形象;风格的中层结构则是由内容、题材、话题和思想情感构成的一种内核;风格的深层结构则是能反映出符合时代和民族的发展进程,能得到社会和受众接受的一种普遍性意义。

---

① 王蒙.风格散记[M].北京:人民文学出版社,1991:14.
② 王岳川.艺术本体论[M].北京:中国社会科学出版社,2005:248—251.

第二节　风格理论与传播学的双向关联

一、传播过程中的风格理论

一个传播过程,必定具有四个基本要素:传播者、传播内容、传播媒介、接收者。在传播过程中风格理论主要研究两个方面的问题:一是风格如何在传播过程中体现,与传播各要素之间的关系如何;二是风格作为一种传播艺术,如何体现传播效果。

在主持传播中,传播者是主持人,传播内容是节目内容,传播媒介是广播电视等电子媒介,接收者是广播电视受众。主持风格与传播平台、节目定位和内容以及主持人的个性特征有密切关系。主持风格的体现,贯穿在整个传播过程中,是增强传播效果的一种途径。

传播学大师施拉姆在其《传播学概论》一书中指出:"传播是各种各样技能中最富有人性的。"[1]广播电视媒介自推出主持人传播这种传播形态以来,作为联系大众媒介与受众的中介,主持人能够更自由、更灵活地调动语言、行为、表情、画面、音响等综合表现元素,以人格化的传播形式向受众传达节目内容、传递节目信息,主持人的形象、气质、语言内涵、个性魅力直接呈现在受众面前,主持人从某种意义上是传媒自身人格化传播的表现形式,主持人作为个体所具有的性格气质、文化修养、专业知识、思想意识、感情情绪以及其他个人因素,会全方位在节目中介入、渗透和显现,主持人认识世界的方式、表达方式、对节目的整体驾驭,集中反映在主持风格中,主持风格的呈现和传递能凸显传播效果、提高传播效率。主持人通过主持内容和主持手段,使电视节目具有人性化的风格。从符号学上讲,主持人将真实的个人这一符号注入媒介文化中,使其成为媒介文化的人格象征,通过这一活符号,媒介不断利用主持人来阐释它的理念而逐渐形成其媒介人格文化。

美国著名新闻顾问艾尔·普里莫认为:把构成一档新闻节目获得成功

---

[1] 施拉姆,波特.传播学概论[M].陈亮,周立方,译.北京:新华出版社,1984:4.

的因素考虑进去,如果总分为10分的话,那么主持人会占8分,其他诸因素的总和只占两分。① 凤凰卫视就以主持人为核心来设置栏目,树立节目的风格乃至媒体的风格,取得了巨大的成功。很多电视台在节目包装、节目预告和频道宣传时,采用主持人的形象和语言来推荐。可见,节目主持人是电视媒体人格化传播的表现载体,越来越多的电视媒体借助主持人的形象、主持人的语言和视角来增强媒体与大众的亲近感,树立媒体在大众心目中的权威度和信赖感。随着主持人人际传播分量的加重,主持人的主导作用和个性特点发挥得越来越充分,逐渐树立起主持人、节目和媒体的传播风格。

从以上分析可以看出,主持人是主持风格体现的载体,而主持风格则是人格化传播的强化,主持人对栏目乃至所在媒体具有重要意义,甚至决定着节目的成败。一个著名的主持人可以成为一家媒体或一档栏目的标志,具有一定的市场号召力和影响力,对提升传播效果有着不可低估的作用。

社会和时代是节目主持风格传播的环境,主持风格是在媒体所处的整个语境中塑造而成的,它不但体现社会的进步和变迁,而且与媒体的属性和定位的变化密切相关,因此,只有从综合因素的视角去观照,从社会变化和媒介发展中去重新审视主持风格,才能挖掘出主持风格传播更深层次的社会意义。

在主持风格的传播过程中,主持人需要与受众"信息共享""认知共识""愉悦共鸣",更要"美感共怡"。在技术手段日益进步、媒体分布如此密集、媒介竞争更加激烈的今天,"传播什么"已经很难成为竞争的获胜因素。因此在继续重视传播内容的基础上,建立明确传播目的之下的"如何传播"就至关重要。正因如此,有学者指出,"在当代,传播的事业、传播的态度、传播的方式日益成为传播行为中的真正力量之所在"②。多样化主持风格的兴起和发展,正是在这种新的科技革命语境下广播电视业的创新和进步。主持风格的演进是一个动态过程,它随着社会经济发展、媒介生态变迁、受众需求变化、技术手段更新而同步变动发展。这种种变化,推动了主持风格质的

---

① 徐德仁,施天权.时代的明星[M].上海:复旦大学出版社,1990:37.
② 张政法.有声语言大众传播的生命活力研究论纲[J].现代传播,2006(03):87.

飞跃,推动着主持人传播这一传播新手段提高效率,优化品格,更出色地完成传播任务。

从艺术的创作主体和创作客体可以看出,艺术是人创造出来的,艺术的表现内容离不开人,而风格则是艺术成熟的标志。由此可见,研究主持风格也是一门研究人的艺术。从主持风格的角度研究主持人,是主持人理论研究深入的表现之一,是主持人研究视野开阔的体现,也是将主持实践的观照提升到美学层面、上升到一个全新层面的表现,它符合时代发展的需求。

能够被纳入风格研究的主持人节目应该是完美或接近完美的作品。主持风格作为创作主体在主持实践中的一种艺术成就,具有重要的研究意义和价值。

张颂先生曾说,风格是"成熟稳定的艺术特色""独特的艺术个性"①。研究主持风格,将有利于找到主持人的内涵和分类,帮助主持人在风格表现过程中保持风格的自觉性,明确主持风格的表现形式,深入挖掘主持风格的成因,找到风格养成过程中的规律和方法,为实践领域中的主持人提供参考,帮助其扬长避短,朝着合乎自己审美个性和特长的方向去努力,以此加快主持风格形成的步伐。

对于主持人而言,主持风格是其在创作实践中经过长期艰苦的磨练所塑造和形成的,是思想艺术臻于成熟的标志,是主持人追求的最高目标。主持人先要艺术地把握节目的整体风格和语言风格,再细微地从有声语言、外在形象等要素上将风格进行具体呈现,在这个过程中,好的开始就已经成功了一半。

多样化的主持风格是顺应时代发展潮流、适应社会文化发展和变化的必然要求,要满足不同时期人们多元化的精神需求,就要与时俱进把握时代风格。

主持风格是媒体和主持人与受众交流沟通的纽带,有辨识度和感染力的风格传递,有利于激发观众的审美意识,有助于提高其审美能力和欣赏水平。受众所需要的是千姿百态、有较强独特性的、风格多样的主持风格。主

---

① 张颂.朗读美学(修订版)[M].北京:中国传媒大学出版社,2010:7.

持风格以感性、形象的方式诉诸受众，但并不是每一个受众都能轻易辨识不同的主持风格，这就需要研究者用独特的慧眼和准确的评价，发现和归纳多样化的、鲜明的、符合大众审美需求的主持风格，将其从模糊的感受变成清晰的概念，让观众深刻理解、准确把握，这样才有助于培养观众的审美情趣，提升其欣赏水平。

二、将风格理论引入播音主持风格研究

如前文所述，"风格"是指作风、风貌、格调，是各种特点的综合表现，是一个时代、一个民族、一个流派或一个人的文艺作品所表现出来的主要思想特点和艺术特点。由此可以引申出，播音主持风格即"主持节目活动中表现出来的主导思想和艺术特点，是节目主持人的思想和艺术风格等各种有机因素的总和"①。可见，播音主持风格作为一种总体表现和格调风貌，具有整体性，构成播音主持风格的有机因素，就像构成生物体的各个组织，互相关联协调，具有不可分割的统一性。播音主持风格是播音员主持人在主持节目过程中动态呈现出的风貌特征，主持人的个性差异形成各自不同的个性特征，主持风格作为一种传播形式，可见、可听、可感，从其外在形象、个性语言、整体感觉等多个方面作用于受众的视觉、听觉、感觉，并对受众产生一种心理影响，引起受众反馈。

在风格属性特征的基础上，我们可以从传播主体、传播环境、传播效果等方面来探讨播音主持风格的属性特征。

（一）风格的独特性

风格的核心是创作个体所具备的创作个性，个性是反映创作者整个精神面貌的一种具有内在一致性和倾向性的特质。艺术家要形成自己的风格，必然要在艺术创作中自觉或不自觉地形成区别于其他艺术家的个性，创作个性一旦形成，便具有鲜明的个性，相对的稳定性，形成与其他作品的差异性。播音主持风格也是具有独特性的艺术形式，并且其创作个体——主

---

① 赵淑萍.电视节目主持[M].北京:北京师范大学出版社,1999:103.

持人,需要有个性,在思维方式和语言表达上能塑造出独特的主持风格。在表现形式上,播音主持风格需要具备典型特征,在节目主持中同步、动态体现主持风格。此外,播音主持风格的独特性也是媒介市场化的需求,只有独特性才能吸引受众的关注与认可,以差异化在市场竞争中取胜。

(二)风格的整体性

风格是内容与形式的协调统一,是给人的整体感觉,也是作品在整体上呈现出来的特征和风貌。播音主持风格是播音员主持人依托节目、在节目动态过程中体现出来的总体风貌,是播音员主持人的外在形象、内在气质和节目内容及表现形式综合体现出来的特征,具有整体性、概括性。播音主持风格是主持人风格与节目风格的融合,播音主持风格需要主持人动态、同步体现,不可以脱离节目本身单独存在,受到节目类型的制约。

(三)风格的艺术性

风格可看作作家在艺术上获得相当成就的标志,风格不是任何文学作品都有的,而是需要达到一定艺术标准的作品才具备。这与播音主持风格也是一种艺术创作的理念一致,播音主持风格是一种艺术成就和美学品质,并非每个播音员主持人都有自己的风格,播音主持风格也不是一蹴而就的,而是需要经过主持实践的积累磨练、符合艺术构成规律才能成就,这也是播音主持风格常常被当作一门传播艺术来探讨的原因。

(四)风格的交际性

"风格不是一种简单的特点,而是一种艺术实践与现实的交际,它能影响读者的接受与欣赏;艺术交际的整个链条(现实—创作者—作品—表演者—欣赏者—现实)也是在风格中实现(或中断)的。"① 从艺术交际的角度来看,风格能影响欣赏者的接受与欣赏,这与播音主持风格具有互动性和交际性、能影响受众的收看行为的观念一致;播音主持风格在整个主持传播过程中产生和实现,需要考虑受众的认知和接受,播音主持风格是提高传播效

---

① 鲍列夫.美学[M].乔修业,常谢枫,译.北京:中国文联出版社,1986:286.

率和强化传播效果的有效途径。

(五)风格的社会性

风格能体现时代和地域的特色,具有社会性。风格是社会关系的反映,社会关系也对风格的形成产生影响。客观上,风格所表现的题材、艺术形式必然要受到其所属时代、社会、民族、阶级等社会历史条件的影响,是客观现实的一种反映,脱离客观社会环境的风格是空洞造作、虚假肤浅的。播音主持风格也具有社会性,播音主持风格不能脱离当时的社会和时代背景而单独存在,是当时社会思潮和受众收视习惯的反映,播音主持风格的演进和创新与社会经济的发展都有明显的关联作用。

这样来看,播音主持风格是体现播音员主持人特质的重要内容,是播音员主持人在外在形象、个性语言、思想特点、生活经历等多个方面呈现出来的相对稳定的个性,具有独特性;播音主持风格不是任何主持人都有的,是一种传播艺术,具有艺术性;播音主持风格是主持人风格与节目风格的融合统一,是呈现出来的整体感觉,播音主持风格既包含某一个节目主持人的个人风格,又包含某一类型节目或某一时期众多节目主持人共有的风格特征,具有整体性;播音主持风格需要被受众感知,是主持人人格化传播的重要载体,能增强主持人的可识别性、帮助受众接受信息以及规范主持人传播行为,具有交际性;播音主持风格是在传播实践中形成的,受到一定时期、一定社会环境、一定地域条件的制约和影响,具有社会性。

第三节　播音主持风格的构成体系

一、播音主持风格的概念

前文论述了风格与播音主持风格的相互关联,现将播音主持风格的概念做进一步梳理;目前关于"播音主持风格"的界定主要有以下几种。

姚喜双在《播音风格探》中将播音主持风格定义为:"主持风格是主持人在创作中所体现出来的创作个性和艺术特色,它以运动的状态贯穿创作的全过程，又以相对稳定的状态凝结在作品上。"①这一定义主要阐述了播音主持风格是一种艺术表现形式，播音主持风格是动态呈现的，主持风格通过作品——电视节目动态呈现出来。

王群、沈慧萍主编的《电视主持传播概论》给主持风格下的定义是："主持风格是主持人在主持节目时所表现出来的主导思想和艺术特点。风格是一种艺术创造，是主客观条件的完美结合。主持人有了风格，就形成了属于自己的'这一个'。因此，风格成为主持人在节目中必须追求的一种境界。"②这一定义认为播音主持风格具有思想性和独特性，同时突出播音主持风格是一种艺术创造，其形成受主观因素和客观因素的影响，分别从播音主持风格的特点、艺术审美和成因上对其进行界定。

赵淑萍在《电视新闻节目主持艺术》一书中将主持风格定义为："主持风格作为一种表现形态，有如人的总的风貌一样，是主持人整体上所呈现出来的代表性特点，是主持人主观方面的特点和节目的客观特征相统一造成的独特面目。主持人在电视屏幕上展示的风格，是在他所特有的思想情感、个人气质、生活经验、审美理想规定的范围内，由他所深刻感受、体验引发的创作冲动促成的。主持人在主持节目时，不论自觉与否，总会表现自己的精神面貌，对现实的独特的感受、认识及特有的文化素养。"③这一界定主要概括了播音主持风格属于主持艺术的范畴，是一种表现形态，是一种总体风貌，并且产生于主持实践，其表现形态受主持人的思想情感、个人气质、生活经验、审美理想制约，并与节目的客观特征相符合。

以上定义较王群、沈慧萍的定义更加丰富、完善，分别从主持风格的表现形态上进行详细界定。赵淑萍在随后的《电视节目主持》一书中对该定义进行完善："节目主持人风格即主持节目活动中表现出来的主导思想和艺术特点。节目主持人的思想和艺术风格是各种有机因素的总和。主持人风格作为一种表现形态，其有机因素包括外在形象、内在气质、个性语言、品格修养等互相关联协调的几个部分。主持人风格具有个性差异特点，同时也具

---

① 姚喜双.播音风格探[M].北京:中国文联出版社,1992:28.
② 王群,沈慧萍.电视主持传播概论[M].上海:华东师范大学出版社,2008:160.
③ 赵淑萍.电视新闻节目主持艺术[M].北京:北京广播学院出版社,1997:26-27.

第一章 风格理论与播音主持风格

有风格类型倾向性特点。"①这一定义增加了将外在形象作为表现形态的一个方面,同时指出了主持风格具有类型性、倾向性特点,某种类别一旦确立,各要素都倾向于与总体风格特征相符合、相统一。

刘洋、林海在《综艺与娱乐节目主持概论》一书中认为:"主持风格是由节目的内容、编排创意、后期包装等各方面来体现的,其中作为灵魂人物的主持人的风格起着至关重要的作用。一个主持人的风格,决定一个栏目的收视率,会影响观众的思想和行为方式。主持人风格的表现也并不是一种个人行为,他是在代表社会的文化走向,代表先进文化的发展要求。一个真正意义上的主持人,只有具备了做一个主持人的基本素质后,才能谈得上风格的呈现。"②这个定义指出了主持风格的体现载体和功能,同时指出了风格的影响因素,还增加了主持风格的社会性和文化性的内涵特点,认为主持风格与社会发展、媒体及节目内容有关联,同时指出风格的形成具有阶段性特点,须具备基本素质之后才能锤炼出来。

魏南江在《节目主持艺术学》一书中认为:"节目主持风格是指节目主持人在节目主持艺术实践中逐步形成的,并为广大受众喜爱的创作个性和艺术特色,它是主持艺术个性化的稳定状态的标志。节目主持艺术风格是主持人主持理念的直接体现,是主持人创造性劳动的结果和体现,是主持人在主持艺术道路上成熟的标志,也是一切主持人可以追求的最高境界。"③这个定义增加了主持风格是主持实践的产物,是主持艺术成熟的标志,并认为风格的形成是一种创造性劳动,是主持人追求的审美境界。

肖沛雄在《节目主持人语言传播艺术》一书中认为:"主持人语言的个性风格是一个相对稳定的艺术形态,是语言个性特点综合表现出来的格调和气氛,每一位节目主持人都应当通过历练形成自己独特的个性风格。"④该定义认为主持风格是一种综合表现出来的气氛和格调,具有个性特征,但它主要是从主持人的语言特点方面来界定,内容较为狭窄。

张颂主编的《中国播音学》认为:"播音风格的实质是播音创作美的多种

---

① 赵淑萍.电视主持[M].北京:北京师范大学出版社,1999:103.
② 刘洋,林海.综艺娱乐节目主持概论[M].北京:中国传媒大学出版社,2007:47.
③ 魏南江.节目主持艺术学[M].北京:中国广播电视出版社,2006:324.
④ 肖沛雄.节目主持人语言传播艺术[M].广州:暨南大学出版社,2009:212.

形态的表现。播音风格,从广义上讲,包括播音创作中所体现出来的时代风格、民族风格、阶级风格、节目和稿件的风格、播音员风格。播音风格是指播音员在播音创作中所体现出来的创作个性和艺术特色。它以运动的状态贯穿播音创作的全部过程,又以相对稳定的状态凝结在播音作品上。播音是一种创作,所以播音风格又是播音员同语言文字作品风格有机统一的结果。播音是一门实践性很强的艺术创作活动,所以播音风格是播音员在长期艰苦的播音创作实践中逐渐积累形成的。"[1]这一个定义从广义和狭义上分析了播音风格的特征、表现形态、创作方式、形成原因,指出播音风格包括时代风格、民族风格、阶级风格、节目和稿件的风格,是一种动态的创作过程,是播音员和节目稿件内容的统一,是在主持实践中积累出来的,但主要侧重从播音艺术上定义播音风格的产生方式、风格特征和创作特点,为播音主持风格的界定提供了参考范式。

陆锡初在《节目主持人导论》中提出"风格即人,是说节目主持的风格是主持人的外观形象、内在气质、语言特色、知识修养、人格魅力的体现,是节目主持人在主持节目过程中彰显出来的整体特征和精神风貌"。他进一步阐释:"主持风格是主持人在长期主持实践中所表现出来并被受众认可的稳定的个性特征。没有个性魅力、没有艺术品位的主持人,很难形成自己的风格。节目主持人风格的形成,是节目主持人走向成熟的标志。"他认为"主持风格始终受节目定位、类型与节目内容的制约,不能离开节目去谈主持风格"[2]。这一定义强调了主持风格的形成与主持人的个人条件有较大关系,主持人要有个性魅力和艺术品位,主持风格具有稳定性和传播性,主持风格受到节目风格的制约,提出了主持风格的形成取决于社会和时代、节目特色和主持人的个性特征等因素。

从主持风格的各种定义来看,目前主要是从其文化属性、时代和社会属性、制约因素、风格特点、表现形态、创作方式、形成原因来界定主持风格,并且其概念结合了艺术学、美学、语言学和传播学的研究方法和分析视角。因此,要对主持风格进行界定,就要对主持风格的属性特征、形成因素、创作方

---

[1] 张颂.中国播音学:修订版[M].北京:中国传媒大学出版社,2003:47.
[2] 陆锡初.节目主持人导论[M].北京:中国传媒大学出版社,2013:97-101.

式、表现形态进行深入分析和总结,并结合主持人和节目类型两个主要限定因素,来规范主持风格的概念。

综上所述,笔者将播音主持风格的定义概括如下:播音主持风格是指播音员主持人在一定时期、一定社会环境中,在播音主持实践中动态呈现出来的主导思想和艺术特点,是播音员主持人在外在形象、个性语言、思想内涵等多个方面表现出的具有独特性、统一性、稳定性的艺术创作,是一种传播艺术的体现,是播音员主持人风格与节目风格的有机融合,播音主持风格受到节目定位、类型和内容的制约,是节目人格化传播的重要载体和沟通受众的有效方式,是增强传播效果的一种途径。它有利于增强播音员主持人形象的可识别性,帮助受众理解和接受信息,也有利于规范播音员主持人的传播行为。它既包含个别播音员主持人的风格,也包含某一类型节目或某一时期众多节目播音员主持人共有的风格。

二、播音主持风格的构成

要分析播音主持风格的构成,须依据播音主持风格的定义,从播音主持风格的整体风貌、创作主体、表现形式来分析。播音主持风格也是在传播过程中产生的,因此须从传播环境、传播对象、传播效果来阐述,以此条分缕析提出主持风格的分析维度。

播音主持风格是主持人动态呈现出来的一种由视觉、听觉、知觉构成的总体风貌,是主持语言、屏幕形象动态呈现出的一种整体感觉。播音主持风格贯穿于整个传播过程,其创作主体是播音员主持人,借助的表现符号是播音员主持人的形象、语言、行为,其中个性语言成为表现播音主持风格的重要载体,是作用于受众听觉和思维的重要手段,也是动态呈现播音员主持人内在气质、学识修养和思维特点的手段,是播音主持风格的重要内涵。播音员主持人的外在形象是受众感触和把握播音主持风格的直观印象,是作用于视觉的第一要素。播音主持风格作为一种对象化、人格化传播的重要手段,对讯息的传递和传播效果的好坏有重要影响,是针对受众欣赏和接受的一种传播艺术,它必然有一个受众对于风格认知的反馈过程,因此,受众反馈成为播音主持风格构成的重要因素。

下文分别从个性语言、外在形象、整体感觉和受众反馈四个方面分析主持风格的构成。

(一) 个性语言

播音员主持人在节目中发挥着拟态化"人际交流"的作用,这使得播音员主持人的语言一般是通过口语形式来报道新闻、评述事件、串联节目。个性是播音员主持人的一种特质,是其内在修养、思维方式和学识智慧的外在表征。个性语言则是体现播音员主持人个性和思想的语言表达。个性语言除了内容准确、逻辑分明、语言清晰以外,还要有自己的特点。张颂先生曾经说过,播音主持"风格的占有者,必须是独创者,不接受现成公式,不追赶时髦,却钟爱独特体验、独特感受、独特表达样态"[1]。梅益先生曾要求,"播音员不能老是一种腔调,必须根据不同的题材采取不同的播法"[2]。不同的节目类型,其话题内容和阐述方式不同,所使用的语言不同,呈现出的语言风格不同;不同个性的播音员主持人用不同的语言来表达意思、交流思想,包括使用不同的词汇、语体、修辞、节奏呈现出不同的语言风格,以个人的语音、语气、语调同呈现出个性化的特征。播音员主持人的个性语言是主持节目的重要手段,是播音主持风格的重要组成要素,也是与观众听觉和思维建立联系的重要方式,是与观众互动的纽带,某些具有创意的个性语言能给观众留下深刻印象,启发其思考并激发其互动。例如,有的播音员主持人快言快语,有的细细漫谈;有的语言机智幽默,有的稳重深沉;有的播音员主持人使用口语较多,语言朴实;有的播音员主持人辞藻丰富、语言华丽;有的播音员主持人语言犀利,针锋相对。

(二) 外在形象

外在形象是播音员主持人呈现在屏幕上的形象,包括播音员主持人的面貌、身形、服饰、表情等。播音员主持人通常通过适当的妆面、发型和得体的服装呈现在屏幕上,还包括其他技术条件,如灯光的运用、拍摄画面的构

---

[1] 张颂.播音语言通论[M].北京:北京广播学院出版社,1994:81.
[2] 广播电影电视部政策研究室.梅益谈广播电视[M].北京:中国广播电视出版社,1987:108.

图等,是经过造型后呈现在屏幕上的外在形象,与播音员主持人日常生活中的外在形象略有不同。外在形象是观众认知播音员主持人的第一印象,播音员主持人不同的外在形象是突出其主持风格的重要元素。例如,新闻节目主持人的妆面清爽利落、服饰端庄高雅;儿童节目主持人造型青春靓丽,表情活泼可爱,着装款式繁复、颜色跳跃;娱乐类节目主持人造型时尚前卫,服饰新潮。

(三) 整体感觉

风格具有整体性,是各种风格要素的有机融合,是各种创作美的集合,也是一种呈现出来的整体感觉。如果个性语言是从听觉上感知,外在形象是从视觉上感知,那么整体感觉便是从知觉上感知。"知觉的对象是由许多部分组成的,各部分具有不同的特征,但是人并不是把对象感知为许多个别的孤立部分,而总是把它作为知觉的一个统一整体。知觉是人脑在外界刺激下的反射活动,客观对象的许多部分形成复合刺激物,大脑皮层对复合刺激物的各个组成部分及其相互关系进行分析和综合。复合刺激物各部分所引起的皮层兴奋中心相互形成联系,同时现在的兴奋和过去的兴奋痕迹也形成联系,从而反映客观对象各种属性的关系,形成对象的完整印象。"①可见,播音主持风格的整体感觉融合了个性语言、外在形象以及其他的风格要素,如播音员主持人在节目主持中的动态呈现,以及播音员主持人自身之外各类可听、可见的与风格有关的因素综合作用下形成的整体风貌。整体感觉也是受众对于播音员主持人呈现的形象、语言及其他风格要素的整体把握。不同的播音主持风格能够帮助受众理解和接受信息,具有可识别性,以区别不同的主持人和节目。播音员主持人通常用属于自己的独特手段,去解释播音主持艺术的美的本质和规律。播音员主持人在主持节目中真实、诚恳、自然的表现能感染观众、打动观众;播音员主持人在节目中所体现出的行为、作风,表现出他的思想、认识、品行。整体感觉也具有制约各种风格要素的作用,播音员主持人意识到自己属于某种风格,就必然在语言、形象和其他表现方式上遵循这种风格的各种制约条件,在长期的播音主持实践

---

① 李虹,赵岩.中国学前教育百科全书·心理发展卷[M].沈阳:沈阳出版社,1995:78.

中慢慢积累和历练,不断修正与播音主持风格相匹配的各种表现方式,使风格呈现的各种元素都符合和服从于同一种类别的风格,这也在一定程度上规范了播音员主持人的传播行为,使得其尽可能适应和保持自己风格的整体性。

(四) 受众反馈

风格理论中,风格具有交际性,一方面风格是艺术创作与现实的交际,另一方面风格是创作主体与接受主体产生的共鸣。在传播学中,"反馈是指受众对传播者的信息回流过程。反馈有广义和狭义之分,广义的反馈是指受众对传播者主动实施的各种影响或压力;狭义的反馈是指受众对传播者所传信息必然做出的各种反应"[1]。播音主持风格是播音员主持人与受众交流的纽带,是受众视觉、听觉的载体,也是增强广播电视传播效果的重要途径。具有独特风格的播音员主持人,能给受众留下深刻印象、产生一定影响,吸引受众收看节目、关注播音员主持人,甚至对受众的各种思想观念、言行习惯产生潜移默化的影响。播音主持风格作为节目和播音员主持人传递给观众的整体感知,能在受众心中形成印象和感觉,激发其喜欢、愉悦的情绪和互动的热情。同时,受众多元化的审美要求,催生多种具有独创风格的播音员主持人来满足这些审美需求。播音主持风格是由传播内容的本质所决定的,传播内容也是依据传播对象而设定的,这使得播音员主持人需要依据传播内容塑造播音主持风格,并充分认知受众的需求和反馈。只有播音主持风格与观众反馈协调一致,其风格就可以在传播和反馈的过程中得到进一步运用和强化。

三、播音主持风格的类别

播音主持是一门传播艺术,艺术需要创造风格。播音主持风格作为一种艺术形式,可以通过播音员主持人的个性语言、外在形象、整体感觉和受众反馈等分析维度区别出不同的风格类型。不同的播音员主持人、不同的

---

[1] 赵玉明,王福顺.中外广播电视百科全书[M].北京:中国广播电视出版社,1995:49.

第一章 风格理论与播音主持风格

节目形式、不同的时代会形成不同的播音主持风格,播音主持风格的类型取决于某一时代社会潮流和社会风尚的现实状况、节目的类型和形式以及播音员主持人的不同个性。播音主持风格的类别是通过对大量不同的播音主持风格进行比较、归纳、研究而划分出来的。

一般来说,对一个领域的事物进行分类,要经历按现象分类到按本质分类的深化过程。"有一些事物,在进行分类的过程中,由于一时难以掌握其本质属性,往往要从现象分类入手。"①

现象分类主要侧重主持人的外部形态和行为活动的差别,例如分为"播音员式"和"主编式"主持人,这是20世纪80年代初划分的主持人类型。播音员不同于主持人,因此这种划分方式在字面和内涵上都不能准确概括主持人的类别。后来出现三大分类,即"采、编、播合一式""采、编、播合作式""客串式"三类主持人,这种方式将主持人参与节目的程度和工作方式进行归类,但是较为笼统,不能体现主持人的个体特征。后来又在三大分类的基础上出现四大分类,即"独立型""单一型""参与型""主导型",但独立型是极少数主持人可以胜任的,所以这个分类也不能从根本上区别不同类型的主持人。

现象分类具有一定的主观随意性和人为性,因此,要深入到本质分类。"本质分类主要是以事物内在的本质属性为标准进行的分类。对主持人的本质分类,必须以主持人本质的属性和关系作为分类的依据。"②

从播音主持风格的分析维度、呈现形式来看,播音主持风格是主持人个人风格与节目风格的融合。用公式表示则是:

播音员主持人个人风格+节目风格=播音主持风格

以上公式表明,播音主持风格是播音员主持人动态演播过程中体现出来的风格,是播音员主持人个人风格与节目的主体风格相互融合、反复强化所形成的富有特色的风格特点。

播音主持风格受到节目类型的制约,也与播音员主持人个人的主观素质有很大关系。播音主持风格可以从四个方面来划分:一是从播音员主持

---

① 林康义.比较、分类、类比[M].沈阳:辽宁人民出版社,1985:69-70.
② 赵淑萍.电视节目主持[M].北京:北京师范大学出版社,1999:138.

人的个性特征来划分;二是按照播音员主持人与节目的融合关系来划分;三是按照节目类型来划分;四是按照播音员主持人形象的类型来划分。在以上几种分类方式的基础上,本书还列出第五种分类方式,即综合分类法。

(一)按照播音员主持人的个性特征分类

人们对事物的认识虽然复杂多变、各不相同的,但是一般都是通过特定的概念体系来完成的。每个播音员主持人由于个人的播音主持经验、交际范围、知识结构、文化修养、生活经历等各不相同,因此对于事物的认识也会有个体性、经验性的差异,甚至是本质上的不同。心理学家的研究显示,个性对某项具体的实践活动存在着明显的影响,在专业知识同等水平的情况下,个性会使得其风格各异。播音员主持人个性特征可以分为情感型、幽默型、活泼型和理智型。

1. 情感型

情感型的主持人富有想象力和创造性,通常比较情绪化,敏感且感性,情感丰富,并且善于表达情感、传递情感,其表情生动,语言煽情。情感型的主持人对受众的情感和情绪影响最大。每一位受众在看电视节目时,都希望在快节奏的生活中找到情感慰藉,听到令人心动的话语或故事,而真正能够打动人心的,无疑就是情感。情感型的主持人大多是演艺人员出身,他们善于进入角色,能够在不同的场合传递情感,感动受众。例如倪萍和朱军就是典型的情感型主持人,倪萍曾经演过话剧,朱军则是歌舞团演员,他们常常被嘉宾的故事或现场氛围触动,并能用感性的语言将情绪传递给观众、感染观众,常常让观众潸然泪下,这也是情感型主持人的魅力所在。

2. 幽默型

幽默型主持人能够用幽默的语言、有趣的笑话或夸张的行为来活跃现场气氛,不仅可以增加节目的可看性,而且能够缓解现场嘉宾和观众的紧张情绪。因此,幽默型的主持人常常具有"逗乐"的本事,幽默能反映出主持人的职业素养、智慧以及性格特点。越来越多的观众喜欢具有幽默感的主持人,因为幽默也是一种智慧,不仅给观众带来心灵的愉悦,也能使观众感受到被尊重和重视。不同的主持人有不同的幽默方式,例如上海电视台节目主持人曹可凡,一般是通过立意的严肃性和形式的趣味性来体现幽默感,他的幽默特点一是出于善意,二是把握分寸;中央台李咏的幽默则自成体系,他常常通过自恋、自嘲以达到娱乐大众的目的,他独特的手势、绚丽的着装和诙谐的语言将幽默充盈在主持过程之中,产生了良好的娱乐效果。

3. 活泼型

活泼型的主持人时常能给受众带来轻松的感觉,能有效调动观众的情绪,带动现场气氛,推动节目进程。活泼型主持人通常是个思维活跃的人,不断会有新的想法和新的建议,常常能临机应变,给人机智的感觉。例如,何炅的主持风格活泼快乐,自然大方,随意而不做作,具有动感与活力,正是这种生动活泼、机智风趣、个性十足的主持风格,让受众领略到了一种何炅式的快乐。

4. 理智型

理智型的主持人举止和形象稳重、成熟,思维缜密、深刻,知识广博、丰厚,作风严谨、理性,语言准确、客观、精练,在主持过程中能准确把握客观现实,用深刻的观察和理性的分析来阐释问题,见解独到,时常给人以智慧的启迪。理智型主持人气质干练沉稳,语言温和理性,思考全面深刻,论述条例清晰、逻辑严密,给人以权威性和信赖感。例如,白岩松以深刻权威的新闻评论和严谨认真的个性气质,树立了理智型主持风格的典范。

(二) 按照播音员主持人与节目的融合关系分类

播音主持风格是播音员主持人风格与节目风格的有机融合,这种融合也可以视为风格的产生机制。融合的程度不同,也制约着播音主持风格的体现程度。播音员主持人个人风格与节目融合得越好,播音主持风格就体现得越充分;反之,播音主持风格则难以凸显。按照播音员主持人与节目的融合关系,可以将其分为独立型、单一型、主导型和参与型。

1. 参与型

播音员主持人作为一个节目最终的呈现者,主要承担播报工作,与记者、编辑、摄像等各有分工,他们共同完成节目的采制和呈现。某些主持人为加强与节目的融合,参与节目的外出采访和后期制作;有的主持人参与文稿的写作,使其主持节目时能更好地与节目融合,体现自己的个人风格。参与节目制作的程度越深,越能把握节目的内容和风格。通常在地级市台,特别是在非新闻栏目中,分工不够精细化,人手不足,主持人需要兼顾多个工种,参与节目程度较高。

2. 单一型

单一型指播音员主持人在节目中只承担话筒前的播报工作。这种形式的播音员主持人,只是在前台出面主持播报某一固定节目,一般不参与采、编工作,其背后有另一套采、编人员和策划团队。这通常指的是播音员,一般其外在形象、播音技巧、声音条件都比较好;缺点是编播脱节,播音员与编辑之间的想法和意图不能完全一致,会导致节目有割裂的痕迹。单一型播音员主持人一般出现在分工和制作水平较高的电视台,由于节目制作采取公司化运作,播音员主持人只需完成本职工作,不需要参与节目的其他环节,或由于播音员主持人自身能力有限,仅能完成播音主持工作,其他岗位工作无法参与。

3. 主导型

主导型的主持人即全面参与节目制作和播出的各个环节,发挥着主导作用,是节目的中心人物。从前期主题的确立、采访材料的准备、稿件的撰写,到中期的现场采访、播音主持,甚至后期的编排制作,主持人始终起着主导节目的作用。国外主持人较多主导型,主导型也是主持人的主要工作方式。这种工作方式有利于全面、准确、直接地体现主持人的意图、思想,充分展现主持人的个性风格,使得节目内容能完整流畅,避免节目内容与播音主持脱节的现象,节目风格与主持人风格协调统一,能增强主持人的权威性,树立主持人品牌,吸引观众参与和互动。主导型的主持人一般能力较强,或者是某一个领域的专家,具有一定的知名度。主导型的主持人常常以自己的名字命名所主持的节目,以凸显其主持风格。

(三)按照节目类型分类

电视节目的基本类型成为播音员主持人本质分类的依据,因为节目类型是播音主持风格内涵的重要构成,对播音主持风格有制约作用,奠定了播音主持风格的基调。播音主持风格因不同的节目类型而呈现出风格差异。可以说,节目类型决定了主持人的风格类型;主持人决定他主持什么类型的节目,两者相互依存、相互关联。例如,综艺娱乐节目要求主持人精力充沛、机敏灵活、活泼大方、率真热情,而沉稳、严谨、睿智、干练的主持人适合主持播报新闻节目。

划分依据不同,所划分出来的电视节目类型也不同。目前,国外主要依据文本内容,将节目划分为新闻、纪录片、娱乐节目、脱口秀、肥皂剧、情景剧、喜剧、体育节目等;依据目标对象人群将其划分为儿童节目、成人节目、妇女节目等;依据节目的拍摄技术将其分为胶片节目和磁带节目;依据节目的播出时间将其划分为早间节目、晚间节目等。国外主要依据电视产业发展状况划分节目类型,以帮助广告商找到目标受众,划分依据多元化、市场化。

国内在节目类型的划分上也有多种方法,主要依据节目的内容、行业、形式和诉求对象等多个维度来划分。比较常见的划分依据,一是按照社会功能将其划分为新闻类节目、教育类节目、文艺类节目和服务类节目;二是按结构类型将其划分为综合节目、专题节目和板块节目;三是按所涉领域将其划分为经济节目、文化节目、科技节目等。2006年3月,由徐舫洲和徐帆主编、浙江大学出版社出版的《电视节目类型学》一书将电视节目划分为电视新闻资讯节目、电视谈话节目、电视文艺节目、电视娱乐节目、电视纪录片、电视剧、电影、电视特别节目等八类。

从播音员主持人的发展历程来看,在播音主持传播实践中逐渐形成以下四类主持人:一是 Anchor 逐渐发展为新闻类节目的记者型主持人;二是 Host 逐渐发展为谈话类节目的主人型主持人;三是 Moderator 主要发展为综艺娱乐类的伙伴型主持人;四是 Presenter 主要发展为社教服务类节目的陈述型主持人。

(四)按照主持人形象的类型分类

蒋育秀在《主持人形象塑造艺术》中将主持人按形象的类型分为"权威型主持人""记者型主持人""教师型主持人""朋友型主持人"和"演员型主持人"

五种类别。主持人形象的类型众多,有的端庄严肃,有的活泼热烈,有的搞笑诙谐,每个人的外形相貌、动作举止、语言风格各有不同。一个有影响力的主持人形象需要有相应的节目内容来支撑,离开具体节目,主持人形象就失去了存在价值,因此研究主持人形象类型,必须与节目内容紧密相连。①

1. 权威型主持人

权威型主持人多出现在新闻节目中,他们所播报的内容以国家大事为主,其外表端庄,表情较为严肃,形体动作较少,作为直播节目,语言表述要清晰流畅,形象主要是加强内容的可信性和严肃性。

2. 记者型主持人

记者型主持人一般主持访谈性、新闻性节目,如深度报道类新闻或专题节目,他们在主持节目时充当类似记者的角色,主要探究事件的来龙去脉,常常以调查者的身份出现在节目中,以记者身份出现在事件现场,以主持人身份坐在播音室发表自己的看法和观点,他们是记者与主持人的结合,需要有较高的采访能力,也要有流畅的语言表达能力和较好的形象。

3. 教师型主持人

教师型主持人多为外表斯文清爽,表情诚恳真挚,态度和蔼可亲,装扮中规中矩,语言表达循循善诱,一般出现在知识性节目中。主持人的动作举止体现出良好的修养,无论是播讲还是主持,都能熟悉自信地表达,耐心地引导观众,引起观众的兴趣。

4. 朋友型主持人

朋友型主持人通常亲和力很强,善解人意,睿智健谈,他们就像我们身边的朋友一样,谈论各种各样的话题,发表自己的看法,倾听嘉宾意见。这类主持人可能相貌平平,但都很随和,不会让人感到讨厌,着装轻松休闲,装扮让人感到温暖亲切,这类主持人很少受到稿件的约束,多为即兴表达,语言和表情动作都显得轻松随意。

---

① 蒋育秀.主持人形象塑造艺术[M].北京:中国广播电视出版社,2003:66-70.

5. 演员型主持人

演员型主持人一般具有表演天赋，在节目中能发挥表演才能，活跃气氛，所主持的节目多带有娱乐性质。这类主持人更接近演员，一般为形象较好或具有个性特点的年轻人，他们的动作、表情较为夸张，反应灵敏，具有幽默感。

(五) 综合分类

结合以上电视节目类型划分方法和主持传播实践中形成的主持人类别，本书采用综合分类法，将主持人划分为新闻节目主持人、谈话节目主持人、综艺节目主持人和社教节目主持人四类，并以此划分出四种节目的主持风格类型。

1. 新闻节目主持风格

新闻节目要求主持人有较高的新闻素养，有较强的新闻敏感，能把握新闻事实，具有较强的采访能力、分析能力和评论能力。新闻节目主持风格呈现出沉稳、睿智的特点，显示出一定的权威性。新闻节目的客观、准确、及时，要求主持风格严谨、大气、稳重、干练。

2. 谈话节目主持风格

谈话节目要求主持人具有较强的知识和阅历，能把握和总结话题，善解人意，善于启发访谈对象与嘉宾，具有组织谈话和控制现场的能力。谈话节目主持风格因为节目类型的差异也包含很多类型，例如新闻谈话节目、娱乐访谈节目，心理、情感和生活类访谈节目。这要求主持人具备不同的专业素养，主持风格真诚、亲切，具有交流感和人文关怀，谈话能引人入胜，能引导嘉宾说出自己的故事，营造良好的氛围，并总结和归纳出一些观点。

3. 综艺节目主持风格

综艺节目包含文艺、娱乐节目等非新闻节目类型，具有明显的艺术特征，体现了电视节目的娱乐功能。它要求主持人具备一定的艺术修养和表演才能，能活跃现场气氛，调动观众的参与热情；能参与表演和演绎一些故事片段，机智灵活应付各种场面，顺利推进节目；能娱乐大众，为观众带来欢乐,激发观众的愉悦情绪。综艺节目主持风格通常是欢快动感、热情活泼、幽默诙谐。

4.社教节目主持风格

社教节目有明确的服务和教育对象,指向较为明确,要求主持人融入和了解目标观众群体,具有较深的专业知识,学识丰富,循循善诱,寓教于乐。社教节目通常要求主持风格知性、明快,突出专业性和知识性,能在某一专业领域较好地引领观众,给观众一种信赖感和亲切感。

四、播音主持风格的本质特性

本质特性是指事物本身所固有的、决定事物性质、面貌和发展的根本属性。播音主持风格具有表现的独特性、样式的多样性、产生的附着性、形成的阶段性、传播的交互性和性质的稳定性。掌握播音主持风格的本质特性,对播音员主持人在播音主持实践中塑造自己的风格有一定的指导意义。

(一)播音主持风格表现的独特性

独特性是风格的生命,也是播音主持风格的本质特征。不同的主持人个体,具有不同的外在形象、性格气质、学识修养和生活经历等,主持人作为播音主持风格的表现主体,其独特性决定了播音主持风格表现的独特性。从主观上来讲,主持人在主持节目时,总会不自觉地表现出自己的精神面貌、对现实的独特感受与认识,同时,主持人所具有的文化素养、心理状态等都会不由自主地使其表现出个性特征;从客观上来说,播音主持风格并非任意表现,而是主持人在主持节目中对客观现实的真实反映,不能脱离节目内容和类型的限制,具有独特创意的节目也能体现主持风格的独特性。赵淑萍教授认为:"节目主持人风格的本质特征,是主持人从总体上所呈现出来的代表性特点,是主持人主观方面的特点和客观特征相统一构成的独特面目。"① 可见,播音主持风格的独特性既是主持人个人的创造性表现,也是节目内容和客观现实共同造就的独特表现。

---

① 赵淑萍.点视节目主持[M].北京:北京师范大学出版社,1999:125.

播音主持风格的独特性表现在以下几个方面。

一是独特的内容处理。不同的主持人对节目内容的处理方式不一样,从开场白的设计到节目的衔接,以及最后的结语都有其独创性的处理。例如,有的主持人善于先述后评,有的长于先评后述;有的擅长变难为易、平铺直叙;有的善于理论推演、逻辑分明。

二是独特的主持方法。主持方法的多样性、灵活性和独创性,既包括主持人对现有主持方法的娴熟使用,又有对新型主持方法的创造。有的主持人通过自嘲增加幽默色彩,有的通过表演提高节目的表现力。正是通过主持方法的不断创新,不少主持人逐步形成了自己的风格。

三是独特的表达方式。主持人的表达方式,可分为有声语言表达和无声语言表达。每个主持人的个性不同,因而决定了其语言的音色、语调、语气、节奏的差异,甚至造成常用语汇、语法、修辞等方面的区别。有的主持人语言层次分明,说理透彻,富于说服力;有的语言生动形象,幽默诙谐,富有感染力;有的语言词藻华丽、庄重典雅、凸显优雅感;有的语言朴素无华、纯实平白,凸显亲和力。同时主持人的表情、手势、眼神、着装等都打上了个性特征的印记,综合起来形成独特的主持风格。

四是独特的节目创意。不同的节目创意,使得节目的内涵和形式不一样,主持风格的表现也不一样。例如有的节目创意新颖,主持风格前卫、新潮,能吸引观众的注意力;有的节目内涵深刻,主持风格稳重、知性,能启迪观众;有的节目互动性强,主持风格活泼动感,能吸引观众参与。可见,节目创意的独特性也使得主持风格的表现具有独特性。

(二)播音主持风格样式的多样性

司空图在《诗品》中曾把诗的风格分为24种:雄浑、冲淡、纤秾、沉着、高古、典雅、洗炼、劲健、绮丽、自然、含蓄、豪放、精神、缜密、疏野、清奇、委屈、实境、悲慨、形容、超诣、飘逸、旷达、流动,充分显示了文学风格的多样性。主持风格也不例外,多样性才能构成一个和谐稳定的主持天地。

艺术源于客观现实,艺术风格的多样性特征,是由艺术创作本身的规律所决定的。客观世界丰富多彩,主持风格作为反映客观世界的一种艺术形式,本身具有多样性;节目类型的丰富多彩和受众对艺术的审美需求多种多样,催生了不同的主持样态;主持人的生活经历、思想情感、审美追求、创造才能的千差万别,使得主持风格的表现形式多种多样。所以,主持风格的样式也体现着客观世界、媒体、节目风格以及受众多样性的规律。

我们可以发现,不同的主持人具有不同的风格;同一主持人在不同年代其主持风格也会有变化;同一主持人主持不同类型的节目,呈现出不同的主持风格;不同类型的节目其主持风格也各有千秋。就主持人整体而言,主持人群体数量的增长和个性化发展趋势,使得主持风格应该是多样的;就主持人个体而言,主持艺术风格的多侧面发展也是很有必要的。明朝诗评家胡应麟在《诗薮》中指出,风格贵在"正而能变,变而能化,化而不失本调,不失本调而兼得众调",所谓"不离其宗,但要万变"①。可见,主持人在塑造某种主导主持风格的前提下,还可以根据栏目和媒体的风格定位,进行多侧面发展和创新,在稳定中求变化,提升主持风格的内涵,保证主持风格在不同时期的适应性和生命力。其次,节目类型化、栏目化的发展,造就了与节目样式匹配的多样化主持风格。

(三)播音主持风格产生的附着性

播音主持风格具有很强的附着性,需要依附传播的各种载体和各种技术手段,并且在节目过程中同步、动态地体现主持风格。播音主持风格离不开节目风格和媒体风格,播音员主持人不可能脱离所主持的栏目而随意表现自己的风格。播音主持风格的创作主体是主持人,创作内容是节目的话题,创作的材料是声音和形象及其他媒体手段,包括传递信息的字幕、音响、包装,都是主持风格传递的载体。声音和形象直接作用于受众的耳目感官,具有明显的直观性、可感性。例如,主持人的语言风格、在电视屏幕上出现的形象和行为举止,包括各种电视手段的运用,都是风格附着的载体。可见,节目主持风格不是单独存在的,它需要依附各种传递风格的载体和电视表现的手段与形式,同时还受到节目类型的制约,需要与节目类型有机融合。例如,新闻节目主持人容易形成严肃、端庄的风格;农村节目主持人一般比较朴实无华、亲切热情;少儿节目主持人活泼开朗,循循善诱;综艺节目

---

① 吴文治.明诗话全编[M].南京:江苏古籍出版社,1997:5497.

第一章　风格理论与播音主持风格

主持人一般轻松活泼、幽默大方，表达上更加强化戏剧效果和临场随机发挥，在形象塑造和行为方式上也包含了更多的表演成分。

(四)播音主持风格形成的阶段性

任何一个艺术家都要经过长期艺术实践才能逐步成熟，形成自己的艺术风格，节目主持人也是这样。主持风格不是一蹴而就的，需要经过不同阶段的锤炼和提升。如果从时间维度来看，主持风格的形成大致要经过模仿阶段、独立阶段和创造阶段这三个阶段，并且每个阶段皆离不开主持实践的客观条件和主持人个人的主观条件。从某种角度来说，主持人职业生涯就是不断寻找和形成自己主持风格的历程，主持风格是一种艺术成就，也是主持人的自觉追求。

主持人开始从事主持工作时，总会不由自主地模仿别人的主持方法、主持语言和主持风度。这一阶段的突出特点是模仿成分较多，创造性成分较少。这个阶段，主持人通过学习成功主持人的经验，并进行"拿来""吸收""消化"，逐渐熟悉主持业务、进入主持状态、适应主持岗位。模仿主持阶段是主持人进入独立主持阶段的重要入门阶段，只不过有的主持人用很短时间就进入独立主持甚至创造性主持阶段，有的却在模仿主持阶段停滞不前。

在独立主持的基础上，主持人逐渐在主持岗位上游刃有余，虽然能独当一面，显示出自己的主持能力，但他只是众多主持人中的一员，没有塑造出独树一帜的风格。对于有追求有理想有进取心的主持人而言，他总是渴望不断超越自我，不断提升主持技能，以期达到"人无我有，人有我优"的主持状态。

在创造性主持阶段，主持人在同类主持人当中显示出出类拔萃的主持能力和稳定的个人特征，能开创独特的主持风格，或是语言独特，或是内涵独特，总之，其主持的内容和形式能够完美结合，能够深深吸引住观众的眼球。

从以上播音主持风格的形成阶段可以看出，主持风格的塑造不是简单模仿，而是要经过反复锤炼和创造，以精益求精的态度孜孜追求才能达到一种传播艺术的水准。

(五)播音主持风格传播的交互性

传播学将传播分为人内传播、人际传播、群体传播、组织传播和大众传播五种形式,其中人际传播由于传递和接收信息的手段多、渠道广、方法灵活而被认为是一种高质量的传播活动,是某种意义上的多媒体传播。

塞弗林等人在《传播学的起源、研究与应用》中提出:"有效的传播节目往往是大众传播与人际传播的结合。"[1] 主持传播属于一种特殊的大众传播,由于主持人具有人格魅力和个性特色,在传播过程中常常体现出"人格化""个性化"特色,能满足传播对象情感和交流的需要,同时,主持人借助媒体的广泛传播,实现信息的人际传播,产生大众化效应,因此也可看作一种大众传播。主持传播是大众传播与人际传播的交叉点,它以拟态的人际传播方式和其具有的"交互性",能带给大众亲近感和人情味,这也是主持传播与其他大众传播的不同之处,并且主持传播使大众传播的特性和功能发生了革命性的变化。

主持传播的交互性体现在传播过程之中,主持人以全方位、多层次、立体化的方式传递信息(如图1-1)。交互性主要体现在主持人在信息传递过程中运用各种传播手段传递信息,包括主持人通过自身的主持将信息传递给现场受众,还包括主持人与场外受众通过热线电话、短信或微博等方式增加互动。

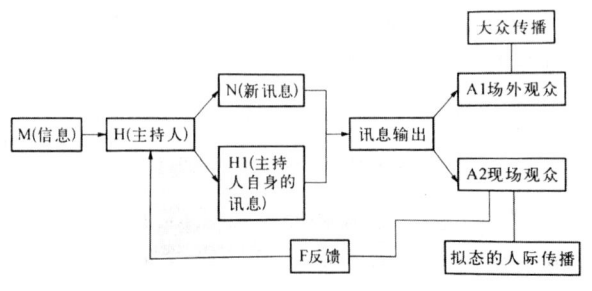

图1-1 主持传播的模式与流程

---

[1] 赛弗林,坦卡特.传播学的起源、研究与应用[M].陈韵昭,译.福州:福建人民出版社,1985:142.

传播学的一个重要原则就是"信息是共享的",有效的传播是一个双向交流的过程,只有不断地修正"传"与"受"之间的关系,才有可能达到"共享"的目的。因此,主持传播也是在大众传播的过程中创造出的"交流情境",主持人通过发挥自己的个性风格,来维持自己的主导地位,即"意见领袖"地位,创造出人际交流的情景或者群体互动的氛围。因此,主持人若"照本宣科"式地转述稿件内容,或居高临下、刻板生硬地传播将起不到与受众交流的目的,而只是一种单向传播;主持人要树立自己的主持风格,必须营造"面对面"的人际传播状态,以轻松、自然、平易、活泼的主持风格,突出传播的人格化、个性化特征,使主持人与受众由原来界限分明的"传""受"关系转换为朋友般的"双向交流"关系。主持传播的交互性,能有效传递人情味和亲切感,易于被受众接受,能缩短"传""受"双方的心理距离,增强互动性和参与感,从而优化传播效果。

(六)播音主持风格的稳定性

风格实际上是各种特征在表现上的不断重复,并且具有相对的稳定性。正如丹纳所说:"人人知道一个艺术家的许多不同的作品都是亲属,好像一父所生的几个女儿,彼此有明显的相像之处。你们也知道每个艺术家都有他的风格,见之于他所有的作品。……他有他风格的效果,他的句法,他的词汇。"① 布封也说:"知识、事实与发现都很容易脱离作品而转到别人手里。它们经过更巧妙的手笔一写,甚至会比原作还要出色些。这些东西都是身外之物,风格却就是本人。因此,风格不能脱离作品,又不能转借,也不能变换。"②

从风格的稳定性可以看出,主持风格不仅仅体现在一次节目、一篇稿件或一个时期的节目主持过程之中,而且贯穿于整个主持艺术创作生涯。主持风格具有一贯性,一旦形成、成熟之后,不会轻易改变,会有一个相对稳定的状态和过程,这也是创作个性在创作实践中连续不断地相继叠加的结果。也就是说,主持风格是某些特点的一贯表现,呈稳定状态,成为辨认每个主

---

① 丹纳.艺术哲学[M].傅雷,译.南京:江苏文艺出版社,2012:10.
② 布封.自然史[M].陈筱卿,译.江苏:译林出版社,2018:4.

持人特征的基础和前提。主持风格是不容易被复制的,不能脱离适合自己个性的栏目。主持风格的稳定性有利于聚拢受众,受众期待主持人的主持方式既要不断创新,又要相对稳定性,否则,主持人主持风格变化多端,使受众应接不暇,就会不自觉流失一部分核心受众。当然,主持风格的稳定性,并不意味着主持人因循守旧,在追求主持艺术的道路上故步自封、停滞不前,没有创造性地单纯重复,而是随着社会时代的变化、媒体传播环境的变化而与时俱进,不断适应、调整和创新,显示出生命力。

播音主持风格的形成,既要"养人",又要"养文",这里的"文",非仅仅指文章,而是泛指一切艺术。"养人"即塑造主持人自身的形象,具备较高的综合素质和专业能力;"养文"即塑造好的节目,撰写优秀的节目台本,具备较高的节目制作能力。

金重建在《播音主持艺术导论》中从播音主持作品的创作实践,提出播音主持风格形成的四个"新"。一是"反映新的世界",二是"构建新的语汇",三是"创造新的语境",四是"寻求新的表达",分别从播音主持主体、语言样式、创作实践与风格形成等多个角度出发,提出了播音主持风格形成的要求和责任。"反映新的世界"是所有传媒人尤其是播音主持创作主体的责任所在;"构建新的语汇"是播音主持创作主体孜孜以求、苦心经营的重点;"创造新的语境"是播音主持创作主体努力追求的目标;"寻求新的表达"则是播音主持创作主体每一次在话筒前、镜头前付诸实施的艺术特色之所在。①

---

① 金重建.播音主持艺术导论[M].北京:中国传媒大学出版社,2016:175-183.

第二章 播音主持风格的演进历程

播音主持风格的产生和演进,是社会政治、经济、文化以及广播电视技术发展到一定阶段的产物。在我国,广播先于电视出现,早期的电视节目播音员来源于广播播音员。从1958年我国第一座电视台北京电视台成立以来至1980年以前,电视节目数量少、类型单一,还没有出现真正意义上的"节目主持人",面对观众的是传统意义上的"播音员"。播音员与主持人在语言方式、媒介职能和角色定位上有所不同,虽然播音员也具有一定的播音风格,但与本书所研究的主持风格有所差别,不如主持风格更能突出节目和主持人的个性特色。20世纪80年代,尤其是在党的十一届三中全会以后,全社会呈现出思想解放、经济腾飞、社会进步的良好发展态势,为中国主持人的产生以及主持风格的形成提供了良好的环境,从我国广播电视媒体上出现"主持人"三个字开始,伴随社会转型,传播政策和传播手段的变革,特别是"主持人节目"盛行之后,节目主持人个性化特征日趋明显,栏目形式更多元,主持风格也呈现出多样化的变化趋势。30年来,主持人不光在队伍上比从前壮大了许多,而且经历了多次阶段性的突飞猛进,并在各个阶段涌现出颇具代表性的主持人,他们具有鲜明的风格特色,反映出时代社会的进步以及广播电视事业的蓬勃发展。

本章将以历史时代为维度,以播音主持风格为研究对象,探讨早期广播电视播音风格对主持风格的影响,分析节目主持人产生后不同历史阶段的典型风格和演进历程,并探讨主持风格演进的表征及其规律。

>>> 第一节　早期广播电视播音风格的产生和调整

从 1940 年延安新华广播电台发出第一声呼号,到 1980 年我国首位电视主持人产生,再到 2012 年电视节目主持人各放异彩,在主持传播的开拓创新中,新时期的节目主持人不断实践,践行着中国电视事业继承、改革、发展的历史使命。

一、早期广播播音的时代风格

影响主持风格变化的因素很多,包括时代潮流、社会风尚、民族习俗、地域特点、文化传统、语境语体等方面,这些因素对主持风格的影响和制约意味着主持风格在社会性、时代性、地域性、民族性、观念性方面具有共同特征。社会、时代、地域和民族是主持风格的背景和基础,主持风格的个性风格离不开所处的时代,离开了共性的个性风格是得不到社会广大受众承认的。茅盾先生对此有一个非常鲜明的观点:"个性风格必须站在民族化、群众化的基础上,离开了民族化、群众化的大路而追求所谓个人风格的猎奇求异,自我陶醉,必然要走进形式主义的死胡同。"马克思认为:"艺术是一种社会现象,是一定社会的上层建筑。因此,时代风格往往是一定时代的社会精神的反映。"播音主持艺术带有明显的时代特征,它服从于不同时期的宣传要求,发挥出时代需要的社会功能。①

(一) 延安陕北时期的播音风格:爱憎分明、生动有力

1940 年 12 月 30 日,在陕北延安的新华广播电台,第一位播音员徐瑞章 (播音名叫麦风)在广播里发出第一声呼号:"延安新华广播电台 XNCR,现在开始播音……"这一时期的广播播音稿件来源分为国内新闻和国际新闻。

---

① 毕一鸣.播音与主持艺术论纲[M].北京:中国广播电视出版社,2011:125-126.

第二章 播音主持风格的演进历程

国内新闻包括解放区、游击区和蒋管区的新闻,国际新闻主要是有关第二次世界大战军事、外交动向的新闻和评论。每天发稿 20 篇,共 8000 字左右。国内稿件既供延安新华广播电台(口语广播)使用,又供新华社的文字广播使用。① 这一时期的稿件主要根据战争形势的发展以及党的战略方针和军事原则,播出中共中央重要文件以及党政军领导人讲话,此外还播出时事新闻、解放区消息、解放区介绍、评论、政策讲座、纪录新闻、通讯、战斗故事和文艺节目等。广播播音员和编辑人员一般每天夜里一点钟上班,一直工作到早晨八点多结束。这一时期广播宣传对象明确,主要是敌后根据地军民,也兼顾国民党统治区听众。新闻报道真实具体,主要任务是配合军事斗争,从政治上分化瓦解敌军,在解放全中国的正义战争中发挥了重要作用。这段时间播出的重要文件和广播稿有:《毛泽东同志为皖南事变发表的命令和讲话》《陕甘宁边区施政纲领》《伟大的国际劳动节》等,此外还播送八路军、新四军抗日战果的消息以及少量的文艺节目。

1946 年,国民党向解放区的全面进攻遭到挫败,被迫将战略方针改变为向陕北等地进行"重点进攻"。随着解放战争形势的发展,从延安到西柏坡,新华广播电台进行了三次大转移。1947 年 3 月 21 日,延安新华广播电台改名为"陕北新华广播电台",简称"陕北台"。1947 年 4 月 17 日,陕北台在沙河村播出了新华社社论《战局的转折点——评蒋军 135 旅被歼》,当时在陕北靖边县青阳岔村的毛泽东和周恩来听到广播后,称赞道:"这个播音员播得好,应该通令嘉奖!"5 月 9 日,毛泽东在安塞的王家湾又听到陕北台播出的《评蟠龙大捷》,播音员在最后还朗诵了一首打油诗:

　　胡蛮胡蛮不中用,严榆公路打不通。
　　丢了蟠龙丢绥德,一趟旅行两头空。
　　官兵六千当俘虏,九个半旅像狗熊。

毛泽东听到这首打油诗时,禁不住称赞道:"这个女同志好厉害哟! 骂起敌人来义正词严,讲到我们胜利也很鼓舞人心,真是爱憎分明,这样的播

---
① 刘妮.清凉山记忆[M].西安:三秦出版社,2011:99-100.

音员要多培养几个。"受到毛泽东主席夸奖的播音员就是钱家楣。①

陕北台延安新华广播电台从一开始播音,就以战士的身份、战斗的姿态出现,表现出鲜明的党性。这一时期播音员声音明朗响亮,带有北方语言的干脆、坚定,语调铿锵有力、振奋人心,充满着战斗气息。这一时期的播音员褪去了自我表现的个人色彩,饱含着对革命的激情和必胜的信心,反映了人民群众的意志,播音风格朴实、真诚、自然,体现出"爱憎分明、生动有力"的特点。延安时期的播音风格,爱憎分明是核心,准确清晰是基点,坚定朴实是品格,生动体现了革命战争年代中国无产阶级和人民大众昂扬向上的战斗风格,反映了自力更生、艰苦奋斗的延安精神。

这一时期,延安电台铿锵有力的播音风格与国民党偏柔软的南方腔调形成鲜明的对照。国统区有气无力的"靡靡之音"的播音风格和许多失实的报道,与陕北延安电台播音员"高亢激昂"的播音风格和有针对性的真实的新闻报道,形成了极大的风格反差。值得注意的是,这一时期,在国统区的某些私营广播电台中,已经开始出现一些个人化的传播角色,涌现出一批在听众中颇有影响的传播者,如上海大亚、三友公司电台唐霞辉的《唐小姐信箱》、大中国电台万仰祖的《空中书场》等,他们在节目中不但起着串联作用,而且还以个人名义募集善款。② 今天看起来,这些电台的播音员已经具备主持人的雏形和主持人节目形态。

(二)和平建设时期的播音风格:规范清晰、朴实流畅

和平建设时期,大批青年学生进入广播媒体,继承和发扬延安时期的光荣传统,在播音上保持和发扬了无产阶级的战斗风格。他们在抗美援朝、"肃反""镇反""三反""五反"等运动中,对全国人民起到鼓舞、激励作用。③

1957年开始的和平建设时期至1966年"文革"前夕,广播事业尽管受到"左"倾路线的干扰,在指导思想上"以阶级斗争为纲",出现了失实现象,但几经曲折,播音工作还是在艰难中一步步前进。20世纪60年代初,一批年

---

① 刘妮.清凉山记忆[M].西安:三秦出版社,2011:105.
② 李卓敏.广播节目主持人诞生于四十年代初[J].广播电视研究,1997(1):36.
③ 杨波.中央人民广播电台台史资料汇编(1949—1984)[M].北京:北京广播学院出版社,1990:627.

第二章　播音主持风格的演进历程

轻的广播播音员，如方明、铁城、雅坤、徐曼、虹云、赵培等脱颖而出，逐渐崭露头角，体现出独特的播音风格。

由于大力贯彻"百花齐放"的方针，节目类型越来越丰富，节目质量也越来越高，在节目形态不断丰富的同时，广播播音呈现出不同的特点。新闻类节目延续了延安陕北时期的播音风格，力求做到规范、清晰、流畅，中央人民广播电台播出的新闻和较长篇幅的政论文章起到了很好的宣传效果。从苏联学习回来的费寄平、林如等播音员都带回了"让感情往深里走"的表达方法，使得播音风格更加鲜明。这一时期出现了评论播音的高峰，例如夏青播出的9篇评论苏共中央"公开信"的文章，播音风格有理有节、大气磅礴，在语言的运用、语音语调的处理上继承和发扬了延安优良传统，牢牢地把握住了宣传主调，在播音风格的创作中融入了新的时代内涵。

这一时期涌现了齐越、夏青、林田、潘捷、费寄平等一批著名播音员，他们的播音风格豪迈庄重、热情奔放、刚柔相济、朴实清新，既振奋人心，又鼓舞斗志。这一时期有两个重要的会议，一是1952年12月5日中央广播事业局在北京召开的第一次全国广播工作会议；二是1955年3月在北京召开的全国播音业务学习会。这两次会议不仅讨论了播音工作的重要性、岗位性质和主要任务，而且对播音员的业务素质和能力提出新的要求，对以后全国的播音主持工作产生了很好的影响。时任局长的梅益同志在谈到播音业务能力问题时说："生活熟悉，播起来就自然、实在，不像雾里看花或隔靴搔痒；有实感，就会丰富我们的感情，也能提高我们的技巧，加强我们的艺术感染力。"①这次会议提出在播音表达方面要反对公式化和模仿，强调"播音要有个性"；提出"播音员不是传声筒""播音员应是有丰富的政治情感和艺术修养的宣传鼓动家"②。正是在这种精神的引导下，播音员们经过刻苦努力，无论是中央台还是地方台，都出现了不少名气很响、很受欢迎的播音员。

早期的广播播音风格继承和发展了延安时期的优良传统，也为电视播音的创新奠定了基础。

1958年5月，我国第一座电视台北京电视台开始试播。建台之初创立

---

① 张颂.中国播音学(修订版)[M].北京:中国传媒大学出版社,2003:22.
② 张颂.中国播音学(修订版)[M].北京:中国传媒大学出版社,2003:19.

的《电视新闻》栏目,每周播出3次,每次10分钟,其后又陆续创办了《图片报道》《简明新闻》《国际新闻》等栏目,但内容却只是图片、新闻片、纪录片和口播文字的简单组合。最早电视台没有专职播音员,由中央电台和北京市电台的播音员代播,不出图像,后来,北京电视台从中央电台播音部调来沈力,才有了正式的专职电视播音员。因此,沈力被认为是我国第一位电视播音员。直到1978年元旦,中央电视台《新闻联播》栏目的开办,真正的电视新闻栏目才得以问世。受体制影响,新闻节目长期以消息类节目为主,例如《新闻和报纸摘要》《新闻联播》。20世纪60年代,高中毕业的赵忠祥被选拔到电视台,成为我国第一位男性电视播音员。可以说这一时期的电视播音继承了广播播音规范清晰、朴实流畅的风格,受制作条件和节目类型的限制,播音风格力求稳妥、准确、规范。

二、改革开放后播音风格的调整

(一)"文革"时期的播音风格:"高、平、空""冷、僵、远"

1966年5月,我国进入"文革"时期,这一时期的广播电视事业同其他事业一样,遭受到严重破坏。许多老播音员和新成长起来的优秀播音员,被扣以"反动权威""黑五类""修正主义苗子"等帽子,纷纷受到批斗甚至调离工作岗位。在极"左"路线的影响下,政治代替一切,内容上的荒诞、迷乱、空洞表现为语言表达上的"高亢、平直、空泛""冷漠、僵化、疏远"——习惯称为"高、平、空""冷、僵、远",即调门儿高、语气平淡、内容空洞、从上往下和以势压人的官腔形态,让人感到疏远。这一时期所有播音理论学习、播音业务培训都被迫停止、中断,北京广播学院被迫停班,起步不久的北京电视台也被迫停办,中国广播电视事业严重倒退,刚起步的播音主持行业被削弱。

"文革"对于中国来说是一场浩劫,国民经济、国家建设都遭受了巨大损失。由于特殊的政治环境,播音工作不可避免地受到冲击。播音内容被严格管制,播音创作被全面压制,播音风格被严重扭曲。在"文革"偏激、畸形、强压的政治环境中,播音工作被强制要求整齐划一,播音常常偏离事实,充斥着高调,从根本上违背了艺术创作的丰富性和个性化规律,也从艺术思想

第二章　播音主持风格的演进历程

上扰乱了此前播音创作的活跃局面,延安、陕北和新中国成立后在播音主持行业中积累的许多优良传统被抛弃。这种"高、平、空""冷、僵、远"的大喊大叫式播音充斥着媒体,广播电视也成为"无产阶级专政的工具",广播电视播音忽视受众,语气绝对化、盛气凌人。

(二)改革开放后播音风格的调整:"降调"、以人为本

"文革"期间宣扬以阶级斗争为纲,使得广播电视播音出现了激烈的"高腔高调"现象,这在一定程度上侵害了播音艺术的本质。"文革"结束以后,国家经历了一段恢复调整期,各项事业慢慢开始恢复生气。1976年10月,江青反革命集团被粉碎,特别是党的十一届三中全会以后,人民广播电视事业又进入了恢复、发展的创新时期。1978年5月1日,"文革"中被停办的北京电视台重新以中央电视台名号开办。

改革开放后,播音创作逐渐摆脱政治专政工具的局限,把视野投向整个社会生活,对"人"自身的关注逐渐凸显出来。这一变化使得在播音创作开始"降调",创作观念逐渐变化,大家开始意识到播音工作不仅要为政治、为国家服务,还要为广大人民群众服务,必须要有与人民群众平视的心理定位。1977年9月,高考制度恢复。从"77"级开始,播音专业改为四年制本科培养,播音教育回到了比较正常的道路上,播音理论建设在1977年以后广泛开展起来,并不断总结"文革"时期播音创作的成败得失。

在播音风格"降调"的同时,也"引进"了主持人节目的形式。1981年元旦,中央人民广播电台推出了对台湾地区的广播节目《空中之友》,播音员出身的徐曼开始试着以更具个性化和更富有交流感的表达方式主持节目。在节目中,徐曼甜而不腻、软而不哆、轻而不飘、美而不妖的主持风格使人耳目一新。《空中之友》节目的播出,标志着广播电视中一种新的节目形式——"主持人节目"出现。"徐曼小姐"一改过去高调门、喊叫式的播音腔调,以"甜、软、轻、美"的个人化讲述方式和温柔亲切的具有强烈对象感的播音风格受到了听众的喜欢和好评。徐曼也作为中国内地第一位广播节目主持人,拉开了中国主持传播的序幕,开创了富有时代意义的播音风格。

1981年4月,广东人民广播电台也推出了李一萍、李东主持的《大众生活》。两位主持人聊天式的主持风格显得平易近人,语言朴实、生动、亲切,

很受听众喜爱,李一萍也因此被青年听众亲切地称为"知心姐姐"。两位主持人轻松自如的主持风格,与徐曼《空中之友》亲切随和的主持风格形成了"北徐南李"的格局,也在实践中证明了主持人节目能在广大受众中产生更强的感染力和传播力。

由以上分析可见,延安时期"爱憎分明、生动有力"是播音风格的基调;和平建设时期的播音风格逐渐转向以"规范清晰、朴实流畅"为主,并力求在播音中体现感情色彩;"文革"时期,播音主持事业滑向低谷,并出现与实际脱节的"高、平、空""冷、僵、远"的播音现象,播音主持行业呈现出高调、喊叫的扭曲状态;改革开放后,随着传播实践的发展,播音主持行业逐渐回到正常的状态,播音语调整体开始"降调",并主要凸显以人为本的播音风格,语调温和亲切,风格朴实自然,为20世纪80年代初主持人的产生和主持风格的形成奠定了行业理论和业务基础。

三、播音员向主持人的过渡

中国第一批电视主持人大多来源于电视播音员、广播播音员,因此有必要对早期电视播音风格进行探讨。

(一)播音员与主持人

学界关于"主持"与"播音"的共性与区别共有三种观点,一种是张颂教授的"涵盖论",一种是白谦诚先生的"取代论",还有一种是"播音主持说"。

张颂教授认为"播音员应该涵盖主持人",支持其观点的人认为"节目主持人只是播音员的一种法定身份,主持人的语言只是播音员的一种特定方式"①。

白谦诚先生则从历史宏观的角度和主持传播实践,多维度论证"主持人代替播音员"的必然性,他推断:"从历史的眼光看,从发展的眼光看,播音员最终将会被主持人所取代。如何将新闻节目由播报制转为主持制,是个相

---

① 王旭东.播音员涵盖主持人论略[J].北京广播学院学报,1991(1):47.

第二章 播音主持风格的演进历程

当有难度的课题。"①支持的观点认为:"播音员这一过时的术语最终将被取代。一个现代的演播者不可能再简单地播音。他或者她娱乐他人,与他人交谈,报道新闻,并且提供情感共鸣,但是很少以旧时期播音员那样的古板程式化的方式来陈述一个节目内容。"

全国广播电视评奖办公室主任张君昌提出"播音主持说",他认为:"广播电视节目中大致有读、播、诵、讲、谈、说六种交流方式。一般而言,前三种多用于播音工作状态,后三种多用于主持状态。播音界不应该操着'涵盖'的老观点不放。在主持人节目幼年期,它必然要从曾脱胎的播音母体中吸取营养是不争的事实,但在它已经发展壮大,在广播电视节目中占据大半江山的阶段,仍然把它当作播音的一个小小的'分支'看待,就不利于事业的发展。"②

还有学者从艺术的视角来看,他们认为,"播音是一种语言艺术,主持则是传播艺术(其中包含了非语言艺术)"③。"主持是人们在探求广播电视规律的过程中,寻找到的一种比较符合广播电视特点的传播形式。"④与主持不同的是,播音是电视节目当中重要的传播形式和手段,但相对而言个性风格展示不多;主持则除了用"有声语言创作"以外,还包括语言和非语言在内的各种有效传播方式,例如表演呈现、情感传递、文化影响力等,能全方位体现出不同的主持风格。有学者认为"节目主持是镜头前、话筒前的一种演播艺术。'播'是播讲,'演'是指一种有变化、有发挥、有过程的动态。所以主持人的演播就是一种有动态过程的当众播讲"⑤。

从以上观点可以看出,播音风格主要体现的是语言风格,主持风格不仅需要体现语言传播特色,还需要运用和掌握更多的非语言传播技巧,是一门综合了个性语言、外在形象、表演或表现风格的综合艺术。主持与播音最大的不同在于,主持的主导性、交流性更强,并且需要协调和控制整个传播过

---

① 白谦诚.节目主持人:历史的昭示·现状的扫描·未来的走向[M].北京:中国广播电视出版社,1995:17-19.
② 张君昌.播音与主持的界定及其评优[J].中国广播电视学刊,2001(2):76.
③ 毕一鸣.播音与主持艺术论纲[M].北京:中国广播电视出版社,2011:55.
④ 毕一鸣.播音与主持艺术论纲[M].北京:中国广播电视出版社,2011:11.
⑤ 吴洪林.节目主持[M].北京:中国广播电视出版社,2011:5.

程,营造某种传播环境,所以实际上它更像是一位操持节目的"主人"(Host);相对而言,播音程序性较强,主导性相对较弱,与受众基本没有交流,主要是单向"播出",在传播过程中以单向传播为主,要发挥个性风格相对较难。无论是播音风格还是主持风格都是为了追求传播效果的最大化。

(二)播音风格与主持风格

从上文关于播音与主持的功能和特点,以及节目形态的变化和主持人的产生来看,主持风格与播音风格有着千丝万缕的联系,因为早期主持人多数来源于有一定播音经验的播音员,并随着节目形式的变化逐渐过渡成为主持人,他们的主持风格继承了电视播音的一些话语形式和播音风格,但随着节目形态的丰富,播音风格已经不能适应节目形式发展的需要,具有亲和力和个人特色的主持风格能达到更好的传播效果。例如,沈力、赵忠祥等电视播音员都曾有过广播播音员的经历,在广播播音中练就了扎实的播音基本功。广播主持人徐曼,以"甜、软、轻、美"的播讲方式开创了主持人节目的新风格,为之后科教服务类电视节目主持风格树立了典范。

随着传播实践的发展,从播音员和编辑记者队伍里发展成长出一批能主导节目的主持人,从最初播音员只会念稿播音,到后来主导整个节目,是节目传播形式和受众需求改变双重作用的结果。例如,谈话节目需要交流时使用更多的口头语体,评论新闻时需要使用更多的阐述语体,而不仅是朗读语体式的播报,这需要主持人深度参与节目,而不仅是播音。这也是1993年《东方时空》节目之后,推出了白岩松、水均益、王志等一批记者型主持人的原因,是传播实践推动了主持人事业的发展。主持人相对播音员来说,对节目的主导性增强,也使得节目的可看性和真实性增强。随着主持人的兴起和主持人节目诞生,主持人的主导地位更强,在节目中发挥的作用更大,各种各样的主持风格也随之产生。可以说,主持风格的产生是以节目主持人的推出为起点,以主持人节目产生为标志。主持人节目的产生为主持风格的产生营造了环境,最大程度地凸显了主持风格。从1980年我国首个主持人推出以来,到1993年首个主持人节目《一丹话题》诞生,其过程也是主持人岗位功能的开发完善以及主持风格日益凸显的过程。

可见,"主持人节目"的出现,是根据传播学理念和主持传播实践,开创

第二章 播音主持风格的演进历程

的一种社会化、人际化的交互性传播模式,它有效发挥了主持人人格化、对象化的传播功能,有效扩大人们参与社会活动的范围。主持人节目与其说是一种形式,不如说是一种传播观念,即以人为本和追求信息双向交流的效果,以期达到传、受双方信息充分共享的目的,从而提升传播效果。主持人节目为主持风格的树立提供了载体,主持人在个性化的节目设置中,或表现出睿智理性的风格,或表现出温和亲切的风格,或表现出诙谐幽默的风格,达到了不同的传播效果。

总体而言,主持风格与播音风格有共同点也有差异,可以说,播音是一种语言艺术,主持是一种传播艺术。相对而言,播音风格受节目和语言的限制较大,而主持风格是在播音风格的基础上,更能全方位体现主持人的个性风格,更具综合性。一方面,主持人较播音员又有更多的自主性和主导性;另一方面,主持风格的呈现方式较播音风格的呈现方式更立体、更多元。播音员过渡到主持人,是主持风格出现和发展的基础,播音风格向主持风格的过渡,也是在主持传播实践的发展中应运而生的。

▶▶ 第二节 播音主持风格的形成与演变

一、20 世纪 80 年代——主持风格的形成

电视节目主持人在我国的产生应追溯到 20 世纪 80 年代初,有关我国"第一位"主持人的出现有如下几种说法。(见表 3-1)

表 3-1　20 世纪 80 年代初中国"第一位"主持人及其节目一览表

姓名	开播时间	栏目/节目	描述
庞啸	1980 年 7 月 12 日	中央电视台《观察与思考》	首次打出"主持人"字幕,成为我国第一位记者型主持人
赵忠祥	1981 年 7 月—11 月	中央电视台《北京中学生智力竞赛》	我国第一位社教节目男主持人
宋世雄	1981 年 11 月	中央电视台转播日本大阪女排世界杯比赛	我国第一位体育节目主持人

"中国的电视屏幕上首次打出'主持人'三个字的节目,是中央电视台1980年7月12日开播的《观察与思考》。主持人是在这期节目中出镜采访并直接面对观众讲话的资深记者庞啸,第一期节目为《北京居民为什么吃菜难》。"①这档节目播出之后反响强烈,后来栏目组又做了一期后续节目回应观众,不过,当时该节目播出时间不固定,并且后来并未继续沿用"主持人"这一称谓。

1981年7月,中央电视台推出了一档社教类知识竞赛节目《北京中学生智力竞赛》,每周一场,共13场,节目至11月结束。节目设计了一位宣布、评判知识竞赛问题和答案的类似老师的主持人,使节目既有课堂的严肃性和规则性,又有竞赛的激烈性和趣味性。编导寿沉君挑选了我国第一位电视男播音员赵忠祥担任,赵忠祥显示出了他出色的主持才华,也在全国电视界掀起了长达几年的知识竞赛热潮。

1981年11月,体育解说员宋世雄生动、专业地解说了我国女排在日本大阪首次夺得世界杯冠军的比赛,宋世雄也成为闻名遐迩的"国嘴"。宋世雄从1960年开始从事广播电视体育评论工作,分别在1981年、1982年、1984年、1985年、1986年报道了中国女排荣获"五连冠"的盛况,轰动全国,解说"五连冠"成为他主持生涯的高峰期。

1980年7月12日我国电视台首次出现"主持人"三个字,庞啸被认为是我国第一位记者型主持人,也预示着主持人这一事物真正进入我们的视野,但是该"主持人"的角色在实际运作中类似出镜记者,其后也没有继续沿用"主持人"这一称谓,与本书要研究的真正意义上的电视节目主持人还有一定的差距。以上节目是我国最早出现"主持人"的电视节目,虽然按今天的主持人标准衡量,这些节目仍显稚嫩,并且存在时间不长,但都不约而同地亮出了"主持人"的招牌,为我国主持人的产生和节目采用主持人形式奠定了基础。

1983年以后,电视节目增多,采用主持人形式的节目类型逐渐增多,设置主持人成为节目传播的有效模式,设置主持人的节目有服务类节目、儿童类节目、纪实类节目及新闻评论类节目,也推出了一个个家喻户晓的节目主

---

① 高贵武.主持传播学概论[M].北京:中国传媒大学出版社,2007:54.

持人,如沈力、陈燕华、陈铎、虹云、鞠萍、肖晓琳等,主持人队伍逐渐壮大。(见表3-2)

表3-2 20世纪80年代早期电视节目主持人及其节目一览表

姓名	开播时间	栏目/节目	描述
沈力	1983年元旦	中央电视台《为您服务》	第一位电视女主持人
陈燕华	1983年元旦	上海电视台《娃娃乐》《燕子信箱》	第一位少儿节目主持人
陈铎、虹云	1983年8月7日	《话说长江》	第一位专题片主持人
鞠萍	1985年6月1日	《七巧板》	早期少儿节目主持人
肖晓琳	1988年10月	《观察思考》	早期新闻评论节目主持人

1983年元旦,中央电视台开办生活服务类栏目《为您服务》,主持人沈力成为我国第一位电视女主持人,这也是我国电视史上第一位固定栏目的专职节目主持人。她同时担任栏目的负责人兼主持人,在节目中树立了温文尔雅、亲切平易、热情周到的主持风格,也成为观众信赖的生活导师。实际上,沈力在1958年北京电视台成立初期,已经从中央人民广播电台播音组调至北京电视台,成为我国首个电视播音员,在主持实践中具有较深的播音基础和丰富的经验。

同年,上海电视台也推出了少儿节目《娃娃乐》,主持人陈燕华以"燕子姐姐"亲切可爱、知性睿智的主持风格受到小朋友的欢迎,随后她主持了《燕子信箱》等节目,成为我国早期主持人节目的有益尝试。

1983年8月7日,中央电视台推出时长为500分钟的大型系列专题片《话说长江》,节目采用主持人在演播室与观众交流讲述的方式,两位主持人陈铎、虹云以亲切、自然、平等、热情的主持风格迅速征服了亿万观众,开创了专题片主持的新风格。

1985年6月1日,中央电视台推出少儿节目《七巧板》,主持人鞠萍以"鞠萍姐姐"自称,通过寓教于乐、循循善诱的方式,树立了亲切生动、温和知性的主持风格,成为千千万万儿童及其家长的良师益友,并且成为我国最早的儿童节目主持人之一。

1988年10月,中央电视台评论组推出新闻评论类栏目《观察思考》,这个节目与1980年的《观察与思考》栏目不同,重办后的栏目设置了固定的节目主持人肖晓琳。肖晓琳语调平和、深邃严谨、真诚朴实的主持风格与该栏目严肃而深刻的节目风格相融合,成为当时我国为数不多的高品位专栏节目之一,节目一推出即受到知识界、文化界的喜爱。

这段时期,采用主持人形式的电视节目在全国遍地开花,从生活服务类节目、文化专题节目,到综艺节目、少儿节目、体育节目、社教节目,各种运用主持人形式的节目迅速铺开,出现了"主持人现象"。

节目主持人的大量涌现,引起了电视工作者和理论界的注意。由中央电视台三位女编导在1988年推出的系列节目《话说节目主持人》,向社会发出了时代需要"明星"的呼唤,为全社会了解、关注节目主持人创造了一次契机,由此引出了中央电视台举办的"如意杯"电视节目主持人评选活动,在社会上引起了广泛关注。[①]

从主持人的产生到主持人队伍的壮大,可以看出,一方面随着传播实践的发展,主持人在节目中凸显的作用越来越大,主持人在节目中扮演着越来越重要的角色。在战争年代夺取政权的斗争中,"爱憎分明、生动有力"是播音风格的总体基调;新的历史时期,尖锐、激烈的阶级斗争不再是社会的主要矛盾,提高广大人民群众的物质生活水平和满足各阶层的利益诉求成为社会的主要矛盾,新的形势要求广大广播电视播音工作者必须思考应该创作什么样的主持风格,树立什么样的主持人形象的问题。在改革开放的20世纪80年代,主持人刚刚从播音员中慢慢发展起来,成为节目传播中不可或缺的重要角色,这是时代的推动,也是播音主持行业的发展形势所趋。这个时期的主持风格对受众的关注度越来越高,亲切自然、真诚朴实的主持风格在视听结合、声画同步、神形兼备的电视媒体中得到充分体现。

二、20世纪90年代——电视节目主持风格的重大变迁

20世纪80年代我国电视节目主持人产生以来,主持风格在对过去播音风格的继承和发展上,形成了亲切自然、真诚朴实的特点。随着主持传播实

---

① 中国传媒大学播音主持艺术学院编.播音主持艺术10[M].北京:中国传媒大学出版社2010:23—29.

第二章 播音主持风格的演进历程

践的发展,90年代我国电视节目出现了新的主持形式和主持风格,综艺节目主持人渐成气候,记者型、评论型主持人崭露头角,主持风格也较80年代发生了较大的变化。(见表3-3)

表3-3　20世纪90年代综艺节目主持人及其节目一览表

姓名	开播时间	栏目/节目	描述
倪萍	1990年3月14日	中央电视台综艺节目《综艺大观》	早期综艺节目主持人
杨澜、赵忠祥等	1990年4月21日	中央电视台综艺节目《正大综艺》	早期综艺节目主持人
叶慧贤	1990年7月15日	上海电视台综艺节目《今夜星辰》	集制片人、主持人于一身的主导型综艺节目主持人
李湘、何炅等	1997年7月11日	湖南卫视《快乐大本营》	早期综艺节目主持人

1990年3月14日,中央电视台推出一档全新的综艺节目《综艺大观》,曾做过演员的王刚、倪萍担任该节目的主持人,两人具有丰富的舞台经验,主持风格感性、高雅、富有魅力。同年4月21日,中央电视台又推出另一档综艺节目《正大综艺》,主持人杨澜作为一位从未涉足电视领域的大学生,以其扎实的专业知识和悟性,展示出自己独有的知性和灵气,树立了灵动、活泼、清爽、智慧的主持风格,与沉稳、睿智、大气、老练的主持人赵忠祥珠联璧合,把《正大综艺》推上了巅峰。综艺节目的广泛影响力,使得赵忠祥、杨澜、倪萍三位主持人被当作20世纪90年代前期中央电视台的三大"台柱子"。

1990年7月15日,上海电视台推出集合"影、视、歌、舞、笑、奇"为一体的多元化的综艺栏目《今夜星辰》,叶慧贤以幽默风趣的语言和恰到好处的即兴发挥串联节目,赢得了"荧屏智多星"的美称,同时他集编、导、主持人和制片人于一身,首创"主持人中心制",成为我国最早的主导型综艺节目主持人。

1997年7月11日湖南卫视《快乐大本营》栏目开播,时尚、活跃的娱乐主持人出现,李湘、何炅作为早期主持人,以轻松活泼、清新明快的主持风格深入人心;2006年随着节目的改版,推出了由何炅、谢娜、李维嘉、杜海涛、吴昕5人为主的主持人群体,主持人也从最初的串联节目转变为朋友、玩伴的角色定位,呈现出生动明快、热情活泼的群体主持风格。

随着信息时代的到来,受众已不满足于单纯从媒体获得资讯或娱乐,在接纳电视节目传播时,对主持人也有了新的期待。这种期待特别表现在收视新闻信息节目时,观众希望主持人或记者能够以独特的新闻洞察力与关注角度,为自己提供一个了解社会、解释社会现象的窗口。电视传媒的宣传速度、深度、广度的立体发展对节目主持人提出了新的要求。(见表2-4)

表2-4　20世纪90年代新闻节目主持人及其节目一览表

姓名	开播时间	栏目/节目	描述
白岩松等	1993年5月1日	中央电视台早间新闻节目《东方时空》	早期记者型主持人
敬一丹	1993年5月10日	中央电视台《一丹话题》	第一个以主持人名字命名的新闻节目主持人,早期新闻评论型主持人
水均益等	1994年4月1日	中央电视台《焦点访谈》	早期记者型、评论型主持人
崔永元	1996年4月28日	中央电视台《实话实说》	早期访谈型主持人
王志等	1996年5月17日	中央电视台《新闻调查》	早期记者型主持人
陈鲁豫	1998年4月1日	凤凰卫视《凤凰早班车》	第一个"说新闻"节目主持人

1993年5月1日,中央电视台成功推出了早间新闻节目《东方时空》,这档杂志性新闻节目从此改变了我国电视观众早间不看电视的生活习惯。这一节目中的主持人树立了新闻评论节目主持人理性、客观、质朴、真实的主持风格,可以说"东方时空"式主持风格的形成,标志着我国新闻节目主持完成了由呆板播报、语言造作、高高在上的风格向思想深刻、评议到位、贴近生活风格的转变。

同年5月10日,中央电视台推出我国第一个以主持人命名的电视节目《一丹话题》。主持人敬一丹以敏锐、客观、深刻、真诚、朴实、温和主持风格走近观众,这一档每周8分钟的新闻评论节目虽然时长和播出时间都不长,仅开办一年,但作为20世纪90年代中国电视彰显主持人个性、力求节目变革、追求思想创新的产物,对我国主持人节目的发展有着重要意义。

1994年4月1日,中央电视台新闻评论类节目《焦点访谈》开播,随之推出了一批记者型主持人,如敬一丹、水均益、白岩松、方宏进等,他们共同塑造了客观、稳健、权威、深邃、诚挚、朴实的主持人群体风格,开创了我国新闻节目主持人的新风格。栏目在不到一年的时间里,已经跃升为全国观众关

第二章　播音主持风格的演进历程

注的焦点,收视率与老牌新闻节目《新闻联播》不相上下。

1996年4月28日,中央电视台推出了访谈类节目《实话实说》。这个节目邀请嘉宾和观众参与节目,传递多种声音,展示多元化视角,构建真诚对话的谈话氛围,给电视屏幕带来了极大的活力。主持人崔永元通过这档节目树立起了他亲切随和、幽默风趣、灵活应变的主持风格,他以至真至善的人文关怀,真诚、质朴、平等的交流态度,感动、融化了无数观众的心。崔永元独特的主持风格,改变了以往主持人常态化的主持方式和谈话技巧,以更具亲和力、更自然平和的主持风格走近观众。

1996年5月17日中央电视台推出深度报道栏目《新闻调查》,至此《东方时空》《焦点访谈》《新闻调查》三档栏目完成了电视新闻报道改革的"三部曲",树立了记者型主持人的群体主持风格。

1998年春,香港凤凰卫视开播的早间资讯节目《凤凰早班车》,主持人陈鲁豫以一种有别于传统的新闻播音的方式播报新闻,首开"说新闻"先河,"说新闻"从此成了风靡国内广播电视界的播报和解读新闻的主要方式。

从以上节目主持风格的演变可以看出,从20世纪90年代开始,中央台到省、市台乃至县级台都开始纷纷起用"主持人"来主持广播电视节目,是我国主持人节目大发展、大普及的重要时期,成就了一批专职主持人。90年代综艺节目主持风格先于新闻主持风格发生变化,并且变化较大,与主持风格的类型和塑造过程的差异有关。从80年代沈力式的温文尔雅、轻柔甜美、娓娓道来的主持风格转变为90年代初以倪萍、杨澜、赵忠祥为等为主的感情充沛、爽朗热情、亲切知性的主持风格,以及90年代末以何炅、谢娜为代表的轻松活泼、清新明快的主持风格,综艺节目主持人率先进入观众视野,树立了其独特的主持风格,并且风格类型较多,个性色彩明显,深受观众喜爱。这主要源于综艺节目的改版力度大,其内容采制的灵活性大、选择范围广,给主持人发挥的空间更大,主持风格可塑性更强,可以说成功的综艺节目为主持人的成名和主持风格的形成奠定了坚实的基础。

相对而言,新闻节目主持风格的变化稍微滞后,1993年《东方时空》开办以后,才出现一批评论型、记者型的主持风格,1998年《凤凰早班车》推出后,才有了"说新闻"的主持风格,但总体而言,风格类型相对单一,并且风格的共性较多,大多以睿智、知性、权威、稳健为基调,这类主持人一般专业知识扎实、经验阅历丰富、评论分析能力强。

可见,综艺节目主持风格与节目类型及节目风格关系更密切,可展现个性的空间更大,主持风格的可塑性更强,而新闻节目主持风格与主持人自身的综合素质和主持实践有较大的联系,即主持人的成功和主持风格的形成与主持人自身的努力关系更为密切。受到新闻节目内容的限制,新闻节目主持风格的灵活性较小,要树立独特风格,需要经过多年的实践和培养。白岩松、水均益、崔永元、敬一丹等一批有个性的新闻主持人受到观众喜爱,都是因为具备多年的采编经验和专业背景知识,所以能在一批批优秀的主持人中脱颖而出。90年代的新闻节目主持风格与80年代字正腔圆、中规中矩的新闻播报风格不同,主持方式更多元,对新闻的评论更到位,主持人不仅要播报新闻资讯,还要能胜任时事评论、专家访谈,深入透彻地进行背景分析、深度解析,或对突发事件进行直播,这要求主持人除了能运用解释性、分析性、评论性的语言,准确、清晰、流畅、自如地表达以外,还需要具备较强的专业知识背景、语言思维能力、现场反应能力、临场调控能力、即兴创作能力等,这些能力的养成不是一朝一夕可以练就的。可见,从90年代开始,只有播音技巧、没有社会经验的播音员已经难以胜任新闻节目对信息的筛选和评论的需求,社会的发展、媒体报道手法的改变以及受众需求的提高,使得新闻节目主持人的成长和主持风格的塑造显得更加难得。

三、2000年以后——播音主持风格的融合创新

进入21世纪后,新媒体飞速发展,播客、博客、贴吧、微博等新的传播形式带来了媒体传播方式的变革,也促使媒体生态发生变化,可谓"不对称""不均衡""不稳定"。"不对称"意为政策约束、资源能力不对称,强者容易攫取比较优势;"不均衡"指竞争格局、市场发展不均衡,市场两极分化,强者垄断,弱者试图抱团守护仅存的区域市场;"不稳定"意为新媒体对传统广电的影响不稳定,资本和技术手段使优势由传统媒体向新媒体转移。① 这种传播环境下,媒体竞争进一步加剧,新媒体与传统媒体的融合加快,传媒行业

---

① 郑维东.进入敏感期的电视收视竞争[J].收视中国,2012(7).

传播理念更加开放、务实、积极,传播内容也更加趋于平民化,力求雅俗共赏,赢得受众的关注,媒体力求为受众创造一种以智力、真理为内涵,以数据、信息与网络为链条的知识化世界,迎来多元化和个性化的发展时期。主持风格受社会经济发展状况、媒体传播发展实际和受众需求变化的影响,具有强烈的时代特征。

2000年以后,特别是2001年"9·11"事件以后,新闻报道进一步"提速",直播连线、突发事件报道、现场采访等报道方式对新闻主持人提出了更高的要求,新闻时效性开始以"时""分""秒"来计算,在强大的技术力量的支持下,大量的直播、连线在节目当中出现。在大量的直播报道、连线采访中,观众记住了具有新闻素养和采访能力的主持人张泉灵、李小萌、欧阳夏丹,记住了康辉、海霞、赵普等一批主持人。从中央台到省级台、地方台,都纷纷采用记者连线、新闻直播的方式,增强新闻的时效性,通过制作民生新闻和加强新闻评论树立媒体公信力,提高媒体服务大众的社会责任感。新闻报道方式的转变导致新闻节目主持风格也逐渐发生改变,主持风格更明快、更权威、更专业、更亲民。主持人的个人内涵、新闻素养、思维能力、社会阅历被充分放大,他们不仅要在播报、采访、讲述、谈话等语言传播样式方面自如转换,还要能快速捕捉新闻事件真相,进行角度全面、新颖的新闻评论,同时要具备深切的社会责任感和人文关怀意识。(见表2-5)

表2-5 2000年后新闻节目主持人及其节目一览表

姓名	开播时间	栏目/节目	描述
孟非	2002年1月1日	江苏电视台城市频道《南京零距离》	民生新闻节目主持人
阮次山	2002年3月24日	凤凰卫视《风云对话》	新闻评论员、访谈节目主持人
杨锦麟等	2003年3月	凤凰卫视《有报天天读》	新闻评论节目主持人
马斌、欧阳夏丹等	2003年10月	中央电视台《第一时间》	新闻资讯节目主持人

2002年1月1日江苏电视台城市频道开办的《南京零距离》,其主持人孟非以平民化的主持风格,开创了民生新闻主持的新风格,树立了亲民、务实、公允的形象。阮次山的《风云对话》、杨锦麟的《有报天天读》和何亮亮的

《时事亮亮点》也同样十分引人注目,这些新闻评论主持人,共同塑造了睿智、稳重、深刻的新闻评论风格,他们的评论富有思想性和洞察力,能有效解读新闻,引导观众思考,起到引导舆论的作用,开创了新闻评论的主持风格。马斌、欧阳夏丹及谢颖颖等主持人共同主持的新闻资讯类节目《第一时间》,其中为主持人量身打造的《马斌读报》(2009年11月因主持人离开而改版),成为这个栏目富有个性的板块,主持人知性智慧、清新自然、热情亲切,与节目定位的"经济味、早间味、人情味"相契合,一改新闻节目呆板正式的播报口吻,采用口语叙述,表达自然流畅,在谈及新闻资讯时,主持人常常加入自己的一些感想,树立了"轻松、温暖、明快、向上"的主持风格,也与节目"实用、鲜活、大气"的整体风格实现了有机融合。

随着电视节目朝"类型化"方向发展,节目内容的专业化程度越来越高,主持人与节目之间的依附关系越来越突出,节目对主持人的个性风格和综合素质提出了更高的要求。不同的节目传播方式、制作形式、核心内容,对主持人提出了不同的要求,在传统主持创作方式的基础上衍生出更加丰富多彩的话语样式和表现方式,也要求主持人依据自己的个性特点不断创造属于自己的主持风格。(见表2-6)

表2-6 2000年后综艺及其他类节目主持人与节目一览表

姓名	开播时间	栏目/节目	描述
王小丫、尼格买提	2000年7月7日	中央电视台《开心辞典》	益智游戏节目主持人
汪涵	2002年5月24日	湖南经济电视台《越策越开心》(2006年5月8日起在湖南卫视播出)	第一个脱口秀节目主持人
李咏	2003年10月26日	中央电视台《非常6+1》	综艺节目主持人
李静	2009年6月25日	安徽卫视《非常静距离》	访谈节目主持人
王自健	2012年5月13日	东方卫视《今晚80后脱口秀》	脱口秀节目主持人

例如,《开心辞典》的主持人王小丫,善于观察和捕捉灵感,能与嘉宾沟通融洽,给人知性大方、灵秀机敏的感觉,与益智游戏类节目主持风格融为一体。又如《越策越开心》的汪涵,选取鲜明的市井、俚俗、生活化的题材,选用时尚和充满生活气息的话题,语言上不时地使用湖南方言,在地方话与普

第二章 播音主持风格的演进历程

通话的变异转换中不断制造笑料,配上无厘头的搞怪表情,塑造了他生动幽默、机智灵活的主持风格。汪涵也因此被称为"策神",意思是能说会道的调侃型主持人。再如,《非常6+1》的李咏主持综艺节目时,在镜头前气定神闲、妙语连珠,他独创的手势、时髦的发型和绚丽的西装,与节目巧设的"砸蛋"环节巧妙融合,能调动观众的参与热情,塑造了他独特的诙谐幽默、活力动感的主持风格。此外,2012年5月13日《今晚80后脱口秀》在东方卫视推出,由来自北京的"80后"新锐相声演员王自健担任主持人,每期节目通过脱口秀的形式,展现年轻人对社会热点、文化事件、时尚潮流的态度和观点,幽默风趣却又不失智慧与锐度,最大限度发挥了主持人的语言天才和表演天赋。节目一经推出就受到观众热捧,他语言风趣幽默,表情丰富灵动,表演惟妙惟肖,给观众留下了与众不同的深刻印象。

从以上分析可以看出,2000年以后的主持人队伍越来越庞大,个性风格越来越多样,主持人更加追求个性展示、关注自身价值,自我意识不断觉醒,主持风格不断融入新的元素,个性化、自我化、复杂化倾向越来越明显,主持风格更灵活、更丰富、更幽默。电视节目不断融入新的元素、寻求新的突破点,形式越来越时尚热闹,内容越来越娱乐休闲,多种层次、富于变化、独具风格的节目吸引着越来越多的受众的眼球。与此同时,那些摆脱固定腔调、打破话语套路的个性鲜明的主持人则更具魅力,更能调动现场气氛,凸显敏锐、灵活、自信的主持风格。主持人在主持节目中展现了极富个性魅力的主持风格,从而得到了观众的关注和认可,因为喜欢或欣赏某个主持人的主持风格而选择收看他所主持的节目的受众大有人在,并且根据主持人个性打造的主持人节目越来越多。可见,突出主持人的个人风格,追求与众不同的风格样式,不断求新求变,打造属于主持人自己的个性节目成为2000年以后主持风格演变的主要趋势。

▶▶▶ 第三节 网络时代播音主持风格的更新迭代

2010年以来,移动互联网技术的升级以及智能终端设备普及,为网络时代播音主持作品创作与传播提供了坚实的技术基础和传播环境。

2009年8月14日新浪微博正式上线,2010年10月底,新浪微博注册用户数超过5000万。2014年3月27日,新浪微博正式更名为"微博",同年4月17日晚,微博正式登陆纳斯达克,股票代码WB。

2011年1月21日腾讯公司推出一个为智能终端提供即时通讯服务的免费应用程序"微信"(WeChat),截止到2016年第二季度,微信已经覆盖中国94%以上的智能手机,月活跃用户达到8.06亿。

2011年3月,北京快手科技有限公司上线一款用来制作、分享GIF图片的手机应用"快手",后来慢慢转型为短视频社交平台。

2016年9月20日,由字节跳动公司孵化的一款音乐创意短视频社交软件"抖音"正式上线,成为一个面向全年龄的短视频社交平台。

可见,移动客户端加快了浏览网页的便捷性,特别是各类短视频软件的出现,例如"抖音""快手"等,提高了受众对视频节目和网络主持人的关注度。一方面,传统电视节目通过网络渠道以视频节目形式进行"二次传播",提高节目的收看量和传播力;另一方面,受众规模较大的视频网站如腾讯视频、爱奇艺、优酷等,开始引进、制作和播出各类视频节目,同时创作网络独播品牌节目,来提高受众的黏性。这一时期,自媒体也在谋求自己的发展路径,各种类型"网红"博主层出不穷,高涨的创作热情给观众带来巨大的流量和丰富的节目类型。传播媒介日新月异的更新换代、受众观念的变化以及媒体行业的创新发展,使播音主持行业呈现播出平台网络化、主播平民化、节目视频化的倾向。

一、电视节目主持人向网络平台转移

香港著名作家梁文道主持的《开卷八分钟》特色鲜明,每集8分钟来讲述一本书,2007年1月1日在凤凰卫视中文台开播,却在2014年12月31日停播。这档超过2000集的电视读书节目黯然落幕,引发了业内外对电视文化类节目的热烈讨论。主持人梁文道的态度则显得坦然,在泛娱乐时代,他转身拥抱网络,策划制作了《一千零一夜》,由网络平台优酷独家播出。《一千零一夜》以主持人梁文道为主体,完整地诠释了"只有晚上,只在街头,只读经典",带领大家去书籍作者生长城市的每个角落进行拍摄,在午夜街头、在异国他乡讲述经典,讲述阅读这本书所需要了解的时代、社会、知识背景等内容,从而引发受众阅读兴趣,让受众自主性读书。此外,凤凰卫视窦文涛主持的《锵锵三人行》是一档著名谈话类节目,针对热门新闻事件或社会热点话题进行探讨研究,邀请嘉宾和权威人士各抒己见,但却又不属于追求答案的正论,而是俗人闲话,一派"多少天下事,尽付笑谈中"的情致,达到融汇信息传播、制造乐趣与辨析事理三大元素于一体的目的,这部累计4000多集的电视节目,1998年4月1日开播,2014年停播。随后,窦文涛团队重点顺应媒介大环境,打造优酷视频《圆桌派》,开拓网络视频新纪元。这一时期的传统电视节目纷纷嫁接或转型为网络节目,以获得更大的发展空间和更广的关注度。

二、自媒体技术日趋成熟,人人皆可成主播

网络的普及使得主持人的出现不再局限于某个固定的场合(如在固定节目或频道播出),自媒体Vlog视频形式逐渐盛行,人人皆可成为主播。Vlog早在2006年就已正式命名,2018年Vlog概念逐渐走入中国,许多明星、个人视频创作者均开始拍摄Vlog,每个人都可以成为Vlogger,Vlog开始走进大众生活。

2019年11月央视新闻连续推出以康辉为主持人拍摄的6支Vlog,推出之后迅速登上了微博热搜,许多观众都表示它让人耳目一新。从台前到幕后,从希腊总统府到巴西"水晶宫",正如央视评论的"幽默风趣接地气、切换自如有魅力",以康辉为第一视角的视频网络日志立体呈现了"大国外交最前线"。康辉用Vlog这种受众喜闻乐见的方式,展现新闻事件的采访过程,是一件非常年轻化、亲民化的尝试,消弭了时政新闻与年轻群体之间的距离,有不少网友留言,此举让他们"突然有了看新闻的欲望"。新时代有新的特点,融媒体时代的年轻人使用的媒介变了,接受和喜欢的传播形式也变了,电视媒体要想在年轻一代中继续发挥好引领导向、成风化人的作用,就必须与时俱进,到年轻人聚集的地方去,增强与受众的互动,用年轻人更接受的方式进行传播。

除了Vlog这一主持形式外,微博、哔哩哔哩等平台自行策划的主持视频

更是多如牛毛,如影视讲解、经验分享、热点点评、科技科普等,这一时期,网络主播正处于上升期,如抖音直播、自媒体原创视频节目等都处于不断增长中,随着自媒体视频软件的出现与使用,自媒体营销经济化的红利逐步加强,如像"小红书"这一类平台逐步走向资本化,主持人将会以更为自由、低门槛的形式存在,人人拿起手机就能成为一名主播。网络主播的盛行,证明了自媒体时代主持人展示内容和传播信息的便捷,也看出网络时代的播音主持人才济济一堂,面临更激烈的竞争,要脱颖而出需要付出更多的努力,要设立更加清晰的定位,塑造更加独特的风格。

三、节目更新换代速度快,主持人个性风格愈发凸显

相较于电视节目,网络节目受众反馈更直接、更明显,因此更新换代速度加快,节目类型呈现多元化发展趋势,与此同时,同类型的网络节目一旦取得较好的反响,也在更新换代中不断精进,显现出较强的与受众的互动性。2007年1月搜狐网推出的《大鹏嘚吧嘚》是网络节目中"第一档互联网脱口秀节目",顾名思义它的特点是脱口秀,节目特色就是以主持人侃侃而谈为主,节目的核心也就是主持人——大鹏。这档节目选材多为热点新闻,语言诙谐幽默、妙语连珠,在点评中不失理性的辛辣讽刺,亲和力很强,深受观众喜爱。随后几年时间,王自健的《今晚80后脱口秀》(2012年)以及金星的《金星秀》(2015年)在电视台播出,网络空间也有李诞主持的《吐槽大会》(2016年),以及广东地区较为出名的由郭嘉峰主持的《粤知一二》(2017年)。脱口秀类型的节目更新换代迅速,不断推陈出新,只在网络播放的《粤知一二》在保持单口喜剧本质的同时,更多地迎合年轻人口味,在选题上多选择与受众学习、生活、工作相关的最新话题,主持人郭嘉峰的粤语主持继承了"栋笃笑"的风格,许多粤式的自我调侃以及故事性语言风格成为招牌。总体来说,网络平台热衷的脱口秀这一类节目制作费用较低,其成功与否取决于主持人的个性风格,也正是这一点让主持人成为节目的核心和真正价值不菲的"商品"。这一时期,主持人的个性风格愈发凸显,与受众交流感明显增强,体现了风格的独特性、社会性和交流性。

四、主持人跨界融合,交互性明显

跨界主持人指非科班出身,从不同的身份中暂时跳脱出来去尝试主持这一新领域,常见的"跨界主持人"大部分是歌手、演员、模特这类经常在幕前工作的公众人物。

"跨界"成为打破人们固有常规认知的新渠道,俨然成为节目主持中的看点和卖点,将某一资源与其他资源进行搭配应用,相互合作,则会放大资源价值。演员出身的佟丽娅在央视2020年春节联欢晚会上担任主持人,以其妆容端庄、谈吐优雅、大方得体、毫不怯场的主持赢得了许多人的称赞。湖南卫视的《歌手》也邀请参赛歌手担任"音乐串讲人",古巨基、张韶涵、吴青峰等人的主持也成为节目的亮点之一。2019年火爆全网的《青春有你2》,由歌手蔡徐坤担任主持;腾讯视频独播的《创造营2020》由身为歌手的黄子韬、鹿晗、毛不易、宋茜来担任导师和主持人,让节目有更多的讨论度、吸引了更多的观众。可见,综艺节目大都用流量巨星来担任主持人,为节目注入了新鲜感和新刺激,娱乐商业的要求无形推动跨界主持走向成熟。

《快乐大本营》《天天向上》的主持人何炅、汪涵成为电视娱乐节目主持人的重要代表。正如电视节目一样,网络平台的类型化主持人也会出现代表性人物,同时推动着网络节目的发展。

网络时代来临,播出平台逐渐从电视台向网络过渡,主持行业也随之发生改变,网络主播不断涌现,传统主持人也逐渐拥抱网络,开发网络节目。跨界合作通过优势互补为节目带来观众的同时,也增长了主持人的人气和流量,为取得更好的传播效果,节目中的跨界合作会逐步增加。然而,不用持证上岗的随意跨界也为节目质量及其制作落下病根,跨界主持人也要相应地提升主持水平和传播力,增强语言表达能力、逻辑思维能力与应变能力。

五、主持人参与直播迅速增多

以前的传统播报员、通讯员、电视主持人都是科班出身的专业人士,且信息传播多依靠传统的报刊、广播、电视等渠道进行,导致播音主持的平台受限。但随着新媒体时代的发展,传播渠道进行了更新换代,以抖音、微视、微信等为代表的新兴网络传播平台受到大众的追捧。2019年8月,在抖音创作者大会上,抖音总裁张楠说道,现在抖音用户即将突破10亿,每日活跃的用户更是达到了3.2亿,这说明短视频正在成为信息传播的新形态,逐渐形成一种社交语言,而且带动了主播、网红等职业的兴起,"人人做直播"的时代已来临,只要有口才、有一技之长,便能够在自己的直播间进行展示,不会因为地点、设备等问题被约束,播音主持工作者拥有了更加广阔、宽容的发展舞台。

这一时期,主持人在跨界的同时,也纷纷参与各种类型和场合的直播,最常见的是"直播带货";"直播"成为近两年来最为热门的词语之一。被誉为"最熟悉女人的男人"李佳琦曾15分钟卖掉1,5000支口红,1秒钟卖出8000套礼盒套装。疫情期间,朱广权曾对话李佳琦,从央视主持人化身为网络主播;地方官员也走上了直播间,为经济复苏助一臂之力。2020年4月6日,央视派出了著名段子手朱广权与李佳琦进行搭档,他们以连麦的方式,共同带货。有了央视压阵以及李佳琦的名气做支撑,此次直播效果真是非同凡响,直播中共卖出去了4000多万元的武汉商品,网友也把这一搭档戏称为"小朱配琦"组合。4月12日,央视新闻主持人欧阳夏丹与明星王祖蓝联手,通过网络直播的方式,为湖北带货,口号为"谁都无法阻拦(王祖蓝)我下单(欧阳夏丹)",创造了较好的直播效应。

各大明星开始做淘宝直播,李湘的微博直接改成主播李湘,李现、小S、王源、汪涵、刘嘉玲、雷佳音等明星纷纷走进直播间。从前,主流看不上直播,瞧不起网红,如今普通人也想从中寻找自己的机会,而高高在上的明星也"下场"了,充分利用直播平台保持人气。

以直播行业为例,在短短几年的发展中,像李佳琦、薇娅就脱颖而出成为直播带货的佼佼者。艾媒咨询的数据显示,2019年中国直播电商行业的总规模达到4338亿元。2020年中国在线直播的用户规模达5.24亿人,市场规模突破9000亿元。火热的电商直播行业也让主播数量持续增加。尤其是在2020年疫情期间,各行各业加速线上化,纷纷探索直播"带货",越来越多的人随之成为全职或者兼职主播。

播音主持的平台不断扩大,朝着多样化发展,更好地激发普通大众展示自己的才华,推动文化多样性发展,极大丰富人民大众的娱乐生活,富有活力的网络环境更能促进社会和谐发展。

▶▶▶ 第四节 人工智能时代播音主持风格的赋能创新

随着技术发展,人工智能(Artificial Intelligence,简称 AI)开始广泛涉足人类生活,一方面极大减轻了人类劳动负担,提高了生产效率,成为推动社会发展的一股新生力量,另一方面它占据了原本有限的工作岗位,使一些主持人面临失业的危险。2016 年是人工智能概念正式提出 60 周年。2015 年 11 月 23 日,世界机器人大会在北京开幕,国家主席习近平在贺信中表示,中国将机器人和智能制造纳入了国家科技创新的优先重点领域,因此业界又将 2016 年称为中国人工智能的历史元年。① 2017 年 3 月,人工智能首次被写入《政府工作报告》;5 月,AlphaGo 战胜围棋手柯洁;7 月,国务院发布《新一代人工智能发展规划》,明确了我国新一代人工智能发展的战略目标。《新一代人工智能发展规划》为中国人工智能的发展提出明确的路线图和行动计划,中国人工智能的应用元年正在开启。②

人工智能技术席卷全球,为多个行业带来升级革新,人工智能技术的蓬勃发展对人们生活产生了巨大影响,也为播音主持行业带来了前所未有的机遇与挑战。人工智能新技术催生了媒体变革,改变了播音主持的思维和创作方式,移动化、可视化、智能化、互动化成为播音主持行业的新特点。智能语音播报大大丰富了主持样态,个性化语音合成在广告、配音和纪录片中已初见端倪,虚拟主持人的出现体现了数字技术对传播领域的人文观照,拓展了播音创作空间。

2022 年 11 月,北京邮电大学数字媒体与设计艺术学院副院长、博士生导师侯文军在第六届主持传播论坛的主题发言中介绍了元宇宙中人与人(数字虚拟人)的交互关系、交互特征,交互设计视角下的虚拟人设计,以及

---

① 卫人.中国人工智能历史元年,一切才刚刚开始[J].中国经济导报,2016-12-14.
② 翁佳.智能语音技术对播音主持专业与行业影响探究[J].电视研究,2017(12):57-59.

表情驱动、语音合成和唇形合成等关键实现环节的技术原理,并演示"东坡数字人"实践案例。可以洞见,虚拟人、数字人以及未来人工智能时代,主持人的赋能创新和风格的传承与创新将是全新的研究方向。

一、智能语音播报技术替代播音员主持人的部分功能

智能语音技术是人工智能的重要领域,是实现人机交互的起始环节,智能语音播报丰富了播音主持样态。智能语音技术与大技术、深度学习等技术手段紧密结合,目前在语音识别、语音合成、语音评测等领域取得了较大进展,技术的相对成熟促使智能语音播报成为新闻播报领域的新样态。新闻播报领域主要使用的是语音合成技术,语音合成技术将文字信息转化为受众可以听得懂的、流利的口语播报。2016年2月,央视新闻客户端推出的智能语音新闻播报功能,让用户可以"在路上轻松听新闻",2019年2月,"掌上洛阳"App 推出语音交互新闻播报新模式"让小姐姐为你读新闻"。值得一提的是其中的个性化语音合成,比如汽车导航中的人声播报使用了林志玲、郭德纲等知名人物的声音、电视纪录片《创新中国》使用人工智能技术成功模拟了已逝著名配音艺术家李易的声音,在2016年的百度世界大会上,李彦宏现场展示了运用情感语音合成技术还原张国荣声音的视频,实现了张国荣与粉丝的"隔空对话"。电视纪录片《创新中国》利用人工智能技术与智能语音合成的方式,让著名配音艺术家李易的"原声"重现,是通过选取其以往配音的纪录片的可用声音素材进行处理和调优,对字与字之间的黏合度、语句的停连变化等进行了算法层面的针对性优化而实现的。可见,语音合成技术在为语音播送提供便捷的同时也于无形间挤占了配音领域主持人的生存空间。

二、虚拟主持人、数字人多场合替代播音员主持人

虚拟主持人,是数字技术处理出来的通过广播、网络等通信传媒与受众形成交互的仿真人形象。它大致可分成三种:基于关键帧动画的虚拟主持人、基于人工智能技术的虚拟主持人和基于跟踪设备的实时虚拟主持人。在新闻播报领域,AI 虚拟主持人作为机器人,不会生病、不会出错、可以 24

第二章 播音主持风格的演进历程

小时全天候在线,有效解决了新闻播报受限于场地、时间、资源、主播个人精力等问题,有效地保证了新闻播报的时效性、精确性。AI 虚拟主持人带来了播音主持创作的技术升级,成为智能媒介时代播音主持艺术的聚焦点和新转向,迎来了智能化的机遇与挑战。

虚拟主持人的出现体现了数字技术向播音主持领域的全方位扩张,也显示了数字技术对传播领域的人文关怀。早在 2002 年,中国首位网络虚拟主持人"江灵儿"亮相中国西部国际 IT 博览会,于现场身穿中国传统旗袍、直发披肩,可以流利自如地轮流用中、英、日多国语言播报新闻,一经面世广受欢迎。此外,我国电视界曾兴起虚拟主持人的热潮,吉林电视台"TV NO.1"播报《世界视窗》采用虚拟主持人;江苏电视台"QQ 小姐"主持《现在娱乐》;中央电视台"伊妹儿"亮相科技展览;天津电视台"言东方"在《科技周刊》中首次与观众见面……虚拟主持人的推出是对播音主持方式的补充和拓展,是争夺更大播音传播空间的创新之举。2015 年 12 月 22 日,曾经火遍社交媒体的微软人工智能机器人"小冰"空降东方卫视晨间新闻节目《看东方》,担当起晨间天气播报的工作,完成了人类历史上人工智能主播的首秀。2017 年,西安广播电视台《西安新闻》节目引入"新人"——浑身散发着硬科技力量的机器人"石榴娃",它与主持人搭档,圆满完成了当期节目,给受众带来新奇的感受,作为创新手段,虚拟主持人事实上已经在广播电视业界崭露头角。

2018 年 4 月,超逼真机器人 Erica 开始担任日本新闻主持人,她身上配备了世界上最先进的人工语音系统。Erica 运用人工智能技术阅读人类整合好的新闻,虽然她不能移动手臂,但是通过 14 个红外传感器和面部识别技术识别声音来自哪个方向,也知道是谁在向她提问,实现了虚拟主持人的互动功能。而这也并不是日本第一次使用新闻播报机器人,2015 年微软创造的第一个电视主持机器人小冰(Xiaoice),就曾播报过汉语的《早间新闻》,在直播时它还能分析天气数据。

2018 年世界互联网大会推出的全球首位合成新闻主播"新小浩"、2019 年全国"两会"期间推出的新华社合成女主播"新小萌"以及 2020 年首个 3D 合成女主播"新小微",都引起了社会的广泛关注。"新小萌"作为新华社推出了世界上第一个女性 AI 新闻主播,工作时状态饱满、表情丰富、字正腔圆,且几乎实现口播零失误。2019年2月,搜狗和新华社新媒体中心联合推出了全球首个站立式AI合成主播,新一代的AI合成主播从过去"坐着"播新闻,升级为具有肢体动作的"站立式"播新闻,这位入职新华社的AI主播,已参与包括第五届世界互联网大会、首届中国国际进口博览会、春运、春节、两会等若干重要事件的报道,显然,国内人工智能已经与传媒业大胆融合并付诸规模化应用,此类现象在未来也必定是层出不穷。

2023年,ChatGPT等人工智能技术被应用到各个行业,移动化、社交化、智能化成了当前媒体发展的新趋势,虚拟主持人、数字人等技术越发成熟,虚拟主持人在界面形象、反应速度等方面越来越接近真人主持人,它们也越来越广泛地被应用于各种传媒工作场景和领域,受众也越来越熟悉、习惯和依赖虚拟主持人的播报风格。

三、自主性内容生产极大提高播音主持工作效能

AI新闻生产是"在没有或者有限的人类干预下,由预先设定的程序将数据转化为新闻文本的自动算法过程",机器写作经过数据采集、数据清洗、数据分析、观点提炼、模板匹配、稿件润色和发布初版等一系列流程,自动生成新闻。当下的人工智能写作主要应用于气象、地质、体育、财经等数据型新闻生产。2017年8月,九寨沟县发生地震后,中国地震台网机器人仅用25秒就编写出一篇新闻稿。稿件共540字,包括速报参数、介绍震中地形等内容,该机器人结合了数字技术和智能写稿编程系统:实时监控信息源;信息抽取;采用机器学习算法,以模板抽取知识库中信息的方式撰写新闻。在此方面,机器写作速度快,效率高,数据分析精准,能发现人工容易忽略的内容,在一定程度上拓宽了新闻报道范围。在媒体管理中,平台也可利用语音识别技术自动进行内容筛选,将禁忌词汇提前输入审听系统,在审听过程中,一旦发现禁忌词就会进行提示。可见,随着新媒体时代的发展,人工智能也渐渐融入各个领域,机器人有着强大储存量、敏捷处理速度等优势,在播音主持行业也得到了许多推广与应用,机器主持人能帮助主持人把工作完成得更好,极大地提高了工作效能,机器人的应用是对播音主持工作的提升和创新。

综上所述,AI 虚拟主持人具有自身独特的优势。(1)形象:AI 虚拟主持人分为 2D 和 3D 虚拟形象,既可以根据需要进行定制,也可以根据节目需要变换造型。(2)声音:AI 主播系统中有多种音色,所以它的声音可以根据需要 DIY。如手机 App"学习强国"上的新闻及文章内容都是 AI 虚拟主持人播报的。(3)不存在口误:AI 虚拟主持人不会因为自己的生理原因而口误,也不需要备稿,输入即可播报,大大提高了工作效率与稳定性。(4)无行为压力:不同于主持人作为公众人物,必须随时注意一言一行,以免造成不良的社会影响。AI 虚拟主持人是人工智能,没有个体的私生活,只需要执行系统赋予的命令即可。①

四、人工智能在播音主持领域的局限性

机器人不能完全代替主持人的工作,主持人身上所具有的独特风格、交流思维、艺术用语等都是机器人不能代替的,机器人在创造性、交流性方面还存在不足,这就说明机器人多数做的工作是机械化的,人做的工作是创造性和逻辑性的。AI 虚拟主持人的局限性是没有个性特点和情感互动。除了形象与声音可以特殊定制之外,AI 虚拟主持人的其他外在呈现和功能基本上都是相同的。真正的主持人却与其不同,无论是《为您服务》《夕阳红》里沈力耐心温柔的讲述、《非诚勿扰》里孟非机智幽默的互动、《快乐大本营》里何炅的高情商访谈,还是《中国诗词大会》上董卿的深情解读诗词,都展现出主持人独特的风格魅力和真诚的交流感,正是因为这些真情实感的传递,我们才更加喜欢这些节目和主持人。假如所有的节目都换成人工智能,观众也将失去共情,感受不到节目所传达的情感。因此,作为播音主持人要懂得提升自己的专业素质,最大化发挥机器人不可替代的作用,发挥好主持人的"共情"能力,利用人机协同的优势,让播音主持行业更加适应时代发展。

现阶段的 AI 有强大的计算能力、深度学习能力,而且不知疲倦。所以,AI 一定会取代重复性强又不需要什么创意的工作岗位。但现实中的 AI 没有意识,不会思考,没有同理心,基于一堆大数据,通过人类设定的算法,进

---

① 万海英.新时代 AI 与播音主持融合创新策略探析[J].中国报业,2021(2):16-17.

行深度学习后表现出一些看似很"智能"的东西。美国著名学者,计算机科学家、计算机科学和认知学教授侯世达说过:"我讨厌'人工智能'这个词,因为它们没有'智能'。"的确,AI在操纵数据,但无法理解这些数据的含义,更无法理解这些数据所指导的行动背后的含义,不知道它们还对应着一个现实世界。脱离现实的AI永远不会懂得现实,总而言之,情绪是智能的核心,没有它就没有真正意义上的智能,由此推之,AI虚拟主持人在播音主持领域也存在许多短板。

(一)不成熟的"情感沟通者"

"艺术的本性是将情感形象地展示出来以供理解。"①情感的状态和情感的表达无法脱离情境实践而存在。情境认知在很大程度上决定着主持风格的艺术性和创造性。在播音主持领域,主持人最基本的任务是准确地向观众传达信息,在这一点上,似乎AI虚拟主持人可以毫无悬念地取代真人主持人;但播音主持同时还是一种音声化的语言沟通形式,需要有交流感、对象感,才能达到有效沟通。AI虚拟主持人情感空洞、缺乏生命活力与艺术灵性,其信息传播,很难与真人主持人相提并论。在播报中的分寸把握、情感拿捏,AI虚拟主持人远不能及真人主持人。新春佳节真人主持人会满怀憧憬、饱含深情地为观众送上祝福;在播报灾难突发的新闻时真人主持人难免眼含热泪、声音颤抖。在节目主持的过程中,主持人体现的其实是情感沟通的能力,这也恰恰满足了观众与主持人形成情感共鸣,在润物无声中接受文化传播的精神需求。由此可见,AI虚拟主持人在情感传递和语言沟通上还不成熟,无法替代真人主持人。

(二)临场应变能力欠缺

虚拟主持人的形象营造往往深入人心,通常是落落大方、对答机敏,能做到以自身的主持风格、恰当的言谈举止增强感染力,使现场氛围符合节目宗旨,能胜任"常规控场"。但作为一名优秀的主持人,除了"常规控场",对"应对控场"也应有一定的把握能力,根据目前的技术情况,一旦现场环节出

---

① 朗格.艺术问题[M].滕守尧,等译.北京:中国社会科学出版社,1983:78.

第二章 播音主持风格的演进历程

现纰漏、表演者失误、节目超时等情况,虚拟主持人极有可能直接"下线",其电脑系统的制作者们在前期也很难去考虑到这些问题。虚拟主持人虽然能高度模仿真人主持人的声音容貌,复制常规的问题回答,但是其临场应变和互动交流能力不足,从目前的技术发展来看,虚拟主持人几乎无法企及以更优化的创造型表达方法来获得更高效的沟通交流。"语言是灵活的,因为它既是规定的,又是创造性的。"①虚拟主持人可以完成规定性的语言沟通,即设计好的互动交流,但无法达到更高级别的创造性、现实性、艺术性的沟通互动。

(三)适用范围窄

AI 虚拟主持人的背后是一套由技术人员操控的高速运转的电脑系统,它按照技术人员发出的指令行事。无论是智能语音系统抑或影像构建系统都需投入大量成本,且达不到与真人一般的效果,暂时无法得到广泛的推广普及;AI 虚拟主持人难以与现场工作人员即时进行沟通,调整自身程序,目前只应用于提前录制的节目类型,无法驾驭现场直播、娱乐综艺或者需要进行现场沟通的谈话类节目,可以说 AI 虚拟主持人目前适用的节目范围仍较狭窄。

五、播音员主持人在人工智能时代的赋能创新

"播音主持"是运用高度个性化的语言和情感向人们传达信息的一种传播活动,播音员主持人的社交能力、语言交际能力、协调能力和人文技能是机器人无法替代的,在人工智能高速发展的时代,播音员主持人员需主动适应现实情况、勇于迎接挑战。

(一)增强个人综合素养,提升高级复合能力

播音员主持人要充分认识、了解 AI 对于传播领域带来的深层变革和科技与社会的紧密联系,在科学技术作为第一生产力的当下,主动适应新的传

---

① 鲍尔德温.文化研究导论[M].陶东风,译.北京:高等教育出版社,2011:79.

媒趋势。对于自身能力的培养,除了汲取新闻传播学、艺术学、语言学等专业领域内理论性较强的学科知识外,还要夯实自身作为播音员主持人的基本功底,如掌握规范的普通话发音、适当补充副语言、丰富语言表达技巧和主持技巧等,也需要自身开拓视野,增加隐性知识,如主持人的经验、阅历等,适当熟悉其他领域,增加个人知识储备,如社会学、行为学、心理学等学科知识,提升信息技术素养和跨媒介传播能力,积极往高级复合型主持人才方向靠拢。白岩松曾在2019年第三届中国主持传播论坛中提到,主持人首先是被人用眼睛接受,接下来是被人用耳朵接受,然后被人用嘴接受,最后才是被人用心接受。而这一切传播要素的有机整合需要在主持人具备一定综合实力和个人魅力的条件下才能实现。

(二)强调内容为王,提升原创能力

赫兹里特说:"谈话的艺术是听和被听的艺术。"在新媒体时代去中心化的浪潮中,每个人都可以成为内容生产者,原创专业化生产在可预见的将来仍然是内容产业的主流。这首先对新闻播报类主持人敲了一记响钟,人工智能目前已基本实现模仿真人声音进行精准语音播报,"念稿机器"完全可以用新科技替代,新华社AI虚拟主持人"新小萌""新小浩"可实现一年365天、一天24小时无停歇的精准工作,在未来取代真人主持人或许并非无稽之谈,而后我们需要的新闻类主持人应是评论型主持人,在人工智能帮我们完成机械重复、技术含量较低的工作时,也正促使我们往更高级的评论型主持人转型,这种转型更强调对于新闻事实的思辨性见解,更重视文字工作在思想深度方面的开掘。

(三)提高情感表达能力,展现人文关怀

如果说媒体是党和国家与人民群众沟通交流的纽带,那么真人主持人就是营造和谐社会,传播真善美,弘扬正能量的使者。真人主持人要热爱受众,了解社情民意,正确理解与深刻感受稿件中各类人群的心声,在播报中让受众感受到党和政府的关怀与温暖,让来自火热生活的新闻有温度、有灵魂;在节目主持中,要牢牢把握住时代主旋律与节目主题,时刻不忘作为媒体工作者应展现的良好风貌。在文化教育类节目《开学第一课》以"中华骄傲"为主题的节目中,主持人董卿采访了著名翻译家许渊冲老先生,因嘉宾岁数较大,乘坐轮椅行动不便,董卿在采访过程中3分钟跪地3次,被称赞为"跪出了最美的中华骄傲"。这些主持细节中流露出的情感、尊重和人文关怀是机器人无法代替的。

(四)形成独特的主持风格,树立自身品牌

从大屏到小屏,从横屏到竖屏,媒介表达方式悄然改变;从观众到用户,传播理念从传者本位向受者本位转变。媒介平台及传播手段的多元化,对主持人个性风格与思想价值的关注也被逐渐放大。个人风格和主持人品牌的建构对于主持人风格塑造会起到积极作用,这也是主持人区别于人工智能主持的重要标识。播音主持行业内,作为金字塔顶尖的佼佼者,总为人所津津乐道。提及央视名嘴,大家会想到"段子手"朱广权,他凭一己之力颠覆了传统央视主播一本正经、不苟言笑的形象,将严肃凝重的新闻播报变成了诙谐幽默的"单口相声";会想到腹有诗书气自华的董卿,其优雅大方、知书达理的知性形象深入人心;还会想到逻辑清晰、应变迅疾的撒贝宁,无论什么类型的节目,他总能以灵活应变成功控场。在播音主持领域要想做一棵"常青树"、想取得长远发展,就要善于挖掘自身优势,强化自身特点,打造自身独特的形象品牌。

(五)注重人工智能协同,熟练运用新媒体传播技术

技术的运用在解放人力、提高效率、促进创新等方面无疑带来了巨大变革,从英国的《早安英国》节目组中人工智能机器人Sophia的加入,到国内人工智能模拟配音艺术家李易的声音应用在纪录片《创新中国》中等,这些实践为新闻传播行业人机协作的模式开启了新格局。新媒体时代带来的不仅是传播媒介的增多,还带来先进的新技术,主持人行业完全可以利用新技术为自己的播音主持工作增色。过去,主持人利用大火的直播平台,抖音、快手、哔哩哔哩等,能实时与观众进行互动,体现了新媒体的交互性;现在的网络节目也吸引了巨大的流量,比如《青春有你2》《奇葩说》等,这些网络节目利用弹幕的形式与观众形成了互动交流,不仅能让观众更好地表达自己的观点,也给节目带来了更多的人气,增强了节目的趣味性。现在,智能设备

和5G传输技术的应用能够智能化地采集视频素材,大数据分析技术和自然语言的生产技术也催生了新闻写作机器人,人工智能识别技术和云平台技术则实现了视频剪辑的智能化,人工智能和虚拟仿真技术则生成了虚拟播音主持和数字人。未来,播音主持可以同机器写作、智能导播、智能采集、智能剪辑等技术深度融合,减少人的参与次数,真正实现智能领域中新闻采编播的一体化。可见,新技术均在各自的空间领域内发挥着自身的价值及作用,促进了媒介传播发展的智能化。人工智能的加入给播音主持的创新发展与核心能力进行了精进和赋能,播音员主持人本身具有一定的象征意义和符号属性,若完全让位于人工智能将丧失话语权和主导地位,而合理的协作方式将带领观众进入全新的科技场景,激活适应时代发展的人机协同各项新技术的运用。

从传播学的观点来看,新媒体技术与传统的播音主持结合,恰好补充了拉斯韦尔的"5W"模式弊端——没有反馈的环节,而是更贴近于施拉姆的大众传播模式,每一个人都扮演着译码、释码和编码者的角色,并产生可能的反馈,这个反馈是及时性的,突破了时间空间的限定,让互动"零距离",利用了自身"再媒介化"的特性,有效促进了新媒体时代下播音主持业的创新与发展。在未来的发展中,播音员主持人在夯实专业能力之余,还需更加了解人工智能以及其他新技术的特性与互动模式,如智能语音识别及对话,将人与智能技术进行有机融合,为大众传播创新体验提供有效路径。

(六)注重播音主持专业教育改革,构建先进的课程体系

在我国,播音主持的教育取得了显著成果,但时代的发展对播音主持从业人员的要求也越来越高,播音主持专业教育亟待改革。

首先,播音主持专业教育要构建具有时代性、前瞻性的知识体系。播音主持专业所传授的内容,不能是单纯地满足于语言发声、撰写稿件的训练,而必须是面向未来、具有时代前瞻性的知识体系。例如,以技术为导向的知识体系——人工智能的使用、先进制作设备的应用等;以人文为导向的知识体系——文学创作、人文伦理、情感心理等跨学科专业的知识体系;以实践为导向的知识体系——项目调研、网络直播技能、节目策划等与市场相结合的实践课程等。

第二章 播音主持风格的演进历程

其次,培养学生"一专多能"的综合能力。新闻院校在具体教学实践中,教师要灵活采用启发式、探究式、项目式等教学法,积极培养学生的逻辑思维能力、自主判断能力和科研能力,积极开设语言类、传播类、文化类工作坊,为学生创造更多实践机会,积极培养学生立足播音主持又能超越专业局限的能力,例如跨文化交际沟通能力等。

再次,注重紧密关注播音主持行业动态和市场需求。当下的播音主持专业教学只满足媒体对技能的相对需求,却忽视了市场和社会的绝对需求,也提醒我们在播音与主持专业的教学中,多对接市场需求,以人为本,以需求为导向,将传播者与受众紧密联系起来,建立实习基地。例如2020年新冠疫情期间各地乡村振兴、扶贫助农、直播带货对主播人才有强烈需求,我们人才培养方案要及时调整,较早地对接实践课程,将课堂开到直播现场、开到乡村和企业中去,提前让学生参与具体项目的实践和直播,才能让学生及早抓住市场脉搏,把握目标受众心理,制作让人们喜闻乐见的节目。

最后,加强播音主持专业的思政课程融入,强化敬业精神。播音主持专业要实现可持续发展,必须重视思政课程的融入,强化马克思主义新闻观,坚持正确的政治立场。鼓励学生做时代风云的记录者,为人民群众发声,当好媒体把关人,促进学生德智体全面发展,引导、教育学生在立足专业技能学习同时,适应社会发展趋势,端正个人价值观,承担社会责任,肩负起维护行业风清气正的责任,用新的思维模式结业,用对的行业理念从业,用广的技术手段创业,不忘初心,砥砺前行,进一步培养学生的敬业精神、开拓精神、团队合作精神以及良好的综合素质。未来,播音主持专业人才培养的转型,需要实现学界与业界、播音主持与新闻传播等主体之间的逻辑平衡。

第三章　播音主持风格的演进表征及规律

华南理工大学的李幸教授在《十年来中国电视的三次革命》中,将主持人的演进阶段进行了概括,他认为:"第一次革命,实行了记者主持人制。我们看到一个个记者被起用,取代了赵忠祥、邢质斌、罗京、李瑞英这些人播音的状态,中国电视从此有了白岩松。""第二次革命,湖南让艺人上了电视,让艺人们活跃在中国的喉舌媒体上。""每一次革命,主持人、主播都发生了重大的变化,第一次是记者,铁肩担道义式的;第二次是艺人,消解式的、娱乐的""第三次革命里出现的平民主播,使得电视的大众性、平民性终于浮出水平,电视回到它应该有的样子上来,从精英到明星到平民,电视终于回到了人民手中。"[①]他还认为:"电视是主持人表现自己的T型台,成熟的电视是主持人的电视。"[②]

从以上描述和分析可以看出,主持人作为电视节目的传播主体及媒体的形象代言人,其风格的发展变化诠释了广播电视产业乃至社会时代的变化规律。主持风格伴随主持人及其主持方式的重大调整,在各个阶段有不同的特征和规律。

首先,从风格样式上看,整体而言主持风格的样式是从单一到多元变化,栏目类型化和频道专业化的发展开创了不同类型的电视节目,也催生了多种多样的主持风格样式,并在20世纪90年代末期大放异彩,蕴含深度、富含个性、富有特色的主持风格日渐盛行。

---

① 徐浩然.主持人语言逻辑与管理制度研究[M].北京:中国传媒大学出版社 2009:4.
② 徐浩然.主持人语言逻辑与管理制度研究[M].北京:中国传媒大学出版社 2009:3.

第三章 播音主持风格的演进表征及规律

其次,从意识形态上看,主持风格的属性也从政治化到去政治化,播音主持逐渐淡化政治色彩,凸显平民特色和娱乐色彩。

再次,在叙事方式上,主持语态逐渐从"宏大叙事"转变到"微型叙事",在传播内容上更加关注受众需求,主持人不再高高在上,主持人与受众之间的地位更加平等,主持视角逐渐从"俯视"到"平视",更关注主持风格是否被受众接受。

最后,从主持人的传播身份来看,随着播音员向主持人过渡,主持人在节目中发挥日益重要的人格化、对象化传播功能,传播身份逐渐从"附属"到"主导"过渡,以主持人为核心的主持人节目盛行。

▶▶▶ 第一节 风格样式:从单一到多元

随着人们审美品位和视听需求的变化,在商业因素、市场因素的全面介入之下,主持人成为所谓"注意力经济"品牌营销的重要组成部分,节目主持人在争夺眼球的大战中显得举足轻重,节目主持人的风格出现了转型的趋势,主持风格从单一到多元,逐渐融合创新,变得丰富精彩。

如前文所述,从1940年延安广播播音开始,到1980年我国首位电视节目主持人诞生,播音主持行业经历了从广播播音向电视播音的过渡,从电视播音到电视主持的过渡,经过不同时代的洗礼和沉淀,整个行业日趋成熟和完善,风格样式也日趋多元化。从延安陕北时期的"爱憎分明、生动有力"的播音风格,到和平建设时期的"规范清晰、朴实流畅"的播音风格,到"文革"时期"高、平、空""冷、僵、远"的扭曲,再到改革开放后的"降调"和以人为本的回归,主持风格伴随主持人的产生、成长,在汲取不同年代主持风格的精华的基础上,风格样式从单一到多元变化,风格内涵也日趋丰富、精彩。从20世纪80年代主持风格形成,到90年代主持风格的大放异彩和2000年以后主持风格的融合创新,主持风格的丰富多元是时代的发展和主持传播实践发展推动的结果。主持人作为电视媒体的一个工种,对于栏目的采制、时段甚至频道收视率的提升发挥了越来越重要的作用。随着节目的多样化,主持风格也呈现出个性化、职业化、专业化的特点,并作为一个特殊群体在社会上产生重大影响。

20世纪80年代,富有个性的主持人不断走进观众的视野,如赵忠祥、宋世雄、倪萍等,他们凭借自己扎实的主持功底和丰富的个人经历,将节目做到了深入人心。赵忠祥在《动物世界》中富于个性的表达,让动物世界演绎成一个充满着喜怒哀乐、富于情感、富于人性、富于趣味的世界;宋世雄在体育赛事转播(直播)节目中激情澎湃的解说,成为那个时期电视体育节目中独特的风景;倪萍在综艺节目中与观众的真情交流与家常化的语言表达,使她成为万千家庭的邻家大姐。这个阶段,中国电视节目主持人在主持的语态、姿态上都有着不同程度的变化,从千篇一律、字正腔圆的风格样式,转变成多元精彩、突出个性的主持风格,主持人的语调从高调、生硬、空洞走向亲切、从容、温和,传播姿态从居高临下、"我播你看"和高高在上的传者姿态走向人性化、个性化和日常化的平民姿态。

到了20世纪90年代,《东方时空》等节目推出了白岩松、水均益、方宏进、敬一丹等一批优秀的记者型、评论型电视节目主持人,他们树立了睿智、知性、稳重、干练的主持风格,对电视节目主持人群体产生了空前的影响,推动着中国电视事业的发展。

2000年以后,节目类型化和频道专业化的发展使节目内容更多元、形式更多样。富于变化、独具风格的节目吸引着越来越多受众的眼球,主持风格不断融入新的元素,个性化、自我化、复杂化倾向越来越明显。主持人队伍越来越庞大,个性风格越来越多样,主持人更加追求个性展示、关注自身价值,自我意识不断觉醒,那些摆脱固定腔调、打破话语套路、个性鲜明的主持人则更具魅力,更能调动现场气氛,也更能满足受众的多元需求和主持传播实践发展的需要。为主持人量身定做的节目也越来越多,这些节目最大限度发挥主持人的个性特点,也促使主持风格样式多元化、个性化。主持技能单一、缺少个性风格、"吃青春饭"的节目主持人可能最终让人产生审美疲劳,而给人以丰富的信息、体现深刻人文精神、具有独特风格品位的节目主持人将会有比较持久的生命力。

第三章 播音主持风格的演进表征及规律

第二节 意识形态：从政治化到去政治化

"意识形态(Ideology)一词最初是由法国哲学家德斯蒂·德·特拉西于1796年提出。两个多世纪以来，意识形态作为一个概念，其含义不断随时间、历史变化以及运用这一概念的思想家的主观建构而流转。"①现在我们所用的意识形态概念，是指"具有符号意义的信仰和观点的表达方式。它以表现、解释和评价现实世界的方法来形成、动员、指导、组织和证明一定的行为模式或方式，并否定其他一切行为模式或方式"②。有学者将意识形态内部要素分为"认知—解释"层面、"价值—信仰"层面、"实践—行动"层面。意识形态与某一种政治体系或权利结构形成天然的关联，特别是从实践—行动层面来看，它在内容上表现为具有一定群众基础的、广泛宣传和广为人所知悉的关于经济、社会、政治、文化即社会存在与社会发展诸领域的规划、战略、路线、方针与政策体系。③

从中国传播业的发展历程来看，"中国传播业所面对的社会心理需求的主调经历了80年代中前期和中期的'解气'阶段、80年代末90年代初的'解闷'阶段和1992年建立和发展市场经济至今的'解惑'阶段后，即将进入'解放'阶段，其突出的特征是'话语时代'和'个人化时代'的到来。顺应这一社会潮流的变化，舆论形态的多样化将在媒介的呈现中进一步凸显，传播市场的细分化将使媒介的传播内容和形式对特定目标受众的亲和力进一步被强调"④。

有学者认为"改革开放30年来，中国电视在内容生产上大体经历了'宣传品'、'作品'、'产品'三个阶段。与此相应的是，电视节目主持人也大体

---

① 汤普森.意识形态与现代文化[M].高銛,等译.南京:译林出版社,2005:5.
② 米勒,波格丹诺.布莱克维尔政治学百科全书[M].邓正来,译.北京:中国政法大学出版社,2002:368.
③ 林尚立等.政治建设与国家成长[M].北京:中国大百科全书出版社,2008:242-243.
④ 喻国明.媒介的市场定位——一个传播学者的实证研究[M].北京:北京广播学院出版社,2000:314.

经历了三个阶段,呈现出不同的风格"①。

在电视内容生产以"宣传品"为主导的阶段,节目主持人扮演的则主要是"宣传员"的角色,特别是在改革开放初期,中国电视节目主持人刚刚产生,与播音员的职能几乎相同,其主要任务就是完成意识形态的宣传。这一阶段的电视节目主持风格受意识形态的影响,总体呈现出"高亢激昂、大气磅礴"的时代风貌与特征。主持人主要是完成党和政府的意识形态宣传任务,发挥"宣传员"的宣传鼓动、激励、鼓舞人民群众的作用。这个阶段的电视节目主持人总体的特质是相同或相近的,主持风格较少呈现出个性风格。

直到1983年3月,广播电视部召开第11次全国广播电视工作会议,会后中共中央以37号文件批转了广播电视部党组《关于广播电视工作的汇报提纲》。在谈到"以新闻改革为突破口,推动广播电视宣传的改革"时,文件提出"要尽可能采取谈心和对话的形式以及节目主持人的形式,以增强新闻报道的吸引力和说服力"。这是中央文件第一次提到"节目主持人",极大地推动了我国节目主持人事业的发展。

在电视节目成为"作品"阶段,主持人有意识地追求风格的贴近性和平民化,主持风格的政治色彩淡化,更追求主持的专业性,"朴实自然、生动亲切"成为这一时期主持风格的重要特点,主持人更注重主持风格是否与节目协调,是否受受众期待。1992年邓小平同志南方谈话和中共十四大之后,市场经济改革进一步深入,广播电视传输技术、制作方式、经营模式都发生了极大改变,广播电视越来越面向市场、面向社会、面向群众、面向生活,广播电视事业进入高速发展阶段。节目内容和节目形态的变化,使得主持风格在庄重大方、真诚朴实的基础上,又增添了贴近生活、亲切自然的色彩,对象感更明确、交流感更强烈,与受众的距离更接近,给人以清新流畅之感。

在电视节目成为"产品"阶段,主持风格开始凸显商业色彩,各具特色的主持风格层出不穷,标新立异的个性化主持风格不断呈现。这一时期,中国电视整体步入了市场化的快车道,电视节目主持人也相应地进入了市场化阶段,这一时期的主持风格尽量走市场化路线,以是否被受众接受和产生效益为突破点,意识形态的制约作用明显减弱。例如,在民生新闻、综艺节目、

---

① 胡智锋.创意与责任——中国电视的本土化生存[M].北京:中国传媒大学出版社,2010:89.

第三章 播音主持风格的演进表征及规律

谈话节目和各类专栏节目中,出现了很多广受观众喜爱和追捧的主持人,他们同时也成为具有市场号召力的主持人。在激烈的媒体竞争中,具有独特个性风格的主持人,常常成为各媒体市场竞相争夺的稀缺资源,因而主持人的个人身价也随之不断攀升。有数据显示,2006年8月,在由世界品牌实验室(World Brand LAB)编制的2006年度《中国最具价值主持人》排行榜上,来自中央电视台、凤凰卫视、湖南卫视和东方卫视的10位最具品牌价值的电视节目主持人榜上有名。李咏、王小丫和窦文涛分别以5亿、3.4亿和3.2亿的品牌价值占据前三名。①

>>> 第三节 叙事方式:从宏大叙事到微型叙事

体现主持风格的重要方式是主持语言,叙事方式是主持语言呈现的重要特点。受栏目内容和定位的影响,事关百姓生活、为百姓排忧解难的栏目越来越多。例如,在访谈节目的叙事性话语中,主持人主要承担着叙事话题的引入者、叙事过程的引导者、共同讲述者和听故事者等话语角色;嘉宾则承担着故事的讲述者、对话参与者、主人公等角色。叙事结束时主持人与嘉宾通过对叙事意义的评价,承担着引导者和评价者的话语角色。

从叙事方式的变化来看,主持人的叙事方式逐渐从宏大叙事到微型叙事,话语方式和话语内容都逐渐贴近老百姓,贴近生活。随着中央电视台《生活空间》一句"讲述老百姓自己的故事",媒介在传播意上更具受众意识,在传播方式上更显人文关怀。《东方时空》用一种新的"电视媒体说话的口气,尝试一种新的叙述方式"。新的叙述方式不仅是改变了电视节目解说词的写作文风,而且是用其特有的语言吸引观众。例如新闻类节目《东方时空》刚一推出,就给观众耳目一新的感觉,主持人口语化的叙事方式让观众听到了民间话语的鲜活、幽默、趣味,严肃了十多年的屏幕上展现出让人感到随和、亲切、心领神会的内容,贴近现实的主持人口语化的表达既概括精

---

① 陈虹等.2006—2007华语主持人报告[EB/OL].人民网,(2007-06-11)[2010-08-11]. http://media.people.com.cn/GB/22114/85575/85576/5848616.html.

· 103 ·

练,又带着世俗生活的具体语境言之有物,不再是空洞的宏大叙事方式,特别是新闻节目中便于人际交流的口语化方式,消除了媒介和观众之间的阻隔,人际交流的角色认同使受众对新闻的接受处于一种自然状态,具有情感互动的愉悦。例如,2008年奥运会期间中央电视台的体育赛事报道中,主持人边看边说、边走边播,采用目击式的解说报道,生动细腻地播报有关故事,具有极强的现场感。又如,《焦点访谈》的主持人用点评事实的方式,将观众的感受表达出来,可谓言其心声。

主持人的叙述性语言注重捕捉和描述新闻事件的过程和细节,注重人物新闻事件的矛盾冲突和悬念,注重开掘人物的内心世界,展现人物的性格特征,真诚地关注人物的命运和结局,传播态度由庄重严肃变得轻松亲切,传播话语也由书面宣讲的形式渐变为口语化的叙述。主持人的评论性语言,也十分注重考虑大众的接受心理,尊重大众的审美趣味,从简单空泛的价值判断,转变成有理有据的事实判断。

新闻节目叙事方式的改变最为明显,从最初的播报朗读语体,变为新闻评论报道中的阐说语体;从转述式报道转为叙述式交流;从第三人称转述新闻到第一人称陈述、阐释、描述新闻。例如,从鲁豫说新闻到白岩松的新闻评论可以看出,叙述方式逐渐转向更多的现场解说、现场报道,主持人的即兴发挥越来越多,阐述的口头语体也越来越多,针对某个具体问题,鲜明、完整地发表主持人自己的见解和主张,阐明事理或抒发情感,增添新闻叙述的贴近性和亲切感,提升了新闻节目的报道效率和传播效果。中央电视台《实话实说》节目制片人孙玉胜认为:"纪实和谈话是当代电视的两个最重要的元素,新节目的创造和现有节目的质量提升都离不开这两大基本元素的开发和组合。"①这一观点表明,只有纪实和谈话才能使主持语言更接近现实,更接近观众的心理和电视的传播本质。主持人叙事语言亲切平易、注重交流感和口语化,具体而言就是句式短,口语词汇多,常有活用的非常规修辞手段,常用设问句、反问句,主持人的个性化描述和评论增多,语调更自然。例如中央电视台的《中国周刊》《世界周刊》《第一时间》《新闻30分》《今天》等节目的主持人,就以平和稳健、清新洒脱、亲

---

① 毕一鸣.播音与主持艺术论纲[M].北京:中国广播电视出版社,2011:7.

切自然、交流感强的讲述语态取胜。

叙事方式由原先的空洞、贫乏、套话连篇的宏大叙事,转为具体、理性、言之有物的微型叙事,是主持风格更契合观众需求、走进观众心里的表现,也是主持人提升社会责任感的一种表现。

▶▶▶ 第四节 传播身份:从附属到主导

节目主持人与播音员和记者的本质区别在于,主持人需要能动地操控和把握节目的进行,参与节目的全过程,采用对象感明确的语言表达方式,将节目呈现在观众面前。主持人不同于播音员的照本宣科,不同于记者仅对新闻事件的报道和采访,而是除了把握新闻事实之外,还要在节目过程中进行串联、评论。因此,能否对节目起主导作用,能否较好地驾驭节目,体现出节目主持人的核心价值、工作能力和风格魅力。不同社会历史期、不同电视节目类型、不同个性特征的主持人,所能够驾驭的节目各有不同。在电视节目主持人产生的初期,节目类型和样态较少,主持人的话语权力较小,一般是转换了语态、姿态去说别人写好的话,节目可控空间有限,主持人往往处于被动状态和从属地位。20世纪90年代后,特别是大量综艺节目、人物访谈、专题节目出现后以后,栏目本身的内容和形式日趋丰富多元,决定了主持人必须以独立的、不可替代的主动表达去呈现节目的内涵,去控制节目现场,展示节目的特色,有序地推进节目。这个时期的主持人变被动操控为主动掌握,传播身份日益从"附属"走向"主导",从说别人的话到说自己的话,从转述别人的思想到自己进行信息筛选、独立思考和判断,并做出点评和总结,凸显自己的风格。主持人作为节目内容的动态传播者和最终呈现者,其驾驭节目能力的高低,不单纯是主持技巧、主持经验的问题,还与主持人的主体价值判断力在节目传播中的展示与体现有关,受制于其价值观、审美观,也受控于他对一个节目的把控能力,与主持人的综合素质、组织能力、专业知识有很大关系。

1993年我国推出第一个以主持人命名的新闻评论栏目《一丹话题》,主持人敬一丹在节目中不仅出镜主持串联节目,还从前期选题到后期编辑、述评都深度参与节目,通过独立思考,她的新闻评论见解独到、观点鲜明,节目全方位地体现出她个人的意图和思想,她也因此成为节目的核心人物备受关注,这与之前的众多主持人在节目的参与程度上大不相同,主持人的主导性更强,其独特的主持风格得到全面展示。这一时期,随着节目的改版,一批具有节目主导能力的主持人,如白岩松、水均益、方宏进、王志等也脱颖而出,通过选择自己最擅长、感触最深的话题,深入采访调查,独立撰稿,自己出镜表述、评论,在节目中发挥着主导作用,各自的主持风格也跃然而出,逐渐树立了客观、公正、严谨、理性的群体主持风格。其中,白岩松的敏锐、独特、辛辣、思辨的评论风格在观众心中留下深刻的烙印。

从主持人节目所延伸出来的"主持人中心制""主持人负责制"等管理制度,让主持人的主导性增强。"主持人中心制"下的主持人,过问或参与节目制作和播出的全过程。他对节目有深度的涉入,不仅对节目的演播负责,而且对节目的内容负责;不仅对个人的形象负责,而且对节目的形象负责。实行这种体制,对于提高节目质量,扩大主持人品牌影响力和增强传播效果无疑具有重要的作用,同时对主持人本人在政治和业务条件方面,也提出了更高的要求。所谓"主持人负责制",即"责、权、利"紧密结合,高度统一。作为主持人,他要对节目的制作和播出负责;同时作为负责人,他又要对节目"制作群体"实行管理,包括人员的组建、调度、培训以及利益分配等,实际上是把行政负责人和业务负责人合二为一,使职责、权力和利益结合到一起。"主持人中心制"或"主持人负责制"能否实行,不仅有赖于广播电视体制的改革,而且要求有较高水平的主持人来适应。

可见,主持风格的呈现与主持人驾驭节目的状态密不可分,主持人在节目中的主导地位,有利于个性风格的呈现。主持人在节目中的地位从"附属"到"主导"的变迁是主持风格成熟的标志,也是电视事业的发展对媒体人提出的要求。在不同的媒体发展阶段,主持人的附属地位可能是依赖传播环境而进行的无可奈何的选择,而主导地位的确立却是媒介发展之后依据媒体的定位、传播条件、政策许可所给予的主动选择,也是提升传播效果、真正体现主持风格的必然趋势。

第三章 播音主持风格的演进表征及规律

第五节 播音主持风格的演进历程、特点及其趋势研究

——以广东地区广播电视播音员主持人的风格为例

随着广播电视节目的快速发展,节目主持人已经成为传媒的一个组成部分。主持人成为电视连接观众最直接、最能沟通情感的中介,主持人的意志有时代表着传媒的意志,主持人成了物化的传媒,媒介是主持人的话语环境,节目是主持人传播的基本单位。节目主持人的发展是一个动态的过程,它随着社会经济发展、媒介生态变迁、受众需求变化、技术手段更新而同步发展。

广东是中国改革开放的前沿阵地,回顾广东电视节目主持40余年的发展历程,我们可以看到广东电视节目主持人无论从传播理念、业务操作,还是节目质量、主持风格,都在逐步走向成熟。我们也可以大胆预测,随着人们审美品位、视听需求的变化,广东电视节目主持人将日趋专业化和个性化,逐渐记者化和学者化,慢慢平民化和理性化,并且逐步建立"主持人中心制"或"主持人负责制"。

一、广东广播电视节目播音员主持人的发展历程

自从广东电视节目主持人于1959年诞生至今,其发展历程大致可以分为初创期、发展期和成熟期三个阶段。

(一)初创期:播音员主持人以"播音"和"串联"为主要功能

广东电视台(前身广州电视台)成立于1959年,是广东省第一家电视台,也是我国建台最早、发展最快、最具有影响力的省级媒体之一。20世纪50年代末,广东电视刚刚起步,那时电视主持人还不能称为真正的主持人,只能叫播音员。1959年9月30日晚,广东省历史上首任男女电视播音员陈昌猷、何玉芬,在电视节目串接及结束语中,首次现身电视屏幕,作为广东电视业重要元素的电视播音员随之诞生。1959年10月17日,广东电视台播

出的访谈性质的时政栏目《电视台的客人》,由栏目编辑参与组织并现身屏幕,以直播的方式对客人进行现场采访、介绍,当时现身屏幕的栏目编辑记者曾梅君,成为广东首位广泛意义上的电视主持人。不过,当时的电视播音员除了口播新闻,给新闻片、专题片及舞台演出的舞剧配音以外,还要负责节目的串联介绍,甚至参与节目的演出(如诗朗诵、讲故事),以及参与文艺节目的组织兼场内工作,可以说是一专多能。

20世纪50年代末到60年代初为广东电视节目主持的初创期,这个时期以陈昌猷、何玉芬为代表的一批最早出镜者,为广东省电视主持人的探索做出了开拓性的贡献。这一时期的节目以新闻、知识性和服务性节目为主,节目类别较为单一,传播理念和传播模式仍然以传者为中心,其节目主持人受到节目本身的制约,以其需求为出发点,播音主持略显严肃和呆板,主持人注重播音的字正腔圆和外观形象,尚未形成自己的个性和风格。尽管节目主持人的出现有效增强了节目的传播吸引力和听众的信任感,但是节目主持人类型非常单一。

(二)发展期:播音员主持人类型多样化、功能专职化、形式个性化

20世纪60年代初到90年代初为广东电视节目主持的发展期。从20世纪60年代中期到70年代中期,由于受"文化大革命"的影响,广东电视节目主持人停止了探索的脚步。"文化大革命"结束后,改革开放的大潮在南粤大地风起云涌。迎着改革开放的东风,广东电视事业蓬勃发展,多家市级电视台陆续成立,1983年韶关电视台开播、1984年深圳电视台开播、1987年潮州电视台开播、1988年广州电视台开播、1990年梅州电视台开播……与此同时,各类电视节目纷纷开办。有关资料表明,发展期广东电视台开办栏目40多个,比如,1981年开播的《万紫千红》是我国内地最早的综艺娱乐节目,具有开创历史先河的重大意义。尽管该栏目当时尚未成型,但因其新鲜活泼、亲切大方而独具特色,受到业界和社会的广泛关注,以致全国各地电视台竞相效仿,纷纷开办综艺节目。随着电视节目的丰富和栏目的增多,广东电视台开始有了专职主持人,一颗颗璀璨的主持明星在南国大地闪亮登场,比如文艺节目中风趣幽默的谭国治、稳健活泼的王怡斐;专题节目中靓丽大方的侯玉婷、爽朗可亲的汤聪、甜美清纯的陈雅芳,还有樊玉婵、谭颖、窦建

第三章　播音主持风格的演进表征及规律

忠;以及体育节目中的王泰兴、李伟健等。

在发展期,随着电视节目类型的增多,播音员主持人类型日益多样化,功能开始专职化,形式逐步个性化。在节目主持中,异常活跃的主持人以普通粤家人的姿态平等地走向观众,以亲和、甜润、活泼的风格慢慢亮相岭南,赢得了广大观众的喜爱,得到了业界的高度认可。例如《万紫千红》栏目的主持人谭国治和钟新宁,1992年分别获"全国广播电视主持人开拓奖"金奖与银奖。从此,广东电视节目主持人形成了独特的"岭南风格"。被称为"播音泰斗"的广东电视台主持人王泰兴,以其粤派国语主持人的特色,与北方名嘴宋世雄并称为"北宋南王"。最为人所称道的是,身为北方人,王泰兴的语言毫无北方土语的痕迹,在解说时他娓娓道来、声音柔和,这种温和有力的风格与南方都市的形象十分贴切。

(三)成熟期:播音员主持人追求品牌化、明星化、专家化,主持人节目走俏,主持人队伍壮大

经过多年的发展,广东电视节目及其主持人自20世纪90年代以来逐渐走向成熟。成立于1984年的深圳电视台经过20多年发展,逐步实现从传统媒体向现代传媒集团的转变,并开播了《深视新闻》《第一现场》《直播港澳台》等著名栏目。深圳广播电影电视集团现有电视节目主持人80多人,其中副高以上职称的占10%,一级播音员占20%。20多年来,深圳广播电影电视集团先后有近10人获得全国和全省金话筒奖,有近20件作品和论文获全国和全省广播电视播音主持奖。尤其是《第一现场》,自从2002年12月开播以来,它凭借独特的新闻视角与贴近的报道方式,逐渐融入深圳人的生活,成为深圳本土最权威、最全面、最及时的新闻强档和第一品牌栏目,其栏目主持人董超被评为深圳市劳动模范,被国家广播电视总局和共青团中央联合评选为2006年度全国广播电视系统青年岗位能手,并荣获中国电视金鹰奖优秀节目主持人提名奖等奖项。广州电视台《新闻日日睇》栏目主持人陈扬,深受老百姓喜爱。陈扬的"读报"以言论见长,他用本土的语言、立足本土解读评说当天报纸网站的新闻,关注社会热点话题,特别是本土题材的热点话题和社会新闻,强调平民的视角和主持人自己的观点,其栏目收视一路上扬。此外,南方电视台综艺频道总监汤聪,从主持全省新闻联播到主持

· 109 ·

形式各异的综艺节目,游刃有余。汤聪策划主持的电视栏目《开心吧》,不但突破了以往的主持风格,更让羊城观众耳目一新。汤聪先后荣获第二届全国广播电视百优双十佳"金话筒奖"金奖和全国"百佳电视艺术工作者"称号等奖项。

在成熟期,广东电视节目主持人队伍不断壮大。除董超、陈扬和汤聪以外,广东电视节目主持领域还涌现了一大批优秀的节目主持人,例如宋嘉其、毛琳、叶伟峰、李静雯、王鹏、丁豫峰、吴瑕、董舒华、吴嘉骅、何芸、肖萧、雷君君、陈星、俎江涛等。另外,广东各地级市电视台的主持人也各具特色,出现了很多以主持人命名的节目,如佛山台的《小强热线》,东莞台的《方亮说事》等。主持人明显呈现专家化、明星化发展趋势,主持人节目越来越多。

在成熟期,广东电视节目及其主持人不断改革创新。2009年,广东卫视借台庆50周年契机,从9月28日开始进行一轮全新改版,推出了几档新节目,比如戴军、吴大维等主持的娱乐综艺节目《乐拍乐高》,从南方台《马后炮》移植过来的《今日开讲》,以及新闻栏目《广东早晨》和《直播港澳台》等。《乐拍乐高》是目前国内唯一一档以拍卖原创歌曲为内容的节目,邀请戴军、吴大维两位知名主持人,携手广东卫视当家花旦罗洁、雪琨组成主持人团队。而参与嘉宾则包括江小鱼、老狼、丁薇、李杰、高明骏、王子鸣、罗中旭等。目前,节目现场是采用蒙面歌手演唱的形式,在节目火了之后,很可能邀请明星担任蒙面歌手。《今日开讲》原名《马主播》,移植于南方台的品牌栏目《马后炮》,由马志海主持。《马后炮》作为一档时事评论节目,形式类似凤凰卫视的《有报天天读》,主持人选取的话题大都是从报纸或网站得来,是大众关注的热点话题。主持人以倒数形式评说 TOP5 到 TOP1 的话题,针砭时弊,言简意赅,幽默之中带有警醒。

二、广东地区播音员主持人的发展趋势

随着人们审美品位和视听需求的变化,在商业因素、市场因素的全面介入之下,主持人节目成为所谓"注意力经济"品牌营销的重要组成部分,节目主持人在争夺眼球的大战中显得举足轻重,节目主持人的风格出现了转型的趋势,蹦蹦跳跳的节目主持人、"吃青春饭"的节目主持人可能最终让人产

第三章 播音主持风格的演进表征及规律

生审美疲劳,而给人以丰富的信息,体现深刻人文精神的节目主持人将会有比较持久的生命力。因此,未来的广东电视节目主持人必定在很多方面发生变革,其发展趋势大体如下。

(一)播音员主持人日趋专业化和个性化

随着媒介市场的不断细化,频道资源重新调整定位,广东的电视频道设置正在进行从宏观、粗放的"一锅烩"向专业化频道转变,每个专业频道中都有若干个专业栏目。频道的专业化使电视观众更加具体化、特定化。这些特定的受众,其本身就爱好或是熟悉节目涉及的专业内容,因而对节目主持人的要求更高。个性化是指新闻节目主持人的个性要与他所主持的节目风格一致,其中包括令人愉悦的气质、声音,坦诚与观众交流的眼光,富有激情的精神状态,信任度和权威感等,这也是由节目的属性所决定的。只有这样,电视节目主持人才能让观众产生信任感,被观众认可和喜欢。

把握节目节奏最常用的手法是控制语言的速度,例如凤凰卫视董嘉耀主持的《军情观察室》就是通过提高语速形成紧张、快速的节奏,从而营造了"军情"紧急的气氛,又进而形成了董嘉耀个人"山雨欲来,一泻千里"的主持风格,并因此赢得了良好的收视率。与《军情观察室》有所不同,深圳卫视《直播港澳台》节奏并非依赖语速,更多是依赖场景转换、嘉宾转换,尤其是观点的快速转换形成的。可见,《直播港澳台》的节奏是凭借信息流速控制的。由于单位时间内的信息量饱满,节目的节奏就比常态的新闻节目要快。快节奏的背后是语言流畅,而语言流畅的基础则是认知的清晰、自信以及表达欲望的强烈和表达逻辑的严密。《直播港澳台》目前与港澳台地区的数十位特约时事评论员保持常态化联系,在东南亚地区,有新加坡《联合早报》的资深媒体人等多位特约时事评论员参与时评。这就使得节目能够从嘉宾所处的多个地点采集观点,又因为各个信息点对新闻题材有不同的观测角度和不同的分析视角,便出现了从多点输出多元信息的景象,从而形成"多点+多元"的信息流瀑。在单点状态下,信息流是不可能形成的,在多点情况下,信息流也未必一定形成。形成信息流还需要另外一个条件,即信息位差。《直播港澳台》中的一些"观点"是从不同空间采集的,节目中因而经常出现对同一个分析对象的不同判断,而且有些判断的差异很大。判断的"差异"

就是"信息位差",判断差异越大,"信息位差"也就越大,信息的流动也就越顺畅。"多点"为信息流设置了场域,"多元"为信息流动准备了"落差",而"落差"为多点信息的流动带来动力。加上节目中大量运用的动画、虚拟仿真技术又增加了信息流量,强化了"信息位差",从而进一步支持了信息流的形成。此外,广东卫视《财经郎眼》《社会纵横》也采用多角度、多场景采集观点,呈现信息流,推动节目内容进展,调动观众的收看热情。这类节目近期的实践也表明,当代观众认同信息流速控制节目进程,这对电视媒体通过增加信息量和信息位差来改善传播效果,具有重要的启示意义。

(二)播音员主持人逐渐记者化和学者化

由于新闻事件千奇百怪,新闻现场千姿百态,各种信息千头万绪,电视新闻节目主持人要统帅现场报道,把握新闻内容,如果没有敏捷的思维、渊博的学识、过人的语言表达能力是难以胜任的。因此,我国新闻类节目主持人的发展趋势包括记者化和学者化。记者化是指新闻节目主持人不仅是主持人,还应该是出色的记者,这是由新闻的特性决定的。因为主持新闻节目,没有新闻敏感,没有丰富的报道经验,面对纷繁复杂的社会现象和社会生活就难以把握报道时机,难以在重大新闻事件中做出出色的现场报道和镇定自如的主持。相反,如果主持人拥有高度的新闻敏感,善于发现和捕捉新闻,就能对新闻事件做出深刻报道,提出自己独到的见解。对于受众来说,这样的节目就具有极高的可信度,其主持人当然也会受到观众的喜爱。学者化是指主持人要有深刻的思维能力,对报道的事实有独到见解,能从新闻报道中开掘那些尚未开掘的思路,解决那些尚未解决的问题,道出新闻的价值、意义,揭示客观事物的本质、与其他事物的相互关系及其事物发展的客观规律等,从而使新闻节目做得有深度、有品位,能引导受众进行理性思维,启迪大众的思考和探索。

(三)播音员主持人慢慢平民化和理性化

在主持人节目中,访谈类节目是最具人情味、最具可信度、最能吸引人的节目,同时对主持人的要求也最高。主持人不但要有广博的知识、敏锐的观察和反应能力,流利幽默的语言表达能力,还要有迅速、准确地做出判断的能力。谈话类节目主持人的发展趋势应该是平民化、理性化。平民化是指主持人要有平等的主持理念，从选题到表达方式都要有平民意识，从而让观众感觉到主持人是他可亲近的自己人，是与自己地位平等的朋友。这样，观众就愿意接受他所提供的信息和观点，对他就能产生较大的影响力。平民化主持人最重要的特征就是平易近人、有亲和力，让老百姓觉得他们就是自己的邻居、朋友。他们的衣着贴近百姓，但稍稍比百姓穿得漂亮。一些谈话的内容离百姓生活较近，语言通俗易懂，从不说老百姓不关心的事，偶尔可讲讲百姓不知道但一听就感兴趣的话题，以扩充百姓的知识面或让大家觉得新鲜。他们的公众形象一定是要符合大多数人的标准，与普通电视观众零距离。理性化是指主持人要善于理性思考，这是相对于平民化而言的。一个谈话类节目的成功，不仅仅表现在主持人的语言特色、主持技巧和交流艺术上，更重要的是表现在其选题的敏锐性、访谈策略的灵活性和说理的思辨性等方面。缺乏理性思考，主持人把握话题就会开掘不深，流于肤浅，缺乏新意。

第六节　主流媒体广电直播带货的传播模式和传播效果分析

新冠疫情期间直播电商行业盛行，处于媒体融合发展期的各级主流广电媒体与网络平台合作进行多种形式的直播带货，借助自身公信力、专业制作能力掀起"直播带货"热潮，通过"人""货""场"建立广电特色直播电商模式，并作为一种新型营销方式在短时间内迅速崛起，这种现象颇具研究意义。本节从传播仪式观、互动仪式链等理论角度出发，结合传播实践分析广电直播带货的传播模式和传播效果，并对其中存在的问题提出应对策略。

一、传播仪式观视角下的广电直播带货

"仪式"通常指规范社会行为的秩序形式，具有群体聚集、定期举行、共同行动等特征。法国社会学家涂尔干（Durkheim，1956）提出"宗教仪式"，他

认为仪式参与设立了道德责任界限,且具有整合作用。随后,美国社会学家欧文·戈夫曼(Erving Goffman,1959)提出"互动仪式"的概念,从微观互动角度研究了日常生活中的互动和仪式问题。詹姆斯·凯瑞(James Carey,1989)在《作为文化的传播》一书中阐述了传播的"传递观"和"仪式观"两种观念,他认为"仪式观"不是把传播看作"位移",而是"仪式",强调共性(commonness)、共有(communion)、共享(community),是以团体或共同的身份把人们聚集起来的神圣典礼,是社会文化得以维系的根本,它强调建构并维系一个有秩序、有意义、能够用来支配和容纳人类行为的文化世界,更强调"仪式"传播过程中的人文关怀,是对"传递观"的补充。① 丹尼尔·戴扬和伊莱休·卡茨在《媒介事件》一书中指出,电视直播从叙事内容来看具有"3C"特征,即竞争(contest)、征服(conquest)、加冕(coronation),它突破了时间和地域的限制,扩大了事件的传播力和影响力,具有真实性、及时性、参与性、共同性等特点,并具有改变社会及大众文化的潜能。② 柯林斯(r. Collins,2004)总结相关理论,提出互动仪式链(interaction ritual chains)理论,即有共同关注点的小范围人群在群体聚集际遇(encounter)中不断接触延伸,通过虚拟在场形式产生即时即地的具有意义性的互动行为,建构具有因果关系和反馈循环的互动仪式模型,使社会群体结构逐渐扩大。③

从仪式观来看,广电直播带货是对传统购物方式的突破,也是媒体从内容和形式向受众靠拢,以用户为中心,让受众感受到平等参与和群体消费的归属感。

从互动仪式链观点来看,广电直播带货更注重受众的参与和反馈,以及由平台效应带动相关产业链接的过程。用户从参与直播互动延伸到消费行为,主播通过媒体平台与用户实现双向互动,使直播带货同时具备大众传播和人际传播的特性。

从广播电视台经营转型实际来看,直播带货创新了原有植入式广告节目形式,一方面网络平台与广电频道同步进行直播导流,扩大了电视台的收视率和影响力,培育了广播电视用户的互动习惯,另一方面通过商家、供应

---

① 凯瑞.作为文化的传播——"媒介与社会"论文集[M].丁末,译.北京:华夏出版社,2005:7.
② 戴扬,卡茨.媒介事件[M].麻争旗,译.北京:北京广播学院出版社,2000:38-47.
③ 柯林斯.互动仪式链[M].林聚任,王鹏,宋丽君,译.北京:商务印书馆,2017:1-4.

链和网络平台的合作,实现了与商业和资本的资源互补,丰富了原有经营创收渠道,增加了经营创收。

从广播电视台长远发展来看,广电直播带货不同于传统广告,作为党的新闻舆论宣传重要阵地,如果过度依赖网络平台获取流量和关注度,依靠捆绑商业资本获取经营收入,为了短期促进经济发展目的和扭转广电经营颓势过量投入核心资源,一旦因商业产品或合作环节发生了质量和信用问题,将极大损伤媒体自身的公信力和权威性,有损广播电视事业的发展根基。

二、广电直播带货的传播模式

从媒体传播实践来看,广电直播带货一般有以下几种模式。

(一)"主播+领导":弘扬社会责任,助力公益传播

2020年3月底,人民日报社、新华社、中央广播电视总台三大主流媒体纷纷开通以"助力湖北经济复苏,彰显媒体社会责任"为主题的直播带货。6月6日,由央视主播康辉、朱广权、撒贝宁、尼格买提组成的"央视Boys"与北京电视台主持人春妮共同推荐北京、湖北的特色商品与科技产品,时任北京市委书记的蔡奇和北京市副市长杨晋柏参与直播并带头下单,直播3小时带货近14亿元。以中央媒体为代表的"主播+领导"直播带货模式,以公信力为纽带,以社会责任感为己任,与网民产生了良好的互动,成为一段时间各地各级政府纷纷效仿的扶贫助困、推动经济发展的有效手段。

(二)"主播+网红":融合新兴行业,契合消费潮流

2020年4月,央视推出"小朱配琦"组合(央视主播朱广权与网红主播李佳琦)和"谁都无法阻拦(王祖蓝)我下单(欧阳夏丹)"组合等,都在营造极具亲和力的新闻主播形象,让主播的公信力和网红的流量影响力变现为消费力,象征着传统媒体与新兴行业的交融碰撞,极大地提升了直播带货的社会认可度。"主播+网红"直播带货是一种全新的电视内容形式创新,也是生产流程及营销模式的创新,传统媒体从单纯的内容制作和传播机构,转变为打通内容产业链上下游、变现流量和商业资源的价值主体,实现了媒体深度

融合,重构了新时代受众关注的内容产业,契合了当前特别是疫情期间的消费潮流。

(三)"节目+电商":重构节目生产,开发商业价值

2020年5月,山东卫视在黄金时段开设《家乡好物》专栏,聚焦全国各县市优质工农业产品,呈现地方农特产品线上销售的新样态,成为全国首个省级融媒体电商直播电视节目,助力山东和全国经济社会发展,体现出主流媒体的责任与担当。6月份,节目升级推出"'6·6'好物节"特别节目,联合"聚划算"打造超级官方直播活动,当天12:00—23:00,山东广电15位主持人在淘宝"山东卫视官方店"进行七大会场连线直播,20:00—21:00连线"聚划算官方直播间",山东省商务厅电子商务处处长许冰波也在直播间推荐山东好物,以实用性和服务性助力脱贫攻坚。在电视节目中专门开辟专栏,一是丰富原有电视节目的创意来源,增加了节目的商业元素,提升了疫情期间节目内容的贴近性;二是结合媒体对当地的宣传效应,增加了频道资源的利用效率;三是广电媒体的制作能力也同步提升了网络直播带货的水平和质量,实现了合作共赢。

(四)"晚会+电商":整合产业资源,实现了集约效应

大型晚会或主题活动相对固定的电视节目影响力更大、传播面更广,有利于集中各方资源提高产品品牌知名度,通过整合资源、拉动消费,有效提振经济。2020年5月,杭州市推出了"千名主播带货直播,千名演员文旅直播"的主题活动,"双千"直播间里,不仅有来自报社、电视台的主播、演员,还有杭州各区县的局长、镇长,通过主题策划"老字号新国潮""代表委员企业专场""新商贸云家政""局长带货直播""明珠严选""区县(市)专场"等专场直播活动,销售额达1000多万元,活动曝光累计突破1亿人次,充分发挥了媒体平台优势和线上线下合力,共同拉动乡村、企业、文旅消费,助力疫情期间复工复产复市。5月16日,安徽卫视遴选省内本土企业10款爱心产品举办"与爱同行,感恩再出发"公益直播晚会,32万件商品被秒光。随后,安徽卫视又在杭州录制专场晚会,在安徽卫视和网络平台同步直播。相较于其他网络平台直播,广电直播公信力和影响力更强,制作水平更加精深,直

播技术更加成熟,嘉宾更加多元化,直播人气更足,充分体现出广电机构作为媒体平台的吸引力,带货效果成绩喜人。

(五)"综艺+电商":变现流量价值,探索深度融合

广电媒体最具标签性的、与众不同的节目便是文娱节目,它与直播带货的深度融合成为电视内容流量获取和商业资本变现的全新尝试。毋庸置疑,电视媒体拥有大量头部内容IP,将IP的商业衍生与直播带货相结合,成为获取更大商业价值和品牌价值的新路径。2020年6月19日,芒果TV《乘风破浪的姐姐》栏目宣布以"姐姐"为原点进行IP链条延伸,在节目播出期间推出总计12期抖音独家直播带货系列;浙江卫视《奔跑吧》与国美电器集团联袂打造"向美好奔跑"超级直播,以"家庭式欢乐聚会"的形式呈现了一个兼具体验感与娱乐感的购物场景。除此之外,《王牌对王牌》《极限挑战》和《向往的生活》等综艺节目都将直播带货融入内容策划中。在第六季《极限挑战》第四期中,雷佳音、岳云鹏、王迅、贾乃亮、宋小宝与电商主播一起以唱跳、相声、说唱等形式开展助农扶贫直播,让观众观看节目与下单购物两不误,创造了该节目开赛以来的收视高峰。

三、广电直播带货的传播效果

广电直播带货的传播效果取决于传播者(主播和嘉宾)、传播环境(广电媒体和网络平台)、传播内容(商品质量)、传播方式(直播场景和消费形式)。直播带货为广电媒体带来了收视率、流量和人气,广电媒体也通过直播带货主动拥抱新平台、新技术、新媒体,与电商平台强强联手,扩大了各个参与方的影响力,同时也以更高的文化内涵和更强的直播技术丰富创新了现有电商直播的传播模式和传播效果,让广电媒体的公益属性更加明确,主流媒体平台价值更加彰显,推进了媒体生产的供给侧改革。

(一)媒体公信力背书,公益特点明显

广电媒体经过数十年的发展,拥有新媒体无法比拟的公信力和内容生产力,在传播生态格局变革的新媒体环境下,一方面广电媒体需要不断探索

新形式、新方法来进行正面宣传、舆论引导,借助新媒体的影响,营造和谐向上、风清气正的社会舆论环境;另一方面广电媒体也固本强基创新内容形式,稳固受众覆盖面和影响力,体现媒体的社会责任感。同为扶贫带货,广电主播以主流媒体的公信力做背书,同时拥有十余年的"电视购物"经验,在直播中更显示出专业性的直播话语策略和传播技巧,加之政府官员的参与,提升了直播的权威性、公益性和参与性。广电主播代表传统主流媒体带货,其主要意图是响应国家推动复工复产的号召,利用主流媒体的影响力营造自强自救共渡难关的舆论氛围。扶贫直播带货的关键词是"助"——助农、助困、助贫,帮助贫困地区群众尽快为产品找到销路,将公益传播与实际消费有机结合,让受助者尽快通过流量变现获得现金流,实现"消费扶贫",进而实现良性运转。目前,传统媒体与电商平台联袂合作带货,多数呈现公益性,传统媒体和广电主播从中获取的经济效益非常有限,反而是电商平台借助主流媒体的公信力和影响力实现人气和销量暴增。

(二)品牌价值扩大,购物体验提升

受新冠疫情影响,线下店铺经营受阻,线上直播成为商贸流通企业补充线下店铺经营的重要工具,大小品牌各类直播形成了多样化的网络直播生态,已经发展成为新时代的新产业,呈现出极强的爆发性。传统网络购物一般是消费者通过对关键词的搜索和对大量照片挑选甄别而产生的购买行为。对比传统网络购物,网络直播对于商品的展示和使用更具直观性,便于用户了解商品信息,提高了场景的真实性和应用性,凸显了以用户为中心的服务性,让观众拥有更加真实丰富的产品体验感。广电主流媒体内容生产能力强,在直播活动中不仅卖货,还融入对商品信息、企业文化、地域风情的介绍,彰显人文特性,满足受众多元需求,赋予商品更多品牌价值,广电主播专业性强,直播经验丰富,能提升直播品质和效果。

(三)情感交流增强,消费行为激发

在广电直播带货过程中,不可或缺的三个组成要素可以概括为"人""货""场"。"人"既包含"人设",也包含"人气"。在以人带货的电商化直播当中,主播、网红、政府领导等作为媒体平台的新型意见领袖,一般具有鲜明

"人设",对用户能够产生一定的劝服效果。"人气"则是以人为本,充分挖掘不同用户社群在工作、生活、文化等方面的个性化信息和不同场景的消费需求,创造有效连接,共建话题,协同价值观,激发消费行为。"货"即包括品牌和供应链,选择价格更优惠、品相更好看、品质更好的货品,也是一场直播带货决胜的关键。"场"即直播平台和场景,联合抖音、快手等直播平台,设置直播间和直播实景。主流媒体的主持人,专业领域内的专家学者,以及地方行政官员,在直播中以更接地气的形象出现在各类直播节目中,并凭借其自身的人格魅力,增强了产品信息的可靠性,与受众形成了情感共鸣,倡导了新生活理念,与网络平台形成优势互补,吸引了更多用户关注参与,激发了消费者的购买行为。

(四)商业要素融合,流量资源变现

2014年习近平总书记主持召开中央全面深化改革领导小组第四次会议,提出"融合发展关键在融为一体、合而为一""尽快从相'加'阶段迈向相'融'阶段"。媒体融合首先是媒体内部的融合,实现报纸、电视、广播、网站、移动客户端等的融合;其次是各层级之间媒体的融合,着力打造先进的新型主流媒体和传媒集团,形成立体多样、融合发展的现代传播体系;最后是主流媒体和其他行业的融合,打通不同媒介与行业之间的界限壁垒,使各种要素深度融合。广电直播带货多是采用媒体矩阵方式来传播,除广播、电视媒体外,还有其融媒中心所属网络平台、App,以及淘宝、抖音、快手等直播平台同步传播,通过广电媒体和各种平台流量的叠加融合,以及内容消费升级和商业模式创新,许多地方的知名品牌通过广电直播走向全国。如果说过去的广告经营仅靠"卖节目",而今的广电直播带货不仅依赖节目内容质量还靠用户的消费量、点击量以及线上成交量,成交结果是最直接和最客观的评估依据,第一时间反映传播效果和广告投放效益。在传统广电媒体经营收入断崖式下滑的态势下,广电直播带货让内容生产实现垂直化领域扩张与圈层化消费的精准链接,按需求定位内容、内容驱动流量、流量赋能产业的路径,创新了原有"二次售卖"的传统节目经营模式,推演并实现内容变现方式,在当下媒体深度融合的进程中具有深远意义。

四、广电直播带货的优化策略

(一) 以用户为中心,积极转变思维观念

移动互联网时代,广电媒体的商业逻辑在转变,从过去广电媒体将区域里的频道覆盖率、收视率、观众数量卖给广告客户去变现,转变为在移动传播中依附于每个个体用户及流量规模去变现。直播中用户之间的互动能够形成虚拟社群,互动越频繁,建立的共同群体规模越大,其社交场景和模式越丰富。拥有明确分类喜好和活跃度的用户社群,未来是内容付费领域和精准营销的目标人群。广电媒体要积极转变观念,以用户为中心,树立用户思维,提高服务意识,强化互动意识,以多样化的主题设置和内容创新丰富网络直播与观众的互动体验,将小规模的社群不断进行聚合裂变,逐步维护和塑造成为地域性强、稳定性强、基数大的超级社群 IP,实现媒体的价值融合。

(二) 以长效发展为规划,规范媒体平台监管

广电直播带货作为自带商品属性的直播模式,在注重经济效益的同时,要注重社会效益,在关注短期发展的同时,更要做好长效发展规划。首先,应加强自身内部监管,从内容和形式上注重舆论导向,严格把关主播和嘉宾言行,升级平台功能,畅通信息反馈渠道,完善反馈机制,规范与用户的互动场景和形式;其次,要加强对合作品牌商的质量监管,定期邀请权威机构抽检所推广的产品;最后,引导用户强化自身的维权意识,督促直播平台与商家妥善处理各类投诉和问题,发挥媒体监督功能。

(三) 以技术升级为抓手,完善上下游产业链管理

目前不少广电媒体在进行 5G 技术升级,新技术能有效提升直播质量和效率,提高互动便利性,提升消费者的体验感,增强商品购买的便捷性,同时也会拓宽与直播带货相关的电子商务营销模式的关联性,加快与上下游供应链及直播平台的信息连接与管理效率,完善电商物流和支付管理,推动

"直播带货"模式健康绿色发展。

(四)以媒体属性为根本,平衡处理各种关系

相比电商平台的直播带货,广电媒体的直播带货门槛更高、专业性更强。广电参与直播带货的行业众多,从零售业、餐饮业到旅游业、服务业,当全社会都在直播带货,广电行业反而需要做一些冷思考:到底该不该做、能不能做、怎么做才对?直播带货可以做,但切忌一味用知名度、权威性换流量与销量而不顾质量,重走电视购物口碑不好的老路。从经营角度来看,直播带货现阶段不大可能成为目前广电创收的主要方式,只是广告经营模式的一种有益补充。广电直播带货做得好,可以为广电带来不错的经济收益,与此同时,其直播带货的社会价值远远大于经济价值,对于广电媒体融入社会经济发展、适应新型传播模式、实现全渠道发展、打造整体品牌意义深远。发展直播带货要处理好以下几个关系:一是处理好公益性与商业性的关系;二是处理好平台优势和个体优势的关系;三是处理好传统广告和直播带货的关系。

广电直播带货是对传统购物模式的一种革新,将电视节目融合电商直播逐渐成为媒体发展的风向标。电视媒体作为主流宣传渠道,一方面要将公信力和社会效益摆在首位,要避免过度商业化和低俗化倾向,另一方面,也要顺应时代和市场发展要求,兼顾公益宣传与商业营销两种需求。如何保证直播带货的传播效果和内容的高流量转化而不过分透支媒体公信力,是一个难度不小的、决定着媒体未来走向的现实问题,这其间"度"的把握与取舍,对于各方而言将是一个不小的考验。因此,身处百年未有之大变局的广电媒体,不仅要做时代的观察者、记录者,还要与所在城市、所处时代保持同频共振,成为新时代新生产方式和生活方式的发起者、建设者,要以创新性思维和可持续发展理念,充分借助广电直播强大的公信力、影响力和传播力,在实现流量价值的同时,注重规避与监管直播带货中出现的种种问题,彰显主流媒体公益属性,切实维护用户权益,推动经济社会和谐发展。

第四章　节目类型化：决定播音主持风格的基本路向

节目类型决定了播音主持风格的基本路向，播音主持风格不可能脱离节目而独立存在。播音主持风格常常随着节目形式的转变而发生变化。新闻节目逐渐由"播"向"说"过渡，自 1998 年《凤凰早班车》"说新闻"出现后始，民生新闻节目日渐丰富，个性化的点评在新闻中屡见不鲜，新闻节目的真实性、及时性，要求主持风格凸显权威性。谈话节目也由原来"一问一答"的程式化对话，转为交流感更强、更具人文关怀和对象化的"谈话风格"，自 1996 年《实话实说》开播之后，谈话节目专业化、分众化和国际化的发展趋势，要求主持风格凸显思想性。自 1997 年《快乐大本营》开播之后，娱乐节目的主持风格也从原来"串场"的呆板正统，改为自娱自乐的轻松幽默，娱乐节目多样化发展，要求主持风格凸显表演性，以更生动的方式吸引受众。社教类节目从形式简单的说教变为亲切自然的服务，主持风格也从呆板无趣的灌输教育变为活灵活现的寓教于乐。

不同类型的节目造就了不同的播音主持风格，每类节目都有属于节目特性的主导风格。从整体来看，新闻类节目的主导风格应是端庄大方、严谨可信；谈话类节目的主导风格应是热情周到、亲切自然；社教类节目的主导风格应是循循善诱，轻松愉快；综艺娱乐类节目的主导风格应是幽默风趣、动感明快。

播音主持风格是节目风格与播音员主持人风格的深度融合，只有两者相得益彰，才能最大限度发挥出播音主持风格的特性。播音员主持人在播音主持传播实践中也形成了几种大致类别，一是 Anchor，逐渐发展为新闻类节目的记者型主持人，二是 Host，逐渐发展为谈话类节目的主人型主持人，三是 Moderator,主要发展为综艺娱乐类节目的伙伴型主持人,四是 Presenter,主要发展为社教服务类节目的讲述型主持人。

本章主要依据电视节目的类型和在播音主持传播实践中形成的主持人类别,从新闻类、谈话类、综艺娱乐类和社教服务类四类节目着手,深入分析不同类型主持风格的演进和创新。

第一节　新闻类节目播音主持风格的演进

一、从"播新闻"到"说新闻"

新闻节目注重真实性、时效性、权威性,这些节目特性要求主持人能用规范的语言清晰流畅地传达新闻内容、传播新闻信息。中央电视台《新闻联播》从1976年7月1日开播至今,已经40多年了,老一辈播音员齐越、夏青的播音风格突出"字正腔圆、庄重严谨",年轻一代的播音员康辉、李梓萌等在此基础上有一定创新,整体风格具有亲和力,语音语调呈现出一定的情感表达。

1998年初,凤凰卫视《凤凰早班车》主持人陈鲁豫首创"说新闻"的主持风格。她每天早晨5时开始工作,阅读10多份早报,听新闻广播,同时做好笔记,形成节目文案。她以过人的记忆力、信息整合能力和轻松流畅的表达方式"说新闻"。第一天成功直播后,凤凰卫视总裁刘长乐说:"鲁豫说新闻风格将在中国电视史上占有自己的位置。"①

"说新闻"的主持方式为新闻改革注入了新的活力,从中央台到地方台竞相仿效,从非常态新闻(主要是社会新闻、民生新闻、娱乐新闻、体育新闻等)开始延展,并且主流新闻也增加了"说"的成分。说新闻的主持方式主要有三种,一是通过"说"将若干单条新闻有机地连成一个整体,常用悬念设置、叙事铺垫、串词勾连等方式;二是适当增加感情的传递和主持人个性化的评论;三是在"说"的过程中开掘新闻背景,分析新闻事实,揭示新闻主题

---

① 鲁豫.鲁豫·心相约[M].武汉:长江文艺出版社,2003:72-73.

含义。不过由于大多数播音员对"说新闻"难以胜任,水平参差不齐,优秀节目不多,加之新闻节目采用主持方式会延长节目的播出时间,改变标准化采制的模式,有时会令信息的传播大打折扣,因此新闻节目完全从播报方式转变为主持方式,还需要经过实践的摸索和操作。

"说新闻"主持方式的出现,可视为播音员向主持人过渡的变革性转变。"说新闻"体现了主持人对节目的主导性,不是简单播报新闻,而是有观点、有思想、有判断的讲述,以"我"的身份介入节目,其言语行为可以带有个性色彩,凸显出自己的风格,主持人在传递新闻中发挥的作用和对受众的影响越来越大。

二、节目改版催生播音主持风格的多样

我国最早的电视新闻栏目是1958年北京电视台建台之初创办的《电视新闻》。该栏目每周播出3次,每次10分钟。其后又陆续创办了《图片报道》《简明新闻》《国际新闻》等栏目,但内容只是图片、新闻片、纪录片和口播文字的简单组合。直到1978年元旦,中央电视台《新闻联播》开播,真正的电视新闻栏目才得以问世,从节目形态上看,我国新闻节目长期以消息类节目为主,播报风格体现为"字正腔圆,呼吸无声,感而不入,语气不坠,语势稳健,讲究分寸,节奏明快,语流晓畅"。

1987年6月,上海电视台推出杂志型电视新闻专栏——《新闻透视》,主持人为李培红。节目突破了新闻在演播室播报的形式,增加了主持人亲临现场的采访报道;在主持风格上与传统的新闻播音风格不同,主持人少了一些居高临下的启示,多了一些对民众的关切。之后,中央电视台、地方电视台类似的新闻杂志型节目陆续登台,例如浙江电视台的《黄金时间》、中央电视台的《观察与思考》《今日世界》等。

1993年5月1日,中央电视台《东方时空》开播,不仅开创了中国第一个早间新闻节目,也改变了新闻播报的语态,出现了一批记者型主持人,如白岩松、敬一丹、水均益。节目增加了对新闻的评论和解释,显示出一种洞察力和权威性,给观众耳目一新的感觉。随之,《焦点访谈》《新闻调查》这些专题类新闻节目也以同样的理念和主持风格在晚间黄金时段占据收视榜首。

第四章 节目类型化:决定播音主持风格的基本路向

1998年3月5日,北京电视台开播的《元元说话》节目,主持人元元说实话、说真话、说一针见血的话、说老百姓的心里话,树立了她正直、刚毅、百折不回的主持风格。2002年元旦,江苏电视台城市频道《南京零距离》开播,主持人孟非亲和力强,体现出真诚、耿直、成熟、干练的主持风格,其独立撰稿的评论专栏"孟非读报"成为该栏目中收视率最高的子栏目,并迅速在全国掀起了"民生新闻"的浪潮。例如安徽电视台的《第一时间》、湖南都市频道《都市1时间》、南方电视台经济频道的《今日一线》、广东电视台珠江频道的《今日关注》,都成为广受市民关注的新闻节目。因为很多民生新闻用方言播报,地方台的"方言新闻"可算是民生新闻的一个变种,是民生新闻的一种延伸。佛山台的《小强热线》、东莞台的《今日莞事》等,主持人改变以往新闻播报方式,用自己本土方言陈述事件,或用自己的个性口吻进行相关评论,获得了观众的青睐和拥护。受条块分割的电视格局限制,地方频道要以"贴近性"和"本土化"的竞争策略凸显地域特色,民生新闻是省市地方电视新闻节目无法与中央电视台抗衡的情况下寻求的突围之举。现有"方言新闻"的地区,大多经济发达、文化底蕴,身处其间的民众有着极强的优越感和自我认同感,正是这种独特的人文精神,催生了地方方言新闻节目的发展。

从1998年8月凤凰卫视推出《时事开讲》后,凤凰卫视陆续推出一系列有影响力的新闻评论节目,如《时事亮亮点》《镇海听风录》《总编辑时间》等,建立了自己的时事评论员队伍,阮次山、曹景行、杨锦麟、何亮亮、马鼎盛、邱震海、梁文道、刘庆东、吕宁思、朱文辉等一批学界、报界精英在电视上展现了他们的个人魅力。他们的媒体从业经历、个性风格及点评的时事内容不同,但其风格特征的共同点是专注、专业、敏锐,视角独特、点评到位、立场公共、洞察力深,在剖析新闻事实、删选新闻信息、树立舆论影响力和主流价值观方面起到了重要的作用。

不同类型的新闻节目催生了多样化的主持风格,时政新闻类节目催生了记者型主持风格,资讯类新闻节目催生了"说新闻"的主持风格,评论类新闻节目催生了专家学者型主持风格,民生类新闻节目催生了管家型主持风格。

三、播音主持风格凸显权威性

随着社会的发展,人们对信息的需求发生变化,不仅需要获得信息,还需要有人解释信息。新闻节目制作日趋成熟,也表现在对信息的筛选和新闻的编辑体现了新闻价值和观点。这要求新闻节目主要突出真实性、时效性以外,还要树立权威性,赢得受众的信赖感。所谓"权威"是指:"人类社会实践过程中形成的具有威望和支配作用的力量。"[1]新闻节目主持人要对节目具有支配力量,才能凸显主持风格,而这种权威性的树立,需要节目主持人依靠自身丰厚的生活积累、精辟的学识见解、高尚的品德修养和丰富的从业经历才能养成,此外,这种权威性还来自频道的定位风格、节目的主要内容和形式以及在受众的期待中所形成的一种客观环境。

主持风格的权威性直接影响着传播效果。受众的需求和新闻节目的发展,要求主持人不再是传媒或政府的传声筒与播讲器,而是需要在新闻报道中呈现出思想观点和媒体立场。因此,主持人不仅要对过去的新闻事件做出正确的总结和阐述,而且要运用自己的语言来做出判断、评论,这要求主持人具备记者采访的基本功和良好的新闻素养,具备一定的知识积累和思想深度,小到对某个新闻信息进行报道,大到对某个新闻事件和社会现象进行评述,都要表达自己的立场和观点,以引导舆论、树立新闻节目的权威性。新闻节目在内容和形态方面的变化,要求其主持风格稳重、严谨、理性、客观,因为这不仅是对观众负责的态度,也是对社会现状和历史的尊重,深刻体现出媒体的社会责任感。

例如,《东方时空》阶段,记者型主持人代替了播音员式的主持人,深入一线采访,对新闻事实的把握更加到位,主持人开始有了点评和分析;到了《焦点访谈》《新闻调查》阶段,记者型主持人进一步深化现场采访和分析点评,报道更具调查性和深度,主持人的主导地位进一步增强,观点更加全面、深刻;到了《面对面》《一丹话题》阶段,记者型主持人也进一步有所细分,新闻访谈风格和新闻评论风格进一步凸显。王志犀利、客观、敏锐的采访,与

---

[1] 《辞海》(缩印本)[M].上海:上海辞书出版社,2000:1513.

第四章 节目类型化：决定播音主持风格的基本路向

嘉宾富有逻辑和理性的谈话，形成了冷静、客观、深刻、理性的新闻访谈主持风格；敬一丹稳重、真诚、全面、深刻的新闻评论，颇具人文关怀，使得新闻评论主持风格更具个性。

新闻事件千奇百怪，新闻现场千姿百态，各种信息千头万绪，电视新闻节目主持人要统帅现场报道，把握新闻内容，如果没有敏捷的思维、渊博的学识、过人的语言表达能力是难以胜任的，因此，我国新闻类节目主持人将向记者和学者转型。新闻节目主持人不仅仅是主持人，还应该是出色的记者，这是由新闻的特性决定的。因为主持新闻节目，没有新闻敏感，没有丰富的报道经验，面对纷繁复杂的社会现象和社会生活就难以把握报道时机，难以在重大新闻事件中做出出色的现场报道和镇定自如的主持。相反，如果主持人拥有高度的新闻敏感，善于发现和捕捉新闻，就能对新闻事件做出深刻报道，提出自己独到的见解。对于受众来说，这样的节目就具有极高的可信度，其主持人当然也会受到观众的喜爱，也将会拥有权威性和公信力。向学者转型是指主持人要有深刻的思维能力，对报道的事实有独到见解，能从新闻报道中开掘那些尚未开掘的思路，解决那些尚未解决的问题，道出新闻的价值、意义，揭示出客观事物的本质、与其他事物的相互关系及其发展的客观规律等，从而使新闻节目做得有深度、有品位，引导受众进行理性思维，启迪大众思考和探索，这常常体现在主持人对新闻事件的独特点评和个性化评论之中。

可以看出，新闻节目纷繁复杂的传播内容和迅速快捷的传播方式，要求主持人能充分理解节目的内容，传递有价值的新闻信息，提炼出媒体的观点，发挥引导舆论的作用，凸显主持人的主导性、权威性。可见，主持人不仅是新闻节目的播报者，而且是节目内容的采访参与者，同时也是新闻节目的策划编排者。主持人要以个人魅力和协调能力把整个节目串联起来，通过自己的声音和图像来完整、准确地把节目的主旨和意图呈现在观众面前，完整地体现节目的主持风格。新闻主持人的主导性和权威性的强化，体现了新闻节目主持人的素质和能力，也是其主持风格成熟的表现。

第二节　谈话类节目主持风格的演进

谈话节目兴起于美国,盛行于西欧和我国港台地区。谈话节目因为形式容易辨析,常常在实践中被归入重要的节目类型。"谈话是人类最普遍的信息传播及交流方式,谈话节目就是人际传播与大众传播相结合产生出的最接近生活的节目样式。在生活节奏日渐加快的今天,紧张忙碌的人们大都渴望在感情上有更多的交流和沟通的平台。谈话节目通常由主持人邀请嘉宾或观众,围绕大众普遍关注的种种问题,在平等民主、和谐轻松、自由宽容的氛围中展开相关讨论的言论式节目。"[①]可见,谈话节目是一种符合大众传播需求、取材广泛、受大众欢迎的节目形式,这也要求谈话节目主持人起到引导嘉宾、创造谈话氛围的作用,能营造一种人际交往的氛围,吸引观众参与和收看。随着谈话节目类型的多样化,主持风格也逐渐对象化和平民化,并且日益凸显思想性。

一、谈话节目类型的多样化

(一)20 世纪 80 年代谈话节目由访谈领导转向访谈民众

20 世纪 60 年代,北京电视台(中央电视台前身)设置了一个节目,名字叫作《电视台的客人》,邀请王进喜、时传祥等劳模做客演播室,这个节目被认为是电视谈话节目的雏形。

20 世纪 80 年代,党的十一届三中全会后,广播电视节目的功能由"喉舌"向"纽带"与"桥梁"转变,很多电视台开始尝试创办谈话节目,谈话节目也有了长足的发展。1987 年 6 月,山西电视台推出一档访谈政府领导的节目《对话与交流》,邀请省委书记、副省长、宣传部部长参与现场访谈,话题涉及社会问题,如物价、计划生育等,目的在于促进领导和群众的沟通,切实解决民生问题。1988 年 9 月重庆电视台开播时长 100 分钟的时政综合访谈节

[①] 王群,沈慧萍.电视主持传播概论[M].上海:华东师范大学出版社,2008:119.

第四章 节目类型化：决定播音主持风格的基本路向

目《面对面》，设有《市民论坛》《党政发言席》《论辩会》等板块，访谈嘉宾更多元。1988年12月吉林电视台开播的《大家谈》，每期长10分钟至15分钟，话题为社会问题，有现场观众参与访谈。

这几档电视谈话节目的话题大多涉及与百姓切身利益休戚相关的政策，但是谈话较为程式化，略显呆板，也欠缺思想深度，主持风格特色不明显，表现形式单一，开设此类栏目的电视台数量极其有限。

(二)20世纪90年代谈话节目的内容向社教、时政、文艺、情感等领域扩展

进入20世纪90年代，国家把广播电视列入需加快发展的第三产业行列，电视节目由原来的单纯注重宣教功能转向倾听民意，凸显服务功能和娱乐功能，谈话节目有了长足发展。

1996年3月16日，中央电视台正式推出演播室谈话节目《实话实说》，开启了平民化谈话的黄金模式，这个节目用谈话形式问出普通人生活中关心的话题，主持风格平和亲切、真诚朴实，受到观众的认可和关注。

1996年中央电视台开播面向知识分子的《文化视点》，1997年开播面向工人的《当代工人》。这一时期，"谈话"作为元素开始向新闻、社教、文艺等节目渗透。

1998年4月1日凤凰卫视开播了一档令人耳目一新的午间"脱口秀"节目《锵锵三人行》。它开创了一种崭新的谈话方式——"意识流"式的聊天谈话，这种聊天是无功利的、流动的、开放的、感性的，是日常生活中人际传播的基本形态。一张小桌，一杯清茶，三个"非常男女"轻快闲聊，由新闻起头，想到哪里就说哪里，"嘉宾不像嘉宾，主持不像主持"，幽默风趣、娱乐性强，时有犀利议论、家常俚语。

谈话节目由于其成本低、影响力大，各电视台纷纷开办此类形式的节目，内容涵盖新闻、娱乐、情感和生活服务等。代表性栏目有湖南经济电视台《真情对对碰》(1998年7月17日开播)，重庆卫视《龙门阵》(1998年10月开播)，上海电视台《有话大家说》(1998年10月4日开播)，湖南卫视《有话好说》(1999年6月26日开播)、《新青年》(2003年8月开播)，江苏有线

电视台《情感超市》(2002年后更名为《情感之旅》)等。①

(三)2000年以后,谈话节目内容更丰富,娱乐类、情感类、财经类谈话节目受到广泛关注

进入21世纪,谈话节目的类型更加丰富,社会、文化、娱乐和情感类谈话节目受到广泛关注。谈话节目将行业精英的会谈或辩论变成一种节目形式,能充分凸显知识性和思想性,作为一种传播效率较高、对象性较强的节目形式而被广泛采用。

例如,2000年7月,中央电视台经济频道推出一档经济类谈话节目《对话》,该节目主要邀请企业精英、政府官员、经济学家等具有强势话语权的标志性人物探讨经济社会发展话题。开播以来就以起点高、定位明确、内容有深度而在谈话节目中脱颖而出。又如,2003年底,上海东方卫视推出长达一小时的大型财经谈话节目《头脑风暴》,话题由热门的经济事件、人物及现象入手,探讨经营理念、管理实例,演绎企业故事,嘉宾为国内外顶级企业总裁等高层经济人物,目标受众是关注财经动态和具有管理决策力的商界人士及社会精英。再如,2004年7月,由第一财经、CNBC财经电视台、哈佛商学院联合制作推出的大型财经谈话节目《决策》,首次以电视手法呈现哈佛商学院案例,每期一个哈佛商学院经典案例,讲述真实商战故事及真实决策过程,以影像资料、嘉宾评论、现场观众互动分析影响决策的各元素,并穿插案例编写者、哈佛商学院名教授对案例的点评。嘉宾为企业巨头、经济学家、经济咨询专家,目标受众是商界领导管理层及其他大专以上具有相当教育水平的观众。此外,2005年1月,东方卫视开办精英访谈节目《21@21》,主要展现国际精英成才、成名、创业的非凡之路及其背后鲜为人知的精彩故事。

2003年后,谈话节目由于形式灵活,现场感强,便于与文化、娱乐类节目有效融合,成为颇受欢迎的节目形式。2003年5月18日中央电视台科教频道开播文化访谈栏目《大家》,栏目的嘉宾是我国科学、教育、文化等领域有杰出贡献的"大家",栏目以传承人文精神为宗旨,通过访谈嘉宾凸显行业精

---

① 魏南江.节目主持艺术[M].北京:中国广播电视出版社,2006:223.

第四章 节目类型化:决定播音主持风格的基本路向

英风范,传递知识和文化。又如,2003年10月23日,东方卫视谈话类节目《东方夜谭》,主要以娱乐大众为主,节目分为两部分,前为主持人清谈"脱口秀",偏向于表演性,后为名人访谈。再如,2005年3月28日中央电视台经济频道推出一档生活服务类谈话节目《今晚》,节目邀请不同嘉宾探讨不同话题,并设有短信互动环节,从观众发来的短信中选取有意义的话题来与嘉宾探讨,主持人高博也树立了其轻松、幽默、诙谐、时尚的主持风格,将国内同类生活服务类节目演绎得生动活泼、妙趣横生、别具一格。此外,2011年5月深圳卫视的《年代秀》将谈话节目与综艺节目融为一体,通过不同年代的影片和歌曲表现不同年代人们的故事和情感。

2004年以后,关于亲情、爱情、友情的谈话节目兴起。例如,山东卫视2004年开播的情感类谈话节目《天下父母》,以演播室采访为主,以外景采访和短片为辅,讴歌伟大的父爱、母爱,主持风格朴实平易、亲切温馨。2005年1月中央电视台社会与法频道开播的国内首家心理类访谈节目《心理访谈》,每期请一位有心理困惑的人讲述自己的故事,心理专家对其进行现场心理测试,并提出相应的治疗方法,通过访谈让观众发现嘉宾的心理问题,并提出相应的解决方法。又如,2005年1月由阳光电视集团制作、在湖南卫视开播的大型女性谈话节目《天下女人》,节目关注的话题开放而多元,主要展示中国都市女性的情感经历及生活方式和观念,表现女性的喜悦、烦恼、渴望和困扰。

可见,从不同时期谈话节目的形式和内容变化来看,谈话节目创造了新的节目形式,以其形式的可辨识性,成为业界颇受关注的节目类型,其内容涵盖较广,时政、综艺、文化、财经、情感等多个领域的内容都可渗透。从其演变历程可以看出,谈话节目从访谈名人、领导,到访谈普通百姓和现场观众,谈话节目的主持人逐渐成为与嘉宾和观众平等的对话者。主持人在谈话样式上出现多样化探索,诸如访问式、讨论式、聊天式都有所尝试。谈话节目的内容和主题从新闻话题,到文化、娱乐、情感、财经,内容进一步扩充,话题由单纯注重政治性转而同时注重社会性,体现人文关怀,谈话节目的形式渗透到更多的专题电视节目之中,出现与其他节目形态交叉渗透的趋势。

二、主持风格的对象化、平民化

俄国思想家巴赫金把转型期的文化特征概括为众声喧哗,期间各种话语互相对话交流,以实现自我和他人的价值。他的"对话理论"认为:"一切都是手段,对话才是目的。单一的声音,什么也结束不了,什么也解决不了。两个声音才是生命的最低条件,生存的最低条件。""构成真正对话关系的必要条件,是不同声音之间的相互交织论证。对话的双方或多方必须具有不同的声音,才能构成真正的对话关系。即,这是一种不同的思想和观念构成的'复调'。"1996年,全国很多家省级电视已经"上星",中央电视台和各省级卫视竞争加剧。在此情形下,一种全新的、更具有参与性的、有不同声音的对话,即"复调"的谈话成为时代的要求。①

从以上分析可以看出,谈话节目一方面提供了谈话的形式,创造了多元主体参与、多元观点汇集的谈话现场;另一方面多元观点又体现了节目的观点和思想。谈话节目的谈话主体从领导向平民转变,谈话内容从时政向文化、娱乐、财经渗透,谈话节目成为颇受欢迎和广泛应用于电视传播的重要形式,谈话节目形式和内容的转变,也使得其主持风格日益凸显对象化和平民化。

如前所述,谈话节目的访谈嘉宾由领导向平民转变,因此平民化的主持风格颇受欢迎。例如,《实话实说》的主持人崔永元,以其平民化的主持风格获得了观众认可。可以说,《实话实说》栏目定位的平民化造就了崔永元平民化的主持风格,崔永元质朴平和的主持风格也契合了栏目的定位。该栏目的选题大多是与老百姓日常生活有密切关系的"鸡毛蒜皮"的小事,而且善于"小题大做",通过小事来渗透社会大环境,或是通过对一些社会热点的讨论来引起人们的思考。崔永元一改说教式或问答式的谈话节目形式,而以平民的视野来观察生活,并追求大众的认同和参与,给普通百姓以接近和使用媒介说话的权利,通过全体讨论甚至是辩论形式,让观众充分表达自己的感受、想法和观点,主持人在组织对话和串联节目时十分注重对象感和交

---

① 陈默.电视文化学[M].北京:北京师范大学出版社,2001:55-56.

流感。节目不仅提供了多元观点汇集、多种思想交融的平台,也让观众体验到了电视谈话形式的魅力和影响力。崔永元被观众称为"邻居大妈的儿子",他平实、质朴、真诚的主持风格受到了观众的普遍认同和喜爱,他平民化的主持风格并不呆板,而是幽默、风趣。

不同类型的谈话节目,具有不同的目标受众,主持风格也依据受众需求和节目类型而塑造,具有对象性。例如《文化视点》的主持人姜丰,富有学识、文学功底深厚,出版过各种散文集和小说,这档节目凸显了她知性睿智、亲切温和、自然流畅的主持风格,给人以智慧的启迪和心灵的感悟。又如,财经谈话节目《头脑风暴》主持人袁岳,曾任零点调查集团董事长,他阅历丰富,具有实战经验,因此能顺利阐述经营理念和商业案例,节目中他树立了自身专业、睿智、干练、稳重、犀利的主持风格。又如另一财经谈话节目《决策》的主持人张蔚,学历较高,拥有哈佛商学院的 MBA 学位,节目也充分展示了她知性、干练、灵活、大气、稳重的主持风格。此外,东方卫视的精英访谈节目《21@21》的主持人潘杰客,曾获得哈佛大学管理学硕士,他用英语面对面地访谈全球叱咤风云的政治、商业、体育、娱乐和文化界的顶尖人物,塑造了他睿智、干练、职业、具有国际风范的主持风格。以上几档财经谈话栏目的主持人都具有商界经验,本身熟悉管理学、经济学,在节目中控场有度,游刃有余,其主持风格大气沉稳、睿智深刻。

相对而言,情感类谈话节目则凸显亲切、温和、包容、仁爱的主持风格。例如《天下女人》的主持人杨澜,保持了她以往知性、温和的主持风格,能对嘉宾的喜悦、烦恼、渴望和困扰给予充分的包容和理解,让人如沐春风。

从不同内容的谈话节目主持风格中可以看出,主持风格的对象化和平民化趋势明显。对象化即注重采访对象的故事呈现、情感交流,不再是过去主持人高高在上、略显僵化的"你问我答"的访谈模式,而是多将镜头转向采访对象,倾听他们内心的声音,发掘他们身上的故事和亮点,访谈的思路目的都以呈现采访对象为主。平民化是指主持人要有平等的主持理念,从选题到表达方式都要有平民意识,从而让观众感觉到主持人是他可亲近的自己人,是与自己地位平等的朋友。这样,观众就愿意接受他所提供的信息和观点,他就能产生较大的影响力。平民化主持人最重要的特征就是平易近人、有亲和力,让老百姓觉得他们就是自己的邻居、朋友。他们的衣着贴近百姓,但稍稍比百姓穿得漂亮;一些谈话的内容离百姓生活较近,语言通俗易懂;从不说老百姓不关心的事,偶尔可讲讲百姓不知道但一听就感兴趣的话题,以扩充其知识面或让大家觉得新鲜。他们的公众形象也要符合大多数人的标准,与普通电视观众零距离,显示出温和大气、平和亲切的主持风格。

三、主持风格凸显思想性

在媒介竞争激烈、节目量增加的情况下,谈话节目因其形式灵活、成本较低而被广泛采用。从谈话节目内容多元化和参与主体多元化的变化趋势可以看到,专家型、学者型的节目主持人越来越多,具有亲和力和独特思想的主持人才能胜任谈话节目的主持,谈话节目的主持风格向对象化和平民化转变,节目形态出现多种类型节目与谈话节目结合的态势,节目运作上更加市场化。

谈话节目从其形式来看,是在电视媒介中再现或还原日常谈话状态的节目形式,是一种人际传播的延伸,通常由主持人、嘉宾或现场观众组成,在演播现场围绕某个话题开展即兴谈话、双向交流,体现一种对象性和交流感,本质上属于大众传播活动。"谈话是一种形式,内容包罗万象,如新闻、文艺、经济、政治、教育等。主持人在谈话节目中的主要职能是让大家能够敞开心扉,畅所欲言。在各种观点的交流和碰撞中,寻求真理和知识。"[①]可见,由于谈话节目提供了一个说和辩的平台,以语言交流和观点交锋作为主要形式,常常能汇集不同嘉宾和观众的思想与观点,因此主持风格常常凸显思想性。主持人不仅要言之有物,还要能组织谈话、把控话题。例如,《锵锵三人行》采用聊天式笑侃,将新闻或娱乐等时事话题巧妙结合,嘉宾大多数为娱乐圈名人,栏目的整体定位为"最幽默的夜间休闲节目",主持人窦文涛不仅在节目中体现知性、睿智、幽默的风格,也与谈话嘉宾一起开创了一种闲聊式娱乐访谈方式,这种闲聊式的语言交流,将嘉宾的谈话原生态呈现,使受众产生了一种亲近感和认同感。窦文涛的主持风格亲切、从容、温和,

---

① 毕一鸣.播音与主持艺术论纲[M].北京:中国广播电视出版社,2011:110-112.

能清晰地对某个事件表达自己的观点,并且能与谈话嘉宾顺利交谈,展现多元的观点和思想,能引领观众思考,主持风格注重突出思想性。

谈话节目要吸引观众收看,常常要有精彩语言和独特观点,这要求谈话节目的主持风格需要凸显思想性,要做好谈话节目,要求主持人具备一定的谈话技巧和思想深度。例如《一虎一席谈》的胡一虎和《对话》的陈伟鸿,都具备较强的话题引导能力,在串联或点评某些嘉宾的观点时常常有自己独到的见解,在组织谈话时,对话题的把握准确,能控制现场嘉宾的发言,激发出不同的观点和思想并适时进行总结,给观众以启迪和思考。

可见,访谈类节目是最具人情味、最具可信度、最能吸引人的节目,同时对主持人的要求也最高。主持人不但要有广博的知识、敏锐的观察和反应能力,流利幽默的语言表达能力,还要有迅速、准确地做出判断的能力。谈话类节目主持风格应该是平民化、理性化,突出思想性。理性化是指主持人要善于理性思考,这是相对于平民化而言的。一个成功的谈话类节目主持人,不仅仅表现在其语言特色、主持技巧和交流艺术上,更重要的是表现在其选题的敏锐性、访谈策略的灵活性和说理的思辨性等方面。缺乏理性思考,主持人对话题就会开掘不深,流于肤浅,缺乏新意。突出谈话风格的思想性,要求谈话节目主持人不仅要提供社会信息,还要表现出自己的思想、经验和学识,能总结和梳理嘉宾与观众的观点,同时要能善解民意、疏解民情,具有人文关怀意识。

▶▶▶ 第三节 综艺类节目主持风格的演进

一、综艺节目的类型化发展

"电视综艺节目,是一种包罗万象的综合艺术,它是在电视媒体制作中运用多种艺术手段而完成的节目。它借助电视传媒技术和手段,运用独特的电视表现手法,如声光效果、时空的自由转换、独特的视觉造型等,广泛融合音乐、舞蹈、戏剧、小品、曲艺、杂技、游戏、竞赛、竞猜问答等艺术形式或非艺术形式为一个整体,用以满足广大受众多方面的艺术审美和休闲娱乐需求。"①

从电视综艺节目的渊源来看,早在20世纪四五十年代的美国,综艺节目就成为电视节目的主要类型之一,到六七十年代,已经在我国港台地区开始红火。然而由于内地电视界对综艺节目的探索和实践较晚,类似的节目一直到20世纪80年代才开始出现。

20世纪80年代中后期,随着商品经济的发展,商业文化和通俗文艺日趋繁荣,而电视作为强有力的大众媒介也推波助澜,极大地推动了大众文化的苏醒并逐渐向主流靠拢,开始出现并流行以"春节联欢晚会"为代表的各种文艺晚会。1983年2月12日,中央电视台第一届春节联欢晚会播出,它开创了中国电视综艺节目的先河,也引发了中国电视媒体表达内容和表达方式的重大变革。

在经济较为发达的上海,1984年4月12日上海电视台综艺节目《大世界》开播,和《大世界》同一时期开播的还有《大舞台》,两者堪称"上海荧屏姐妹花"。1985年,上海电视台与日本方面合作的《卡西欧杯家庭演唱大奖赛》,一共举办了10届大赛,是全国举办得最早、历史最久的海选大赛,甚至可说是中国最早的选秀节目。

20世纪90年代初期,常态节目中也出现了晚会型和半晚会型节目,它们借鉴国外模式、吸收我国港台节目制作的成功经验,为后来娱乐型综艺游戏节目的诞生提供了实践经验和理论积累,这个时期中央电视台成为潮流引导者。

1990年3月14日中央电视台开播的《综艺大观》以及同年4月25日首播的《正大综艺》,引发了全国范围内的"综艺节目热"。在20世纪90年代初,这两个栏目平均收视率达18%,意味着有两亿左右的忠实观众收看节目。这类节目大多有一个富有意义的主题,节目模式也相当统一,《综艺大观》以明星表演为核心,内容有歌舞、小品、相声等;《正大综艺》则邀请明星做嘉宾,在旅游板块中让观众猜测各国风土人情的真伪,既轻松又让观众获得一些知识。这些节目中,明星表演大多是一种仪式化的展示,是一种高端

---

① 於贤德.主持人策划与创新[M].武汉:华中科技大学出版社,2005:344.

第四章　节目类型化：决定播音主持风格的基本路向

的引领。因为当时电视节目贫乏，综艺节目适逢其时，得到了广大观众的青睐，每逢周末、节庆日，观看综艺节目成了难得的享受。

1997年湖南卫视《快乐大本营》未出台之前，还没有娱乐节目的说法，当时，除新闻、社教、体育节目以及影视剧之外的文艺节目统称"综艺节目"。但随着广播电视的发展、社会观念以及受众需求的变化，综艺节目内部出现一种比传统综艺节目更强调娱乐性和互动性、更能调动观众参与热情的节目，被人们称为"娱乐节目"，但我们仍把晚会型或某些综艺型的固定栏目称为"综艺节目"，如"春节联欢晚会"和《正大综艺》等。

20世纪90年代开始，随着电视节目娱乐功能的开发，综艺节目类型越来越丰富，并逐渐形成两大类型，一类是话语类，另一类是行动类。话语类综艺节目包括把娱乐内容和新闻播报相结合的娱乐新闻类节目，如中央电视台的《影视同期声》、凤凰卫视的《相聚凤凰台》《娱乐大风暴》等。行动类综艺节目，即大众参与的，以"游戏"和"竞赛"为核心的娱乐节目，包括益智类游戏节目和真人秀节目，如中央电视台的《幸运52》《非常6+1》《梦想中国》、北京卫视的《欢乐总动员》（1999年1月20日于北京有线电视台首播）和湖南卫视的《超级女声》等。

90年代中后期，很多地方台已经开始酝酿各种具有本土气息、互动性极强的综艺娱乐类节目，先声夺人地创新了综艺节目的形式。例如1995年12月23日，湖南经济电视台推出《幸运3721》，一经播出便引起轰动，也因此推出了很多本土明星，后来改名为《幸运1997》《幸运1998》《幸运1999》，成为在湖南省收视率排名第一的电视节目。1997年7月11日，湖南卫视推出了《快乐大本营》，并凭借其"上星"优势提升栏目的影响力和知名度，直到2012年，《快乐大本营》都是全国收视率排名前三位的电视节目，可以说湖南经济电视台和湖南卫视创办的系列综艺节目，以"快乐中国"为定位，开创了一种新的综艺节目样式，也更新了娱乐观念，即既注重节目内容的娱乐性，也注重与观众的互动性。

90年代末期，继《快乐大本营》成功之后，全国各地电视台迅速引发了一场"快乐旋风"，一大批综艺娱乐节目陆续上马。1999年1月20日北京有线电视台开播的《欢乐总动员》成功引领了"总动员"的风潮。据1998年6月国家广播电影电视总局在北京举办的广播电视文艺研讨会披露，当时开办娱乐节目的省级电视台有33家,地市级电视台有42家。1999年以来,开办或引进娱乐节目的电视台又增加了32家。①

2000年以后,综艺节目广受热捧,从中央电视台到地方卫视,都在想方设法创新综艺节目的形式和内容,以吸引更多观众的注意。2000年7月7日中央电视台综艺频道推出《开心辞典》,随后各卫视纷纷推出同类竞猜类节目,如贵州卫视的《世纪攻略》、上海卫视的《财富大考场》、广东卫视的《赢遍天下》、重庆卫视的《魅力21》和江苏卫视的《夺标800》。

2004年10月8日,中央电视台综艺频道淘汰了拥有14年历史的《综艺大观》,将其改版为《欢乐中国行》,拉开综艺节目改版序幕。随后省级卫视开始角力全国,大胆创新综艺节目形式,竞相抢滩这一综艺节目市场。浙江卫视于2007年9月30日推出唱歌节目《我爱记歌词》,在全国引起轰动。节目成功后,2008年12月1日湖南卫视也推出同类唱歌节目《挑战麦克风》。2012年7月1日浙江卫视推出一档全新的、融合国外先进制作模式的真人秀节目《中国好声音》,节目推出五周就获得全国收视率第二名的好成绩。

可见,作为娱乐大众、满足受众感官愉悦的综艺节目,20世纪80年代最先在经济发达的上海出现,《大世界》和《大舞台》等综艺节目以及《卡西欧杯家庭演唱大奖赛》为我国综艺节目开创了新模式;90年代初中央电视台相继推出《综艺大观》和《正大综艺》等,使得综艺节目逐渐有了燎原之势。经过90年代至今数十年的节目类型化发展,综艺节目在节目内容、节目模式上已经融合了更多娱乐元素和互动元素,成为观众主要收看的节目类型,综艺娱乐节目大面积进入观众视野,并迅速取得较大影响力。特别是近年来,综艺节目出现了向网络节目过渡的趋势,类型越来越多,更新换代的速度越来越快,节目形式更加灵活多变,主持风格也各具特色,节目的互动性、交流感越来越丰富,主持人个性化风格明显,以适应大众日益变化的收视需求。综艺娱乐节目已经与新闻、电视剧一起,被各级电视台、网络平台视为提高收视率、扩大影响力的重要手段。可以看出,随着媒介市场的不断细化,频道资源重新调整定位,电视频道设置正在从宏观、粗放的"一锅烩"向专业化频

---

① 魏南江.节目主持艺术学[M].北京:中国广播电视出版社,2006:263.

道转变,每个专业频道都设置了若干个综艺节目。频道的专业化使电视观众更加具体化、特定化。这些特定的受众,其本身就爱好或是熟悉节目涉及的专业内容,因而对节目主持人的要求更高。节目主持人的个性要与他所主持的节目风格一致,其中包括令人愉悦的气质、声音,坦诚与观众交流的眼光,富有激情的精神状态,信任度和权威感等,这也是由节目的属性所决定的。只有这样,电视节目主持人才能让观众产生信任感,被观众认可和喜欢。近年来,网络平台也紧紧围绕综艺娱乐节目的策划与播出不断创新,从播出电视频道综艺娱乐节目,到自创网络综艺节目吸引流量,到细分综艺节目类型,平台已经意识到综艺节目在吸引受众关注方面起到了很重要的作用。

二、主持风格的大众化、明星化

综艺节目的内容丰富多彩,涵盖多种艺术样式,有舞蹈、歌曲、相声、小品、戏曲等;表现形式丰富,可以通过服装、化妆、道具、音响、灯光等多种艺术手段强化艺术效果;主持空间灵活多变,可以在台上也可以在台下,可以在室内也可以在室外;播出方式较多,可以录播、插播,也可以直播,还可以多家电视台联动播出等。可见,采制灵活、内容丰富的综艺节目在它的发展演变过程中,由于社会观念和观众审美心理的变化和投射,在制作理念、节目风格、播出样式上必然呈现出不同的面貌和特征。

收视调查数据表明,在各类电视节目中,综艺节目的收视率相对新闻类节目更好,人群分布更为广泛,这也是综艺节目大众化的一种体现。总体来看,综艺节目的主持风格依据节目形态的改变出现差异化,逐渐朝着大众化、明星化的方向发展,因此会吸引不同类型受众的注意力。

20世纪90年代中期,中国大众文化全面崛起。"大众文化以大众传播媒介为手段、按商品市场规律去运作、旨在使普通市民获得感性愉悦的体验过程,包括通俗诗、通俗报刊、畅销书、流行音乐、电视剧、电影和广告等形态。"[1]借助大众传播媒介的广泛影响力,电视文化逐渐成为融入人们生活方

---

[1] 王一川.大众文化导论[M].北京:高等教育出版社,2004:7-8.

式之中的日常文化形态。正是在这样的文化境遇中,中国电视文化开始从对高雅艺术的顶礼膜拜中走了出来,走向平民化和商业化。综艺节目从90年代中后期开始走亲民路线,节目内容逐渐大众化,许多歌星影星被邀请到节目中与观众互动,唱歌表演不再是难以企及和小众欣赏的高雅艺术,而是全民可及的娱乐大餐。

早期综艺节目的传播理念是"你传我受",主持人在这类节目中主要起到仪式化的串联作用,具有一定的权威性,与观众缺少必要的互动。随着综艺节目娱乐功能的大量开发,节目凸显大众化定位。例如,《快乐大本营》就以"生产快乐"为目标,借鉴了脱胎于日本的我国港台综艺节目的成功经验,对港台节目《非常男女》《我猜我猜我猜猜》《非常关系》进行了成功改造,每期节目开始的标志性口号"快乐大本营,天天好心情"很快吸引众多观众,开播之初便创下33%的收视率。以它为代表的一批综艺节目以"娱乐大众"为目的,基本上走的是"明星+游戏"的路线,此时的明星不再像前期综艺节目、大型晚会等高高在上,而是走到观众中间来,甚至和观众一起做游戏。虽然节目中间穿插歌舞表演,但是服从于节目整体的娱乐需要,不再是一种高端的引领,而是一种亲民的迎合。在传播理念上,开始引入竞争和互动的因素,不再是单纯的"你传我受",尽管节目仍然是以明星和明星化的主持人为核心,但开始重视观众的参与,主持人也以表演的方式,作为一个"玩伴"带动现场气氛,灵活地采访明星,推动节目进行,使得节目更趋大众化。

同时,综艺节目主持人的打扮也新潮、时尚,如明星一样绚丽多彩,想尽办法吸引观众眼球,并且走明星发展的路线,他们出书、出唱片、演话剧、电影等,在演艺行业不断积累人气,将自己打造得如同明星一样人气爆棚,如李湘、何炅、谢娜、胡可等。究其原因,一是综艺节目一般受众面较广,气氛活跃,要求节目主持人也是明星级的主持人,这样可以增加综艺节目的魅力和活力;二是明星主持人能驾驭宏大的场面,明星云集时需要明星主持人来控制现场气氛,增加节目的观赏性。

三、主持风格凸显表演性

随着综艺节目类型化发展,节目样态丰富多元,节目题材包罗万象,节

第四章 节目类型化:决定播音主持风格的基本路向

目定位日益大众化,也使得综艺节目具备"丰富多彩、娱乐大众、热烈欢快、自由灵活、雅俗共赏"的风格特征,综艺节目主持人也为凸显表演性,不断增强自身的吸引力,以适应节目的发展。

从我国综艺节目的发展趋势来看,综艺节目大众化的定位、市场化的运作,使得主持人在节目中的功能和作用也发生了变化。主持人从早期简单呆板地以主持词"串联"节目,日益发展成将各种形式的"表演"融入节目,有效推进节目进程的主导者。如今的综艺节目主持人,能说会唱会跳,善于表现自己各方面的才艺和个性风格,并且通过节目的包装,日益成为一个个明星化的主持人。从各类综艺节目主持人及其群体风格来看,综艺节目的主持风格越来越凸显表演性,这种变化主要受到节目类型的发展和受众心理需求的影响,是提升传播效果的一种有效途径。随着人们生活节奏的加快,主持人也需要满足观众对于娱乐、猎奇、宣泄、幽默、趣味等方面的心理需求,以缓解工作、生活中的种种压力,而只有以真诚的态度、活跃的表演参与到节目中,才可以使节目节奏加快,内容更有看头,能最大限度地影响观众的情绪,满足观众的感官需求,增加现场感和亲和力,提高受众的忠诚度。例如《快乐大本营》中的谢娜,经常依据一些情节,拿自己开涮,观众看到的是一个有点"神经质"般微笑的女主持人,她常常增加一些现场的自我表演,或与嘉宾搭档表演,演绎某个故事情节,使节目活泼滑稽,既拉近了与观众的距离,也增强了节目的可看性,谢娜树立了她"无厘头"的"娜式风格",轻松幽默、百变搞笑。又如《天天向上》的主持人汪涵、欧弟、田源、俞灏明、矢野浩二、金恩圣(小五)等,共同打造了偶像主持人群,通过灵活的方式展现节目内容,介绍娱乐人物和各类资讯,每位主持人都参与表演,都精通说、学、逗、唱,能有效带动节目现场气氛,突出节目主题,推进节目进程。有人总结出主持综艺节目的三个重要元素,一是松弛,二是敏感,三是兴奋,只有主持人高度兴奋,才能进入最佳的表演状态,才能捕捉到现场的有用信息。《快乐大本营》和《天天向上》主持人群的成功,说明凸显表演性是综艺节目主持风格的走向。

第四节 社教类节目主持风格的演进

社教类节目是电视节目中对观众进行社会教育、文化教育的一种节目类型。这类节目寓教育于娱乐,寓教化于服务,寓宣传于信息、文化知识的传播之中。它题材广泛,节目设置灵活,播出手法多样,是集中体现电视特色和电视台水准的一类节目。"社教类节目比较全面、系统地担当了电视传媒所具有的'新闻窗、百花园、知识库、服务台'等多种社会功能。"[①]

可见,社教类节目的内容丰富、类型多样、功能多元,主要目的是传递信息和知识,开启受众智慧。随着社教类节目类型日益丰富、形式日益灵活,这类节目的主持风格也逐渐改变,从之前的平和质朴、温文儒雅,变得清新活泼、知性明快,这也是适应受众欣赏习惯而做出的改变。

一、社教节目类型的演进

1963年,我国第一家电视台——北京电视台在创立之初便设有"社教部",社教部是最早建立的三个节目编辑部之一。至今,在中央和各省市电视台里,仍然保留有"社教中心"或"社教部",每年制作和播出大量优秀的社教节目。

随着中国电视事业的发展,特别是自改革开放30年以来,电视媒体的教化功能逐渐向服务功能转变,电视媒体也由组织社会教育逐渐演进为传播社会文化。以电视讲座、纪录片、专题片、对象性栏目为主要类型的传统社教节目,逐渐演变为专业类别细致、多媒体元素丰富、主持风格活泼的各种形式的专栏节目和服务性节目,成为信息社会大众文化体系中不可缺少的一个分支。

在早期的社教节目中,专栏节目相对而言制作较为成熟。例如,在电视节目开办初期,陆续出现有较大影响力的《国际知识》《卫生与健康》《少年

---

① 王群,沈慧萍.电视主持传播概论[M].上海:华东师范大学出版社,2008:105.

第四章 节目类型化：决定播音主持风格的基本路向

儿童节目》等栏目。20世纪80年代，社教节目成为较为常见的固定栏目，一批名专栏节目如《为您服务》《兄弟民族》《祖国各地》等，以其丰富的内容，广受受众欢迎。

进入90年代之后，社教节目的发展呈现多元化特点，由原来的大众化定位转向内容的专业化和受众的对象化定位，社教节目也从注重知识性转向注重服务性、专业性。例如，"1990年，中央电视台成立'社教中心'，扩大了原来'社教部'的策划与制作能力，社教节目也进入了一个新的发展阶段。社教节目的主打品牌——专栏节目，也由凸显知识性转向突出服务性，从注重广泛性转向注重针对性，一批对象性栏目成为品牌栏目，如《夕阳红》《半边天》《生活》《大风车》《十二演播室》等"①。

2000年以后，社教节目分类更明晰，类型更加丰富，内容涵盖更广泛，涉及法律、英语、自然科学、文学等专业领域以及少年儿童、情感、法制、健康等其他服务领域，如《心理访谈》《希望英语》《今日说法》《百家讲坛》《百科全说》等。

二、社教节目主持风格的演变

（一）从20世纪80年代初到90年代后期——平和质朴的主持风格

1983年中央电视台开办社教服务类节目《为您服务》，沈力担任主持人，这也是我国"主持人节目"的初步尝试。作为我国第一位电视专栏节目主持人，她平和自然、温文尔雅、亲切真诚的主持风格很快就得到了亿万电视观众的喜爱，一年就收到4万多封观众来信。沈力凭借她厚实的专业储备和多年的广播电视主持经验，全方位参与《为您服务》节目的选题、构思、采访、制作，从主持稿的撰写到现场主持节目，沈力的个人气质与节目风格融为一体，不但节目深入人心，沈力的主持风格也让观众印象深刻。沈力主持《为您服务》5年后，节目由张悦主持。张悦原是中央人民广播电台的播音员，她从前辈的主持实践中吸取了丰富的营养，以"现代知识女性"的形象定位，以务实、求新、求美，带有温情和温馨气息的主持风格，继承和创新了节目风

---

① 王甫.社教节目：由社会教育转向社会文化[J].新闻战线，2000(7)：67-68.

格,同样获得广泛欢迎。

可以说,20世纪80年代是我国电视节目主持人刚刚起步的阶段,社教节目作为最早凸显主持人主导作用的专栏节目,以其服务社会的节目定位,在电视屏幕上开创了一种平和质朴、亲切真诚、温文尔雅的主持风格。

(二)20世纪90年代——清新活泼的主持风格

1996年7月1日,中央电视台开办社教服务类栏目《生活》,青春靓丽的文清担任主持人,她在《生活》的开场曲中从远处走向观众,清新可人,富有灵气,干净利落的走动方式也给人以轻松时尚的感受。除了具有天生丽质的外表、精干稳健的台风之外,文清娓娓道来、热情大方的主持方式也很受观众欢迎,一些法规政策、小资讯、小信息经过她的生动讲述,变得易于接受,使得节目丰富而耐看。她以清新、活泼、时尚、潇洒的主持风格,创新了20世纪90年代电视社教类节目。之后的主持人赵琳,同样延续了这样的主持风格:她以轻快的步伐带领观众走入节目,她的语言生动亲切,形象时尚清新,她将生活中的小故事、小窍门以及世界各地的生活资讯巧妙串联,使得节目内容紧跟时代步伐,展现了全新生活理念和健康生活方式,能起到服务生活和引领潮流的作用。"《生活》节目播出之后,引起了强烈的社会反响。北京、天津、四川、云南、江苏、山东、内蒙古自治区等省市相继推出'生活频道'或'生活服务类节目',与中央台的《生活》栏目相呼应,悄然形成了一股新的不可忽视的电视节目制作潮流。"①

可见,随着社会经济的发展,人们的生活方式和生活节奏也有改变,《生活》节目从内容到定位开创了我国社教节目的新风格,凸显了电视节目的服务性,也改变了以往传统社教节目温文尔雅的主持风格,它以一种清新、活泼、时尚、快节奏的主持方式,增强了节目的亲和力,也使社教类节目从游离于观众之外的尴尬境地又回到了观众的视线之中。

(三)现阶段——知性明快的主持风格

现阶段社教类电视栏目的多样化,造就了不同的主持风格,主持风格的

---

① 吴洪林.节目主持[M].北京:中国广播电视出版社,2011:15-16.

变化与电视事业的发展和受众心理的变化息息相关。在广播电视发展初期，受众对主持人的期待是外形漂亮、普通话标准，随着信息时代的来临，受众获取信息的来源越来越多，单一的社教类节目类型和主持风格很难满足受众的需要，人们对电视有了更高的期待，开始欣赏具有个性风格的节目主持人。在这种环境下，必不可少地出现了一大批风格各异的优秀的社教节目主持人。例如《天天饮食》中的刘仪伟和《美女私房菜》的沈星，分别以新居家好男人和知性干练优雅的职业女性形象，在节目中传递一些生活感悟和人生经验，顺带介绍食材的来历和挑选方式等，其思想含义远远大于单纯地教人做饭做菜本身。又如，《百科全说》栏目主持人李维嘉、谢娜、文清、朱梓骁等，邀请嘉宾参与主持节目，主持风格活跃、明快、互动性强，把社教节目做得生动活泼，有娱乐大众之趋势，真正能体现寓教于乐。另外，受众对社教类节目的文化品位和知识含量要求越来越高，一些具有良好语言能力的专家、教授、博士纷纷走上电视屏幕，例如凤凰卫视《秋雨时分》的余秋雨、《开卷8分钟》的梁文道、《文化大观园》的王鲁湘，一批专家型、学者型节目主持人，保证了信源的可靠性和权威性，而且其成熟稳重的主持风格给观众带来更多值得信赖的感觉，主持人在自己的领域凸显其专业性，主持风格类型更多元，节奏更快，给人知性明快之感。

三、社教节目主持风格凸显专业性

社教节目的主要目的是为受众提供社会教育和公共服务，传递文化知识和资讯，满足受众对知识的需求和情感的需求。随着社教节目类型的丰富，内容从注重广泛性到注重专业性转变，从注重教育性到注重服务性转变，使得主持风格也有相应的变化。主持风格从20世纪80年代的平和质朴，转变为90年代的清新活泼，再到2000年以后的知性明快，社教类节目的主持人依据节目类型，更大限度地发挥个性特点、塑造个性风格，以提高社教节目的吸引力，满足不同受众的个性化需求。

通过对不同时期社教节目主持风格的总结分析可以发现：社教节目的主持人有的是行业内的专家，主持节目时自信、沉稳，例如法制栏目的撒贝宁，以及文化节目的余秋雨、王鲁湘、梁文道等，他们主要依靠丰富的知识积累和专业背景,凸显主持风格的专业性;有的则是通过把握受众的情感诉求,以带有互动性和启发性的语言,调动嘉宾和观众的参与感,凸显健谈、开朗、热情的主持风格,例如情感节目和女性节目主持人阿果,她言语亲切、柔和,循循善诱,充满人文关怀,主持风格更具对象感和针对性;还有的主持人为了凸显社教节目的内涵,通过聪明伶俐的表现和插科打诨的幽默,将富有教育意义的内容演绎得活灵活现,例如沈星、刘仪伟、朱梓骁等,都体现出时尚、明快、青春、活泼的特点,代表着个性化的生活态度。

可见,节目竞争环境不同、节目类型不同、节目目标受众不同,主持风格也各不相同。轻松活泼、清新时尚、知性明快的社教节目主持风格,能突出节目的可看性和知识性,不仅能使人产生愉悦感和好感,同时也能带来专业知识和资讯信息,引领文化建设,因而能受到普遍欢迎。

总体而言,随着社教节目走向专业化、类型化、对象化,主持人对节目本身所要传达内容的可控性更强,在节目中的主导性更强,更善于突出自我的主持风格,以吸引观众的参与和关注,增加观众的信赖和支持,主持节目不再是空洞的说教或是简单的内容呈现,而是调动各种节目元素和自身的风格因素,发挥自己的专业所长来凸显专业性,以此来提升观众的信赖感和忠诚度。

第五章 主持人的个人特质:播音主持风格的内在规定性

第五章　主持人的个人特质:播音主持风格的内在规定性

主持作为一种传播艺术,其重要特点是个性化、人格化。主持风格与主持人的个人特质分不开,主持人是主持风格的创作主体和呈现载体,对主持风格的形成和呈现具有内在规定性,不同的主持人所形成的主持风格迥然不同。主持人依据节目内容和个人条件等素材进行艺术创造,并在主持节目过程中动态呈现其独特的主持风格,个性化主持风格常常难以被完全复制。可见,主持人的个人条件、角色认知、自觉追求等自身素质对主持风格的形成具有制约作用。

本章将从主持人的外在形象、性格气质、生活实践、学识修养及心理状态分析主持人个人条件对主持风格的影响,从主持人对受众、自身与传媒的角色认知及对主持风格的自觉追求分析主持人如何定位及塑造自身的主持风格,并结合白岩松、倪萍、杨澜、周立波等不同主持人个案,从个性语言、外在形象、整体感觉和受众反馈等四个方面,分析不同类型主持风格的特点。

>>> 第一节　播音员主持人的自身素质对播音主持风格的制约

播音主持风格与播音员主持人的气质特征、性格爱好、学识修养和生活经历分不开。播音主持风格的形成过程,是播音员主持人将自身作为创作素材进行艺术创造的过程。在我国播音员主持人产生和发展的40多年里,产生了一大批风格迥异、魅力鲜明的主持人。笔者认为,播音员主持人的个人条件、角色认知、自觉追求等自身素质对播音主持风格的形成具有制约作用。

一、播音员主持人的个人条件

(一)外在形象

播音主持风格与播音员主持人的外形特征和先天身体条件等有关。外在形象不单指面貌、体态、衣着、打扮,也包括播音员主持人的神情、举止、风度。外在形象与播音员主持人的仪态、表情、精神状态紧密相连,可以说,外在形象是播音主持风格形成的基础条件。例如,央视《新闻联播》播音员海霞的形象端庄、美丽、温柔、大方,清秀的瓜子脸型,干练的短卷发,清脆响亮的声线,给人以成熟、优雅、稳重、大气的感觉。央视新闻主播康辉长相俊朗、大气、中正,声音浑厚坚实,播音主持风格沉稳、庄重、严肃,凸显权威感和可信赖感;央视主持人张泽群长相标致英俊,颇具绅士风度,主持节目时凸显温文尔雅的风格;央视主持人撒贝宁外形俊秀、举止潇洒,时尚的发型、帅气的西装、夸张的表情、频出的金句,一言一行都显现出智慧和幽默,主持风格具有亲和力;央视主持人刘纯燕,身材微胖、个子不高,长着一张可爱的娃娃脸,声音清脆甜美,动作机灵活泼,是孩子心目中可爱的"金龟子",主持风格充满童真童趣。可见,播音员主持人的外在形象有天赋条件的呈现,也有经后天努力的修饰,这些因素使其趋向于突出某一种典型的风格。

(二)性格气质

播音员主持人的性格和气质等个人条件,有别于外在形象等"硬实力",是播音主持风格形成的"软实力",也是播音主持风格生成的内在动力。人的个性与气质一旦形成,便具有相对的稳定性,播音主持风格只有与主持人的性格气质相统一,才能形成稳定和富于生命力的风格。播音员主持人性格气质不同,也直接表现为播音主持风格不同。播音员主持人的性格气质是一种生理、心理素质的综合,是人类高级神经活动的有机结合,

第五章 主持人的个人特质：播音主持风格的内在规定性

是先天素质与后天陶冶交互作用的"合金"。性格气质具有一定的独特性和稳定性，是播音员主持人在播音主持实践中的内在动力，它主要通过情感、情绪、语言表达、思维方式和行为习惯等途径作用于播音主持风格的方方面面。例如，康辉在生活中性格平和、不事张扬，他在《新闻联播》中的主持风格就给人稳重大方、沉着内敛、坚实可信的感觉。崔永元的性格平淡朴实、睿智内敛，他在《实话实说》中就体现出平和自然、机智幽默的主持风格。龙洋的性格开朗活泼、热情大方，年轻又独具活力和冲劲的她无论是在地方台主持新闻节目《直播南京》，还是在央视主持《点赞中国》《中国诗词大会》等文化艺术类节目，都体现出机敏活泼、清爽利落、热情奔放、兴致勃发的特点。

（三）生活实践

播音员主持人不是生活在真空中，社会生活的方方面面都在影响他们，播音员主持人的生活经历和社会实践，对播音主持风格的形成有着重要影响。每个播音员主持人的个人成长、生活环境、人生阅历和机遇都不相同，结成的人际关系网不同，这种种不同构成了千差万别的人生。生活经历和工作实践对每个人的影响程度不同，这些影响总会或多或少地反映到主持人的职业活动中来，影响着他们在主持过程中的某些语言和行为特征。生活经历的不同造就了主持人个体的心理、性格、爱好以及能力的差异，对于播音主持风格也能产生很大的影响。例如，孟非曾当过印刷工、摄像员的打拼经历，使他主持民生新闻《南京零距离》时能深入体会百姓心声，练就了犀利的眼光和敏锐的思维，而后主持《绝对唱响》《名师高徒》的经历，使得他2010年主持相亲节目《非诚勿扰》时能做到张弛有度、把控自如、幽默风趣，这是孟非的生活经历和主持实践给他带来的历练和成长。

（四）学识修养

学识修养是播音员主持人必备的综合素质。如果没有学识，没有一定的知识储备，播音员主持人的语言将显得内容空洞、索然无味，更谈不上具有一定的风格了。不同知识积累不仅可以改变人的能力结构，还会直接影响人的认知和思维方式。深厚的知识积累，能使主持人在观察事物和处理问题的方式上有更全面的角度和更成熟的思考。此外,学识修养还能影响主持人的审美观和价值观,为形成合适的主持风格奠定知识基础。例如央视的撒贝宁作为北京大学法学院毕业的高才生,在主持《今日说法》时能清晰地表述法律事件,准确地阐释法律条例,体现出令人信服、专业、严谨的主持风格;又如央视的季小军,毕业于北京语言大学,他主持英语访谈节目《名人坊》时,能用流利的英语采访各国名人政要,体现出睿智、干练、国际化的主持风格。

(五)心理状态

播音主持风格的形成还要受到主持人心理状态的制约。播音员主持人的心理状态是其在某一时期、特定环境下心理活动的情况。例如一个人在一定时间内,是积极向上还是消极悲观,是紧张激动还是轻松冷静,都会对播音主持风格产生不同程度的影响。不同的心理状态,对播音主持风格的呈现有较大影响。

苏联心理学家列维托夫认为:"人的心理活动可以分为心理过程、心理状态与个性心理特征三种形态。心理过程是不断变化着的、暂时性的,个性心理特征是稳固的,而心理状态则是介于二者之间的,既有暂时性、又有稳固性,是心理过程与个性心理特征统一的表现。心理过程在一定的背景下,表现为一定的心理状态,如注意力的分散与集中,思维的明确性、迅速性和'灵感'状态,情绪的激动与沉着,意志的果断与犹豫等;心理状态是个性心理特征与心理过程的结合、统一,是某种综合的心理现象,所以它往往又成为某种个性特征的表现,反映出一个人的个性面貌,因而心理状态又往往成为一个人的个性心理特征的表现。"①因此,主持人的心理状态,与其个性心理和心理过程有重要联系,能体现主持人的情绪、情感、思维习惯、意志力和表现力,从而影响主持风格的呈现。例如,在主持2009年央视春节联欢晚会上,连续主持了8届春节联欢晚会的主持人朱军,在零点钟声敲响前的主持语中误将"猴年"说成了"羊年",事后朱军接受媒体记者采访时说是自己现

---

① 转自百度知识百科[EB/OL].(2012-08-12). http://baike.soso.com/v655595.htm? ch=ch.bk.innerlink.

第五章 主持人的个人特质：播音主持风格的内在规定性

场心情紧张所致。可见，主持风格的体现与特定环境下的心理状态有很大关系，心理状态决定现场的发挥与风格呈现。

诺贝尔奖获得者、东莞理工学院名誉校长杨振宁博士在对大学生演讲时说："在每一个有创造性活动的领域里，一个人的爱憎，加上他的能力、脾气和机遇，决定了他的风格，而这种风格转过来又决定了他的贡献。"①可见，播音主持风格与主持人的外在形象、性格气质、生活实践、知识修养和心理状态等主观条件有重要联系。以上5个方面的主观条件，包含播音员主持人的个人天赋条件和自身修炼等诸多方面，对播音主持风格的形成有潜移默化的影响，也是播音主持风格的构成要素，决定了播音主持风格的基调，也是呈现播音主持风格的重要载体。

二、播音员主持人的角色认知

现实生活中的每一个人都同时承担着多种角色，他既是具有个性色彩的个体，又是带有职业特征的职业人，同时还扮演着社会赋予的多种角色。在当今社会中，播音员主持人无疑是最受关注的群体之一，是大众传媒的形象代表，播音员主持人的职业特征使其上可以与社会名流、国家元首、明星偶像访问对话，下可以与平民百姓、普通公众交流沟通，职业角色具有公众性和多元性。与职业角色不同，在生活中主持人还有个人角色，主持人既与普通受众一样经历平常生活，又不得不面对职业角色带来的对个人生活、心理和角色认知的影响。相对表演艺术的戏剧化角色和假定环境中的角色演出，主持人在更真实的环境中体现自己的角色、展现自己的风格，主持人展现的是个人角色与职业角色统一的真实的自我。

笔者认为，由于播音员主持人职业的特殊性，其职业角色就是一种媒介角色，媒介的广泛传播性，使其生活角色与职业角色都具有相当的公众性和公示性。播音员主持人角色认知的主体有三：一是受众，二是播音员主持人自身，三是播音员主持人所属的大众传媒或者平台。简言之，角色认知是传、受双方的角色认知，并非传者一方为之，需要双方达成一致认识。传者

---

① 吴郁. 当代广播电视播音主持[M]. 上海：复旦大学出版社，2008：77.

与受众中的任何一方都不能单方面决定播音主持风格,但两者对播音主持风格的塑造有重要影响,而主持人及传媒平台对主持人角色的认知则从根本上决定着其风格的塑造。传媒平台对主持人的角色认知,重点在于对整体主持风格、节目与个体形象的协调等宏观层面的把握;主持人自身则侧重对自己的外在形象、语言表达方式等微观层面的关注;受众对主持人的角色认知,则受到受众个体经历、群体意识、文化背景等多重因素的影响,且会因人而异。杨澜曾说:"假如让我去主持《综艺大观》节目,大概不会成功。"① 这也说明了主持人只有找到适合自己的节目,才能充分扮演好其"角色",迸发出最亮丽的光彩。

从本质上说,播音主持风格是主持人对自身、受众、媒体等多重角色认知的过程。播音主持风格的传递不仅是一种单向传播,更是一种双向互动与交流,是与受众进行现实性或潜在性的"审美对话",是在审美主体与审美客体相互"对象化"的过程中的一种互动。因此,主持人对角色的认知与主持人风格的多样化关联处于动态的平衡之中,呈现出多样性的统一。

三、播音员主持人的自觉追求

播音主持风格的形成也是主持人将自身作为创作素材进行艺术再创造的过程,也是一种艺术追求。主持风格不是简单的主持技巧呈现,而是一门较成熟的艺术表现形式的概括和总结,属于一门演播艺术,属于美学范畴。主持人可以通过发掘自身特点,塑造出适合自己个性特征的较为稳健恒定的主持风格。著名主持人靳羽西说过:"每一个节目主持人都有自己的特点,一定要敢于表现自己的特色和风格。"②因此,作为创作主体的主持人,首先要有对差异化及传播美的追求,有具体的美学理想,能在主持实践中发掘和锤炼自身的气质特征、性格爱好、学识修养。

主持人对于主持风格的自觉追求,表现在创造一种电视美。电视美的

---

① 钱明.成功主持典范[M].北京:中国广播电视出版社,2003:168.
② 高贵武.论电视主持人传播[C/OL].中华传播学会(台湾)2001年会议论文,(2001-07-03),http://ccs.nccu.edu.tw/history_paper_content.php? P_ID=474&P_YEAR=2001.

第五章 主持人的个人特质:播音主持风格的内在规定性

创造、电视美的实现,同样离不开电视观众对电视美的创造者、对电视美的创造手段以及对电视节目本身的表达方式的理解、熟悉与习惯。笔者认为,电视美的实现,应该建立在电视美的创造者—创造手段—创造成果—接受者之间的和谐统一之中。在同一类节目中,不同主持人的主持风格各具特色。现今的电视观众日趋理性化和个性化,电视节目也要尽可能丰富多样,满足不同环境、不同情绪、不同年龄、不同身份条件下受众的个体需求。主持风格要让受众产生审美享受,就必须调动受众的参与兴趣,在充分满足他们个体化的精神与心理需求的基础上,展现主持艺术的创造美,体现创新性和独特性。

对于主持风格有着执着追求的主持人来说,会以创造美来要求自己,不断完善主持风格。主持人对主持风格的追求体现在两个方面——一是锤炼技巧,二是发挥专长。

锤炼技巧即追求主持人的业务技能,是按照主持业务的基本规律、基本知识,对主持过程中的声音表现、语言表达、肢体语言运用等技术、技巧进行锤炼,提高沟通能力和控场能力,在同类节目主持人当中脱颖而出,逐渐树立自己的个性风格。例如,央视的董卿,她主持的一系列综艺节目如《欢乐中国行》和《我要上春晚》,逐渐塑造出大气、高雅、温婉、灵动的主持风格,特别是她在2007年"欢乐中国行元旦晚会"的尾声遇到突发状况,能用"欢乐的笑""感动的泪""奔波的苦"即兴组织精彩的结束语,以流畅的语言表达临危救场,成为综艺节目的主持典范,树立了自己独特的主持风格。

发挥专长即将专业能力充分展示,不断积累自身背景的知识和专业知识,树立权威性和可信性,能深入浅出、通俗易懂地演绎节目内容,突出亲和力,树立独特的主持风格。例如,央视《今日说法》主持人撒贝宁,结合自己的法律专业背景,塑造出权威、严谨的主持风格;广东卫视《财经郎眼》主持人郎咸平,以自己丰厚的经济学知识,将专业的财经话题解读得通俗易懂、深入浅出。他们都通过发挥自己的专长,来提升和塑造个性化主持风格。

第二节 播音主持风格的个案研究

优秀的电视节目主持人为频道、栏目添色不少,也给观众留下了深刻印象,像白岩松的雄辩冷峻、敬一丹的亲切自如、水均益的机智自信、方宏进的厚重朴实、撒贝宁的睿智潇洒、崔永元的敏捷幽默、鞠萍的天真活泼……他们皆因主持风格各异而为不同观众群所喜爱和认可。这些优秀电视节目主持人的主持风格各有千秋,他们富有特色的主持风格不仅是对频道和栏目极好的包装,还可以增强观众的关注度和忠诚度。主持风格与主持人的个人条件、实践经历以及艺术追求有重要联系,从某种意义上说,主持风格难以被完全复制和模仿,具有个体性和创造性。虽然同一类主持风格会有很多共性,但某个主持人个体的主持风格则体现出独一无二的特性,因为正是主持人独一无二的特性才造就了他与众不同的主持风格。

笔者尝试以倪萍、白岩松、杨澜、周立波等优秀节目主持人为个案,分别从主持风格的外在形象、个性语言、整体感觉和受众反馈四个分析维度,对特定类型的主持风格进行深入探讨。

一、情感型——以倪萍为例

(一)情感型主持风格的特点

情感型主持人,善于用丰盈的情感和诚挚的语言打动观众,通过发自内心的真情实感和触及心灵的语言,让人感到温馨、娴雅、恬静、亲切,在平和温暖的语气中传递出自由和谐的氛围与平等对话的愉悦感觉,满足观众的情感需求,拉近与受众的心理距离,增强与受众的情感沟通。

(二)案例分析对象:倪萍

曾有过演员经历的倪萍,在 1990 年调入中央电视台担任节目主持人后,凭借自己高雅的形象、亲切的语言、甜美的笑容和深情的眼神深入人心,她

第五章　主持人的个人特质:播音主持风格的内在规定性

的主持风格极具亲和力,给人自信、大方、感性、随和的印象。倪萍作为情感型主持风格的代表人物,总是能以情感为出发点,调动观众的情绪和热情。从《综艺大观》到一年一度的春节联欢晚会,她的主持风格总是热情洋溢、充满温情,给人深刻的印象和心灵的触动。在主持过程中,她善于捕捉情感故事,善于运用煽情的话语,善于传递和演绎情感的真谛,因此,她的主持常常能使观众心动、感动、激动。

1. 外在形象

对于综艺节目而言,主持人的外在形象占有较重要的位置,因为综艺节目属于欣赏性的节目,观众口味的多样性和多变性使节目创作人员在节目主持人的造型上颇费工夫。倪萍的外在形象端庄大方,其发型的设计、脸部的化妆和服饰的搭配都讲究和谐清新的风格,她的面庞线条柔和,眼睛富有神采,表情透露出随和,衣着华美而不俗,举止轻松活泼又不失本色。倪萍的笑带着东方女性的善良,眼神带有与观众交流的欢愉。

2. 个性语言

央视的导演金越曾经这样评价倪萍:"(她)在舞台上就像老大姐一样平易近人。有人批评她动不动就煽情流泪,其实流泪也是她的真情流露。春节联欢晚会在除夕这个万家团聚的时刻举办,就希望和观众有情感互动,在这一点上,倪萍是最能胜任的。"① 倪萍的主持语言感性、美好、抒情。她善于捕捉情感故事、抓住情感线索、强化情感表达。她的抒情语言主要有三种。第一种是用细腻、丰富、美好的语言渲染人之常情,如爱情、友情、亲情等生活中人人都能经历的情感。她常常使用排比句来美化语言、升华意义,抒发平凡的感动。第二种是用理性、客观的语言对社会现象发表自己的感慨,选取公众关注的话题,以具有普遍意义的内容对其进行热情引导,晓之以理、动之以情。第三种是抒发自己内心的感激、感恩之情,结合自己的亲身感受现身说法,以事例的真实性和情感的真挚性抒发情感。倪萍通过三种类型的抒情语言,把观众带到强烈的情绪体验和理性思考之中,直播现场往往就此形成一个个情感高潮。

---

① 张颂,钱明.成功主持典范[M].北京:中国广播电视出版社,2003:132.

总之，倪萍的语言有着自己的个性，自然流畅，亲切温馨，她的语言一般没有过多雕饰，也不刻意去表现自己的智慧与才气，但也绝不是毫无雕琢、平淡无味的，她善于将感人的细节娓娓道来，辅以恬静、自然和亲切的表情，往往能够使人感受到自由和畅快的生活气息，让观众在一种自由、宽松和愉悦的氛围中不知不觉地被感动。

3. 整体感觉

倪萍给人的整体感觉是雍容大方、自然亲切，随处体现出一种和谐之美。她的容貌端庄典雅、笑容亲切明朗；她的语言清新淡雅，灵活流畅；她的现场主持进退有度，洒脱爽朗又充满热情，机智灵活又不失庄重，具有大将风范。

4. 受众反馈

有的受众认为及倪萍的主持风格亲切自然、谈吐自如，善于抒发情感，真诚而谦和。有演员经历的她，有很强的情绪调控能力，善于全方位调动观众的情绪和参与热情，能胜任各种综艺节目和大型晚会的主持，她也因此获得全国广播电视主持人的最高奖项金话筒奖，这也是对她独特主持风格的厚赏。不过，也有部分受众认为倪萍过于煽情，感情外露，有点小题大做，语言较为做作。受众调查访问报告《对目前优秀节目主持人的调查和评价》显示，有受众认为："倪萍最大的优点是热情，有一定的感染力，而且主持自如，现场发挥好。她的问题是容易热情过火，爱瞎激动，而且气质有点俗，主持总像唠家常，为知识分子所不喜欢，也没有体现独立的见解和思想，近来主持节目还经常出现角色错位的情况。"①

二、理性型——以白岩松为例

（一）理性型主持风格的特点

理性型主持人，行为与谈吐稳健、成熟、严谨，主持过程中以说理见长，思维缜密，论理深刻、透辟，语言逻辑性强、条理清晰，能深入浅出地分析事态发展以及事物本质，主持风格敏锐、严谨、稳重、干练。理性型主持人拥有

---

① 张锦力.解密中国电视[M].北京：中国城市出版社，1999：187.

扎实的理论功底,善于透过现象看本质,通过本质找规律,能根据事实提炼出观点,具有独立思考能力和论辩述评能力,思维敏捷、思想深刻。

(二)案例分析对象:白岩松

白岩松从1993年开始担任《东方时空》中《东方之子》的主持人,1996年初开始任《东方时空》改版后的总主持人,1997年主持《焦点访谈》,2001年1月策划创办《时空连线》,目前担任《新闻会客厅》主持人。

1. 外在形象

白岩松的外形硬朗,方形脸,高鼻梁,佩戴一副黑框眼镜,显得成熟稳重,在镜头前他眉头微皱,神情严肃,对新闻事件显示出一种独具慧眼的洞察力,他的言行举止都透露出新闻工作者的社会责任感和良知,其正直、真诚、干练、机敏、睿智的风格,给人以权威感和可信赖感。

2. 个性语言

白岩松的个性语言体现在他言之有物、观点鲜明、点评到位。他通常选取时效性强、老百姓关心的时事为节目主题,体现出他对国家民族命运的深切关注,对社会生活、群众诉求的深刻了解。他的语言用词准确、简洁、通俗、流畅,描述具体,表达清晰,体现出他较强的文学功底、良好的口才以及敏锐的判断力和观察力,他常常将口语与书面语相结合,用恰当的比喻将事物解释得清晰明了、通俗易懂。他的语言逻辑性强,论述层层递进,观点鲜明、犀利,显示出严密的思维能力和较强的思辨能力,他较少"一事一议",而是从宏观的角度去挖掘事物的新闻背景,全面深入地分析问题,将具象与抽象相结合、故事与哲理相结合、感性与理性相结合。他言之有物,案例翔实,分析透彻,见解独到,具有扎实的理论知识和丰富的新闻主持经验,看似他信手拈来、潇洒随意、即兴发挥的个性语言,实则是他用心下力、厚积薄发的结果。此外,他善于运用题板、书籍等实物进行说理,善于运用探讨商榷的口吻来增强语言的表达效果,他所用的语言具有交流感,不直接下结论,不居高临下,以平等真诚的态度吸引观众参与和思考,有人评价他的语言是"专家一样的评论、学者一般的反问"。白岩松的口语表达与其思维的敏捷、严谨相适应,语速快捷而不失稳健,语气犀利又不乏风趣,在整体偏快的谈吐中,做到了节奏上的张弛有度、快而不乱、紧而不促,让观众有一种紧张感而愿意积极地参与到节目中来。

3. 整体感觉

白岩松给人的感觉是稳重自信、睿智潇洒、严肃认真,具有强烈的社会责任感。他所主持的新闻节目具有真实感和现场感,他善于从事件中分析事理且评论到位、鞭辟入里,能引起观众的共鸣,能启发观众的思考。白岩松曾这样描述他心目中比较理想的主持人:"应该是一个年过四十的男人,他会更加客观冷静,但是穿透力极强;他思想更加成熟,并且具有极大的悲悯之心;他做任何事情,都会把激情藏在心里,而状态却可以很平和,且每句话里都能让人感到背后的激情汹涌澎湃。"①可以说,他描述的这种主持风格与他自己的主持风格有很多共同之处,是情感与理智结合的典范。

4. 受众反馈

受众认为白岩松思维敏捷、严肃认真,其主持风格冷峻深刻。曾有人评价白岩松是"冷面杀手"。他在采访中这样说:"《东方时空》本身是电视新闻杂志,节目本身是严肃的,当然我在节目中就更多地展现出自己严肃的一面。"②可见,白岩松以节目定位为基调逐渐塑造出自己独特的严肃、睿智、理性的主持风格。调查报告《对目前优秀节目主持人的调查和评价》显示,有受众认为:"白岩松是主持人中最具学者风度的,给人以知书达理、极富知识的感觉,具有中国人比较欣赏的那种气质,很得知识界的推崇,有品位,自己能写些东西,发挥得也较好。最大的问题是过于严肃,不轻松,'老皱个眉头',给人居高临下、刻意表现成熟的样子。"③

三、智慧型——以杨澜为例

(一) 智慧型主持风格的特点

智慧型主持人具有广博的知识和良好的专业修养,综合素质好,谈吐儒

---

① 陈虹.节目主持人传播[M].上海:复旦大学出版社,2007:186.
② 翁佳.对面——著名播音员主持人访谈录[M].北京:中国经济出版社,2003:2-3.
③ 张锦力.解密中国电视[M].北京:中国城市出版社,1999:187.

第五章 主持人的个人特质:播音主持风格的内在规定性

雅、睿智、外表知性、干练,体现出一定的文化品位和人文精神,给人以智慧的启迪和思维的启发。

(二)案例分析对象:杨澜

杨澜1990年进入中央电视台担任《正大综艺》主持人,后来创办阳光卫视,并担任或客串多个电视节目主持人。其主持风格清新、纯净,朝气蓬勃。尽管岁月流逝,但她不断进取,如今越来越显出知性、干练、智慧的风采。①

1. 外在形象

无论是她早期主持《正大综艺》,还是在凤凰卫视《百年叱咤风云录》和《杨澜工作室》做人物专访,她始终保持知识女性的气质。主持《正大综艺》时她的穿着大方、简洁、斯文,款式都是开衫、连衣裙等雅致修身的服饰,透露出活泼可人的学生气质,她没有明显的化妆痕迹,清纯、真诚的眼神和一袭浑然天成的长发,显得十分自然清新,举手投足之间散发着知性大方的知识女性的品位。后来随着年龄增长,她的外在形象多了成熟女人的韵味,但装扮风格仍然是以简洁大方、知性温和为主调,她利落的短发和优雅的职业套装,显示出她的智慧、干练和稳重。

2. 个性语言

杨澜在主持节目时,语速比较快,明快直接,直抒胸臆,脱口而出的话语总能一语中的,充满灵气。杨澜的个性语言有两个特点,一是简洁明快,二是睿智晓畅。杨澜在节目中同搭档讲笑话或者讲故事时具有一种女性的智慧,她善于巧妙地抓住对方思考问题的间隙,把握插话的时机,机敏灵活地引导话题。此外,杨澜在节目中能将道理总结得清晰明白,将看似深刻的道理讲得明白浅显,她也因此被媒体称为"中国最智慧的女人",但她的智慧并不咄咄逼人,而是能给人带来温暖和力量。她接受采访时说:"女人具体做什么是次要的,她要能让周围的人感到一种温暖、温情和力量,在这其中她也体现出自己独立的人格、尊严和价值。"②可见,杨澜的个性语言充满智慧的力量,她总结出很多具有哲学思考的经典语录,给人以深刻的启迪。不少

---

① 俞红.节目主持人通论(修订版)[M].北京:中国广播电视出版社,2004:78-80.
② 潘圆.杨澜:中国最智慧的女人[N].中国青年报,2001-09-14.

出版社及作家通过采访杨澜或总结她的个性语言写成畅销书,如《杨澜给女人的智慧课》《像杨澜一样做智慧女人》等。

3. 整体感觉

杨澜给人的整体感觉是文化知识丰富,有浓浓的书卷气,又有良好英文功底,她那纯正流畅的英语,为她带来了很多主持国际性大型庆典活动的机会。杨澜主持《正大综艺》时,充分展现了她宽广的知识面,其实她讲的许多在别人听起来很新鲜的掌故,大多是从英文资料里查出来的。此外,杨澜的知识结构、品格修养、艺术个性,与环球旅游知识节目《正大综艺》在内容、主旨和形式等方面非常契合,她的明朗、清纯和率真的主持风格也给节目带来了生机和活力。

4. 观众反馈

20 世纪 90 年代,观众看惯了拿着稿子念的花瓶型主持人,对刻意加工的矜持、娇嗔感到腻烦,杨澜风姿绰约、落落大方、知性优雅的形象气质正好迎合了当时观众的审美趋向及观赏心理,很多观众被杨澜的主持风格所吸引,认为她知识渊博、思维活跃,具有国际视野,语言表达清晰灵动,形象知性自然,能带给受众温暖和力量,由此她成为主持界的一棵常青树,为智慧型主持风格树立了典范。

四、表演型——以王自健为例

(一) 表演型主持风格的特点

表演型的主持风格,即主持人以极具表现力的动作和语言,营造一种放松搞笑的环境,将受众带入风趣、幽默、活泼的氛围中,让受众可以尽情放松、开怀大笑。

幽默一词在《现代汉语词典》中的解释是"有趣或可笑而意味深长"。它最初是由英文 Humor 音译而来,由中国现代著名学者林语堂将此词引入中国。幽默常会给他人带来欢乐的体验,主要表现为自嘲和调侃等。弗洛伊德在《诙谐及其与同潜意识的关系》一书中指出:"幽默可以以社会许可的方式表达被压抑的思想,如果你希望了解一个人潜意识心理中被压抑了哪些

第五章 主持人的个人特质:播音主持风格的内在规定性

东西,那只要检测这个人喜欢什么样的幽默便可了然。"幽默一直以来都是个相当热门的话题,有人认为幽默来源于生活,是生活经验的艺术化展示,有人认为幽默是一种充满智慧和内涵的语言形式,是艺术化的语言,有人认为幽默是一种艺术手段,用以造就以予人欢笑的文学艺术作品。

在社交场合中,幽默的语言使气氛轻松、融洽。主持人幽默的语言不仅可以化解尴尬、活跃气氛,而且可以加强互动、传递信息、推进节目进程。节目主持人的语言幽默不同于日常生活中的语言幽默,因受媒体平台、节目定位和受众需求等因素制约,节目主持人的语言幽默需要更加规范、完整、精确,符合大众传播规律。国际语用学会秘书长耶夫·维索尔伦(Jef Verschueren)提出了"语言顺应论",他认为,人们之所以能够在语言使用的过程中不断地做出选择并实现顺应,是因为语言具有三个基本特征:变异性、商讨性与顺应性。语境分为语言语境和非语言语境,语言语境指上下文中的语言结构成分,非语言语境又叫交际语境,包括物理世界、社交世界和心理世界。因而,主持人的语言幽默不是天生具备或者偶然生成的,而是主持人顺应语境不断进行语言选择的结果。①

(二) 案例分析对象:王自健

2009年,王自健以相声演员身份进入演艺圈。2010年,他成立了自己的相声团体"北京第二班相声大会";2011年,出演个人首部网络剧《地球人搞对象指南》;2012年,主持东方卫视原创脱口秀节目《今晚80后脱口秀》,同年,出演个人首部电视剧《杜拉拉之似水年华》;2013年,获得"第12届星尚大典"星尚跨界先锋人物奖,同年出演饶晓志执导的贺岁喜剧《极品大作战》;2015年,出演个人首部电影《咱们结婚吧》,同年,为动画电影《小王子》中的自大狂配音;2016年,在喜剧电影《你好,疯子!》中饰演马睿,同年,凭借电影《你好,疯子!》获得"第8届澳门国际电影节"最佳男配角奖提名;2017年,在电视剧《宣武门》中饰演溥兰亭、溥陶然;2020年1月24日,在中央广播电视总台春节联欢晚会上表演小品《机场姐妹花》,同年主演的都市剧《安

---

① 刘赛,主持人语言幽默的语境顺应探析——以《今晚80后脱口秀》主持人王自健为例[J],广电视听,2017.5.

家》《三十而已》播出。2021年是王自健饰演角色最多的一年,主演电影《我为兄弟狂》,在民国剧《光芒》中饰演查理,在重大现实题材电视剧《功勋》里饰演孙家栋的同事黄志明,还友情出演体育竞技剧《超越》中的汪自来。

王自健主持的《今晚80后脱口秀》是2012年5月东方卫视全新打造的高端文化脱口秀,是一档以主持人为核心的节目。也许早年的演员从业经历,让王自健在这个节目中大放异彩,他的表演特长和良好口才得以凸显。在舞台上他轻松、逗趣、松弛的主持风格,与他帅气的形象结合起来,让不同年龄的观众都很喜爱,王自健也因此被观众和粉丝们叫作"冷面笑将"。他的主持风格比某些老练的脱口秀主持人多了一点新潮、雅致和贴近性,更加简单直接,幽默搞笑,比知名的脱口秀主持人少了一些个性标签和风格约束,更具有自由发挥的创造性风格。可以说作为年轻一派还在塑造主持风格的过程中,王自健已在节目中有独树一帜的表现,在调侃和嘲讽中,融冷面与滑稽于一体,又不失人文才情,这个节目也是中国当时具有较大影响力的欧美风格的脱口秀节目。这个节目主要展现年轻人对社会热点、文化事件、时尚潮流的态度和思想,幽默风趣却又不失智慧与锐度,它用爆笑脱口秀的方式讲述年轻人的生活,贴近现实,时尚而具有国际气质。

虽然每档脱口秀栏目都有各自鲜明的特点和设计,但是总体来说电视脱口秀节目的基本风格还是相对一致的,其核心元素——节目主持人,基本都以语言表达能力出类拔萃、即兴发挥游刃有余著称,由于脱口秀节目娱乐性强、观众参与性强、互动性强、节目表达方式多样等特征,节目对于主持人语言基本功和临场反应的要求也就极高,一个合格的电视脱口秀主持人需要"懂得幽默",而一名优秀的电视脱口秀主持人则必须"善于幽默"。《今晚80后脱口秀》一般的节目形式为"单口小段+喜剧小品+名人访谈"。节目形式上是炫酷的舞台,以个人脱口秀为主,加上助演嘉宾插科打诨创造舞台效果,主演嘉宾时不时抛出一个"梗",主持人时不时"吐槽"一下,每期节目的主题不一样,但都服从于节目幽默风趣的整体定位,从社会热点、生活常态出发,用不同的喜剧形式来演绎和表现主题。

1. 外在形象

王自健一直以轻松幽默的主持风格著称,从相声界走向主持界,王自健

第五章　主持人的个人特质：播音主持风格的内在规定性

以自己独特的方式让观众记住了他。不同于其他脱口秀节目主持人,王自健的幽默自成风格。有的脱口秀主持人会在节目中扮演热点事件中人物,表情其时哭时笑,甚至还即兴跳起舞来,有时改编歌曲的歌词当场表演唱歌,其夸张的动作倒是能为舞台增色不少,凸显脱口秀的个人特色和魅力,具有感染力和亲和力。然而,王自健的不同之处在于,他所站的舞台没有过于耀眼的装饰,这样可以让观众将注意力汇集到主持人身上。王自健素来有着"冷面笑将"的绰号,因为只要出现在节目上,无论何时王自健永远是一副看似呆滞、无神、宠辱不惊的表情,这成了他的一种帅气冷酷的标签,无论现场多么喧闹,节目灯光如何绚丽,背景音乐是喜是悲,王自健在主持台上展现的都是相同的面孔,故作无神其实是有神,这种表情会让观众猜他想接下来要说什么段子。由于王自健的形象高大、年轻、帅气,着装也是西装革履,新锐时尚,其轻松的表现,带点"耍帅"的表情,不需要夸张的表演,也能让观众自然地去关注他的幽默语言,更加集中精力去听他接下来会说些什么内容,所以不少观众也将其戏称为"面瘫主持"。

2. 个性语言

不同于其他正统的综艺节目,王自健的主持语言简单、直接、生动、幽默。主持人和主演嘉宾的互动大胆,他们把眼中全新的世界融入相声艺术,产生了完全不同于传统相声的崭新脱口秀,将"80后""90后"潮人的风采展示出来。在2015年11月的一期节目当中,王自健将中国成年人的睡眠情况作为开场话题,并且做了这样一番开场白:"睡觉在当今中国已经成为一个巨大的社会话题,在2015年,中国的成年人当中有31.2%的人存在失眠问题,那些未成年人呢？未成年人有期中考试,期末考试,周末补习班,他们的失眠比例可能会更高对不对？另一个调查结果是大城市当中失眠者的比例更高,达到有57%,也就是说有43%的大城市人能够安然入睡,那么这43%的人就不是需要我们关爱的对象了,我们不光这期节目不会关爱你们,理论上来说从开始到现在以及遥远的未来我们都不会关爱你们,因为你们有正常的睡眠,你们从来都不准时收看我的节目(节目首播时间较晚)。"语言有理有据,最后通过与观众互动产生笑点。

又如,在一期关于过中秋的节目中,王自健和主演嘉宾吐槽道:"中国人过中秋节讲究团圆,但是有些人在中秋节会因为一些特殊的原因回不了家,感到特别的孤单,比如说李诞,中秋节的李诞特别忧伤,还专门发了个朋友圈说'一个人的中秋,好忧伤',我看了半天也没人理他,作为朋友我就安慰了他几句,我说:'李诞,不要这么想这个问题,一个人的中秋有什么了不起的,你想想,不光是中秋啊,你每年的清明节、端午节、儿童节、妇女节、父亲节不都是一个人过的吗?你怎么还没适应呢?'"这样一个递进的回应,明显有着让对方觉得更加"孤单"的效果,这一种戏谑和反讽的语言产生了更强烈的喜剧效果。

再如,2015年4月25日这期节目中,王自健模仿节目助演王建国和一个外国人的一段对话:"有一次建国当着一个外国人在那儿啃鸡爪子,啃得特别特别香,外国人看着觉得瘆得慌,然后就跟建国说你们中国人为什么会吃这个东西呢?为什么吃这个?""好吃啊?咋地?好吃不能吃吗?""不是,你不觉得它看上去特别像我们人类的手吗?你怎么能吃人类的手呢?""你小时候没吃过手指头吗?是不是特别香?这玩意更香。"这里描述了不同国家间的饮食文化差异,在外国人说鸡爪子像手的时候,略显恐怖,但是通过"小时候吃手指头"的回应转向共同心理,将内容顺应时间、结合心理、跨越文化,通过文化碰撞的心理刺激产生喜剧效果,让观众忍俊不禁。

3. 整体感觉

东方卫视的《今晚80后脱口秀》结合时代背景和社会热点,关注年轻人的生活状态,话题范围广泛。主持人王自健时常选择一些网络上流传的图片、视频以及趣事等来制造幽默。王自健在运用幽默语言上可谓独树一帜,语言诙谐幽默而又不失理性睿智。从相声演员到电视脱口秀节目主持人,长袍马褂变成西装革履,王自健的言行举止显现出的仍然是中国传统相声风格,不过,其表演方式和语言表达都有所突破,话语、表情、肢体动作等各处细节均透露出看似无意实则精心设计的笑点,形成了他幽默、风趣、雅致、时尚、独特的主持风格。

4. 受众反馈

王自健的风格因其较好的互动性和贴近性,吸引了广大年轻受众。作为新生代"80后"相声演员的王自健更贴近年轻人的视角,对生活的态度更多体现了年轻人的立场和知识架构。王自健有着与"80后"共同的经历和回忆,有理想,也有点"愤青",能"吐槽",又有点幽默,大大满足了年轻观众的收视欲望。王自健在主持时不仅能将有关"80后"的话题信手拈来,而且其本人曾经做过白领,更能把握受众心理,发掘他们关注的话题,实现无缝对接。节目中,王自健最大的特色就是擅长"自我解构",他经常将自己融入话题,用带有无厘头风格的态度和言论自贬,以调节气氛。这种"现身说法"的形式能够引发受众对话题最直观的理解和感受,达到很好的娱乐效果。王自健的主持风格很亲民,他经常与观众现场互动,一起吐槽生活中的烦心事儿,比比"谁更惨",谈谈奇葩室友、抠门老板、雾霾、房价、油价等,无疑给生活压力大的"80后"提供了一个顺畅的发泄渠道,观众的压力得以释放,心理需求也因此得到了满足。

第六章　播音主持风格演进的动因分析

中国电视节目主持风格的演进并非单纯的自我演化，而是与社会文化的变迁、传媒的发展和受众需求的变化紧密相关，是多种因素综合作用、相互影响的结果。本章将着力分析这些因素与电视节目主持风格之间的互动关系，以期揭示出中国电视节目主持风格演进的动因。本章探讨的具体内容包括：不同时期的经济、政治和文化所构成的社会时代语境；传媒体制和传播实践的变化带来的媒介定位调整和栏目化发展状况；受众的需求和受众结构的变化对主持风格的影响等。

▶▶▶ 第一节　社会时代语境的变迁对播音主持风格的影响

马克思认为，艺术是一种社会现象，属于一定社会的上层建筑。作为一种传媒文化现象，主持风格必然会体现出一个时代上层建筑和社会文化的变迁，或者说主持风格必定适应时代的语境，服从不同时期社会发展的需要，发挥一定的社会功能。本节将结合民主政治环境日益宽松、大众文化及视觉时代的趣味重构、商业浪潮及消费社会的理性诉求来分析社会时代语境的变迁对主持风格的影响。

一、民主政治环境日益宽松

一个国家的政治体制对电视事业和产业的发展状况有直接影响，不同

第六章　播音主持风格演进的动因分析

时代的政治环境、经济条件和人们的社会思潮、价值观念、审美追求无疑会对主持风格产生强烈影响。

与报刊、广播一样,长期以来,电视媒体在中国主要作为国家意识形态的重要表达渠道,担当着喉舌的角色;宣传、教化已经成为中国电视自觉担当的第一职能甚至是唯一功能;传播党的方针、路线、政策,与党中央在政治上保持步调一致,是电视媒体的政治责任。改革开放以来,特别党的十一届三中全会以后,中国共产党在全社会实施改革开放政策,中国社会包括经济、政治、文化、社会各方面都在全面发展,整个社会的民主化程度有了空前提高,舆论空间得到极大拓展。中国的电视节目主持人产生于20世纪80年代并非偶然,因为日益宽松的民主政治环境为其提供了成长的土壤与发展的空间。

例如,中央电视台的《焦点访谈》自1994年4月1日开播以来,在十多年的时间内通过深度报道和新闻评论发挥了舆论监督作用,其中不少新闻报道直接构成了中央重大政策的决策依据。1997年12月29日,李鹏总理视察中央电视台时题词"焦点访谈,表扬先进,批评落后,伸张正义";1998年10月7日,朱镕基总理与《焦点访谈》的编辑记者座谈,并题词"舆论监督,群众喉舌,政府镜鉴,改革尖兵";2003年8月26日,温家宝总理在《焦点访谈》演播室赠言"与祖国同在,与人民同行,与世界同步,与时代同进"。① 三任总理对《焦点访谈》的题词一方面体现了民主政治环境的日益宽松,另一方面也体现了政府对于电视节目在舆论监督中所发挥的作用的重视,深度报道和新闻评论成为符合时代发展趋势和受众收视习惯的重要新闻节目形式,有效推动了新闻节目在内容和形式上的改革。深度报道对新闻事件背景的挖掘,对于主持人的采访分析能力、临场应变能力、评论能力都提出更高的要求,使得精练流畅的采访、逻辑严谨的分析、重点明确的评论成为主持人的必备之功。

20世纪90年代,随着改革开放的进一步深化,随着我国民主政治环境的进一步宽松,大众传播更是迎来了前所未有的发展高潮,更适合展现主持人个人才华和魅力的主持人节目相继出现。例如,随着《东方时

---

① 转自百度知识百科[EB/OL].(2012-10-09).http://baike.baidu.com/view/43125.htm.

空》《实话实说》《焦点访谈》《新闻调查》等一批具有广泛社会影响力的新闻类电视节目出现,一批具有个性魅力的主持人,如白岩松、崔永元、方宏进、敬一丹等,也随之为广大观众所熟知和喜爱。许多栏目甚至以主持人名字命名,如中央电视台《一丹话题》、北京电视台的《元元说话》以及地方台的《蔚蓝信箱》《林雨一刻钟》等,随后每到"两会"召开之时,电视媒体上还出现《小丫跑两会》《伟鸿看两会》等临时性栏目,这些节目彰显了浓郁的个人化色彩,凸显了新闻主持人群体稳健、干练、严谨、客观、权威的主持风格。

此外,随着社会经济的发展和人民生活水平的提高,建立和谐社会正成为人们的共识,文化科教事业也蒸蒸日上。民众在政治基本权益和生活条件得以保障的前提下,开始注重其他层面的需求,例如渴望情感及心理安慰,渴望人与人之间的平等交流,偏好自我个性的张扬等。对于电视节目,观众越来越需要主持人在固定时间出现在屏幕上,像朋友一样与观众交流,沟通个人情感,剖析社会动态,这使得主持人要以突出的个性,定时、定期地向观众传播信息,制作出具有个性风格的节目。例如,《非诚勿扰》近几年异常火爆,其中一个重要原因是该节目契合了当今的社会状况和市民需求。社会的发展导致单身青年男女日益增多,并逐渐成为一种社会问题,恋爱、婚姻、交友成为社会广泛关注的话题,这也是节目受关注、受欢迎的潜在社会原因。节目为青年男女提供恋爱平台,并且通过富含理性的内容和颇具趣味性的形式解读恋爱中的人情世故,倡导了一种新的婚恋观,具有较强的服务性。节目中男嘉宾自我介绍的短片,不仅反映了有代表性的交友趋向、婚恋态度和价值观等社会风气和思潮,也反映出当今时代的社会经济生活状况。另一个原因是,节目的三位主持人能真正吸引观众、说服观众。同类相亲交友节目众多,但《非诚勿扰》能独树一帜,原因在于主持人具有独特的主持风格。主持人孟非的现场把控张弛有度,能巧妙地引导话题、串联节目,语言风趣幽默又富有深度,增加了节目的可看性和互动性;嘉宾主持人乐嘉、黄菡,深谙心理学和社会学知识,能以理性的洞察力和精练的语言阐述现象、分析问题、总结经验,增加了节目的深度,也使得节目的三位主持人成了青年男女的恋爱导师。

可见,随着民主政治环境进一步宽松,主持风格的变化日益贴近百姓,服务意识明显增强,更注重及时向人们传达生活日新月异的变化,反映社会转型期所出现的问题,准确、高效地传达政府的政策信息,主持风格日益凸显客观性、专业性、服务性,对其多样化发展有积极的推动作用。

二、大众文化及视觉时代的趣味重构

西蒙·杜林认为"大众文化是指用大规模工业生产方式生产的文化"①。雷蒙·威廉斯(Raymond Williams,1921—1988)将大众文化定位为"大众文化不是因为大众,而是因为其他人而得其身份认同的,它仍然带有两个旧有含义:低等次的作品(大众文学、大众出版商以区别于高品位的出版机构);和可以炮制出来以博取欢心的作品(如有别于民主新闻的大众新闻,或大众娱乐)。通俗性和娱乐性使得大众成为这一文化的享用者"②。

随着大众传播的飞速发展,人们的生活方式和欣赏习惯也因此发生改变,当今的电影、电视、网络大量地涌入人们的日常生活,大众文化、工业生产和商品消费紧紧结合在一起。大众文化为了达到商业目的,一方面迎合大众,为大众服务;另一方面,也引导大众,促使大众消费。

董天策教授认为:"当代中国的大众文化事实上包括了两个阶段与两种形态——即从70年代末开始出现到80年代中后期取得合法地位而在90年代前期蓬勃发展的大众文化,主要是以通俗文化的形态呈现出来的;90年代中期以来'消费主义观念开始渗透到文化的创造和传播过程中,同时人们的政治热情与宏大理想开始被一种轻松、娱乐的文化体验和诉求所淹没',大众文化'与消费文化趋同',演变成为一种消费文化——就是说70年代末至90年代中的通俗文化与90年代中后期以来的消费文化。当代中国传媒文化的总体变化就可以说是从意识形态向精英文化向通俗文化向消费文化发展的过程,简言之就是走向消费文化的过程。"③

大众文化向消费文化发展的过程,使得电视节目在类型上和主持风格

---

① 杜林.高雅文化对低俗文化——从文化研究的视角进行的讨论[J].文化研究,2006(3):45.
② 陆扬,王毅.大众文化与传媒[M].上海:上海三联书店,2000:12-13.
③ 董天策.消费时代与中国传媒文化的嬗变[M].北京:中国社会科学出版社,2011:181.

上有了时代性的变化。20世纪80年代初的大众文化洋溢着改革开放后的激情、浪漫与温馨,这一时期《为您服务》的主持人沈力以温文尔雅、恬静柔和、亲切自然的主持风格广受欢迎。90年代中后期大众文化向消费文化转变,侧重物质消费的时尚化,满足自身的消费欲望,这也使得这一时期的主持风格不断指向受众的感观需求,向活泼、热闹、轻松、诙谐、幽默转变,例如《快乐大本营》等综艺娱乐节目主持人李湘、何炅就以活泼热闹、轻松明快的主持风格深入人心,也因为这样的主持风格适应这一时期大众文化的转向,需要满足受众对电视节目的消费需求。

当电视节目日益进入人们的视野中,观众逐渐成为眼光挑剔的"买家",在挑选电视节目和主持风格时,获得了精神上的体验和满足。在我国,改革开放后,播音员日益向具有个性特色的主持人过渡,除了政策的推动,也是主持传播实践发展的必然,更是受到大众文化发展的影响。播音员与受众有隔离之感,而主持人与节目融合能给受众带来亲近之感,亲近感能使受众感到满足和愉悦。20世纪80年代初期,经历了"文革"的精神创伤,大众深层的共同心理是,虽然漫长痛苦的岁月已经过去,但血腥和野蛮的迫害历历在目、不堪回首,人最起码的社会价值和尊严需要得到满足。这一时期,大量平民化、阐述型、情感型和具有交流感的主持风格深受大众欢迎,它们迎合了这一时期大众文化的需求。主持人以深刻的人文关怀体察受众需要,尊重受众需求、满足受众的心理企盼,以人格化传播的主持人节目形式催生了适合大众喜好的主持风格。主持人以平等交流的、富有人情味的柔性风格主持节目时,能满足大众期待已久的文化心理,获得情绪安慰。可以说,90年代主持风格呈现百花齐放的局面,主持人节目迅速增多,适应了大众文化发展的需求。

视觉文化的转向也影响主持风格的变化。视觉时代的到来,改变了人们对主持风格的接收模式。视觉文化已经成为普遍的文化景观,成为市民生活中重要的组成部分。视觉时代,受众专注于感性的愉悦、简单的接收,影像化、直观化渗透在大众传播当中。此时,在现代传播科技的作用下,以及在数码技术、多媒体技术、网络技术三者合力作用下,电视传播逐渐从以语言、文字为中心的"理性主义"传播形态向以视觉为中心、以影像为中心的"感性主义"形态转变。随着人们生活节奏的加快,视觉传播时代逐渐来临,不仅带来新的传播理念,也带来新的文化形态,更转变了人们的思维方式。

在视觉文化研究方面颇有影响的美国学者米歇尔认为:"视觉文化包含三个术语,一是符号,即形象与视觉性;二是身体,即表演艺术中的身体;三是世界,即彰显出主体的世界及其体制。"①从米歇尔的观点可以看出,在视觉时代,视觉符号的生产、流通和消费显得格外重要。主持人作为栏目和媒体的"符号",时刻代表着栏目和媒体的形象,主持风格也更容易被受众关注和认可,促使主持人以此为标准塑造具有亲和力、表现力的主持风格,迎合消费社会的需求。从米歇尔关于视觉文化的三个术语"符号""身体"和"世界"来看,视觉时代人们关注的主持风格的呈现形式要具有可视性,能给人深刻的第一印象;主持人的个人魅力是主持风格传递的核心,具有重要的传播效果;主持风格所体现出来的内容应该是受众所认知的世界,其认知具有深刻性和思想性。有学者认为,"视觉文化让人'看'的主要是'形象';它是以虚拟性、游戏性、娱乐性的表象供人观赏、参与和消费,另外,视觉文化还多一层,就是具有表演性、仪式性和公众性"②。

可见,大众文化的影响和视觉时代的到来,让人们对于主持风格的审美趣味发生重构,这也是2000年以后各节目主持人,特别是综艺娱乐节目主持人在主持节目时呈现出个性化、表演性和仪式感的重要原因。

可以说,大众文化促使主持风格多种样态的产生,满足了不同文化的需求,同时主持风格也是反映大众文化的一个标志,可以起到引领潮流的作用,并日益注重对象感和亲和力。视觉时代的到来,提升了主持风格传播的广度和深度,越来越多的主持风格在呈现方式上更加注重表演性和仪式感,以适应视觉文化的传播。

三、商业浪潮及消费社会的理念诉求

商业浪潮下,人们的生活质量、文化信念、消费方式都发生不同程度的改变。商业资本进入大众媒体,商业广告狂轰滥炸,也改变了媒体关注的焦点。一个国家或地区经济的繁荣与活跃常常离不开电视媒体的支持与参

---

① 周宪.视觉文化的转向[M].北京:北京大学出版社,2008:18-19.
② 叶虎.大众文化与媒介传播[M].上海:学林出版社,2008:258.

与,不论是商品的生产、流通还是消费,常常需要电视媒体的宣传和推广,甚至在某些领域,电视媒体成为宣传商业品牌的重要渠道。这样看来,电视媒体在社会经济发展和商品市场运行中扮演着不可或缺的角色,电视媒体自身构成了市场经济体系中一个重要部门或产业领域。

商业浪潮下,电视媒体逐渐认识到自己的属性。从1979年我国电视媒体播出第一条商业广告到1992年邓小平南方谈话之后电视媒体所进行的自觉改革,再到现今广播电视逐渐朝市场化、产业化方向大步迈进,我们可以清晰地看到媒体在资源配置、信息服务和产业运营等各个多方面的巨大能量,无论是内容生产、营销推广,还是电视自身的品牌打造,都可以开发与之相关的产业链。可以说,商业浪潮下媒体逐渐改变了对其属性的认识,对其产业属性、商品属性有了更清晰的认识,更注重自我营销和品牌打造,也改变了对其"消费者"——受众的认识。

当媒体意识到自己的产业属性和商品属性,必然要注重其产品是否"适销对路"。电视所呈现出的节目、主持人及其风格更多地作为"商品"被消费者需求,媒体为了使得其产品更适合市场和消费者,也必然注重其产品的质量与推广。受众作为消费者,也享有更多的话语权和自主权,消除传受双方单一、单向的关系,受众不再是被动的接受者,而是具有主动权的消费者、互动者,传受双方进入平等、平行、双向互动的传播时代。

传媒产品作为一种精神食粮,和其他物质产品一样,只有通过消费才能实现价值。马克思认为:"只有在消费中产品才能成为现实产品,例如,一件衣服由于穿的行为才能现实地成为衣服,一间房屋无人居住,事实上就不成为其现实房屋;因此,产品不同于单纯的自然对象,它在消费中才证实自己是产品,才能成为产品。"[①]可见,传媒产品以商品形态在商业市场上流通,而审美鉴赏是对这种产品的美学观照层面上的消费,是受众所进行的审美体验。受众对传媒产品的消费,主要体现在对内容的吸收、消化、借鉴上,表现在对精神需求的期待、获取和满足上,同时也表现在对形式风格等的审美把握上。受众的欣赏习惯、审美趣味、审美需求会激励或制约传媒产品的创作,影响传媒产品价值的实现。

---

① 马克思恩格斯全集[M].北京:人民出版社,1979:28.

第六章 播音主持风格演进的动因分析

对于主持风格而言,其本身也是一种令受众产生视听快感的艺术形式,不同的风格代表不同的审美体验和社会认同,主持风格逐渐进入多元化和差异并存的宽容环境中。主持风格只有被受众所接受,才能体现其特有的价值。

此外,消费者(受众)对于主持风格的消费,不但是消费主持风格所代表的社会价值,也是在消费中获得自我身份认同。让·波德里亚在其《消费社会》中认为:"商品消费的象征符号表达的不仅是消费物品本身,而且是消费品所代表的社会身份符号价值,如富贵、浪漫、时髦、前卫、归属感等象征价值。"[①]可见,受众在消费某种媒体产品时,除了实现社会价值认同外,主要是确认个体身份,在社会生活中找到自己的位置,获得整个社会的反馈和公认。例如,20世纪90年代后,娱乐节目、选秀节目的兴起,造就了李湘、李咏、汪涵、何炅、谢娜等表演性强、诙谐幽默、轻松活泼、娱乐大众的主持风格,主持风格也成为受众消费的"物品",因此为了追求收视率,主持风格不断追求"明星化""个性化",以便在竞争中获得关注。

可见,随着商业浪潮和消费社会的发展,媒体对自身政治属性转向产业属性的认识,导致媒体的姿态不再高高在上,而躬身成为媒介市场中的竞争者。这种理念诉求,使得主持风格也受到潜移默化的影响,主持不再是高高在上的毫无对象感的"你播我看",而是需要满足受众诉求,倾听受众心声,适应市场主流,以获得更大发展空间的市场竞争行为。

▶▶▶ 第二节 传播观念和体制的变迁对播音主持风格的催化

媒体的传播观念和传播实践,决定了主持风格的形态和传播方式。媒体的传播观念深刻影响着主持人的传播地位、传播功能,同时在传播实践中,媒体定位的调整、频道制和栏目化的发展趋势,都对主持风格的演进有深刻的影响。

---

① 波德里亚.消费社会[M].刘成富,全志钢,译.南京:南京大学出版社,2006:235.

一、西方传播理念和传播实践的影响

节目主持人在西方广播电视机构中出现已经有 70 多年历史。它的出现同西方传播学的兴起、第三次科学技术革命的到来、"三论"(信息论、系统论、控制论)的理论指导以及各种新闻媒介之间的竞争密切相关。"三论"在西方被认为是传播学研究的三大支柱,"三论"和传播学的有机结合、相互渗透,推动了大众传播理论的发展。20 世纪 40 年代,传播学者把信息、控制、反馈和系统等因素引入传播研究,深化了人们对传播过程、传播效果、传播内容与渠道控制以及受众反馈研究,对确立主持人在大众传播中的地位以及主持风格在拟态化、人格化、对象化传播中发挥的传播效用提供了研究方向,为主持风格的双向交流、受众反馈及主持风格的塑造奠定了理论基础。

我国电视媒介发生的变化不仅表现在媒体数量增加、规模扩大以及结构层次的多样化上,还表现在传播内容的信息量加大,娱乐性和服务性提升,公开性、透明度增强上。此外,在传播方式上,单向传播转变为双向传播,简单灌输转变为平等对话;在传播理念上,以传者为中心逐渐转变为以受众为中心。

西方节目主持人的发展历程可以分为三个时期,即萌发时期、兴起时期、兴盛时期。萌发时期主要在 20 世纪 20 年代末至 40 年代,这个时期出现主持人雏形,广播主持人大多从一线采访、现场解说的记者发展起来,并且在播出新闻时,还做简洁明快的分析评论,从采访、编辑、节目编排到播出,一手包揽,主导性较强。例如,美国 40 年代广播事业发达,广播主持人逐渐兴起,主持人"默罗"成为家喻户晓的人物,这一时期被称为"默罗时期"。50 年代美国电视节目采用主持人的形式获得认可,主持人日趋成熟,其作用和影响初步显现。60 年代电视新闻主持人代替播音员后,以往单调枯燥的新闻播报变为生动活泼的新闻主持,并出现了一些有影响力的电视明星主持人,如沃尔特·克朗凯特等。70 年代至 90 年代,电视以独特的优势,占据媒介的重要位置,主持人的权力和收入迅速上升,地位空前提高,影响力迅速增强,节目对主持人的素质也有了很高要求,入选条件相当严格,在激烈的竞争中,又出现了一批新闻节目明星主持人,如丹·拉瑟、汤姆·布罗考、彼得·詹宁斯等。

西方传媒理论的研究及主持人的出现都早于我国,对我国主持人的产生和发展有一定的影响。新的传播理念和节目形式的传入,也对我国电视节目的改革和主持风格的塑造产生了极大影响,例如,《鲁豫有约》《幸运52》《开心辞典》《超级女声》《非诚勿扰》都或多或少受到国外同类节目的影响,为我国电视节目主持风格直接注入创新元素。"从20世纪90年代起的25年来,中国电视节目的语态发生着巨大改变,这与美国CBS深度调查类节目《六十分钟》的启蒙不可分割,诞生于90年代初期的《东方时空》《新闻调查》等一批节目都借鉴了它的制作理念和手法,对于一代中国电视人而言,《六十分钟》几乎相当于创意模板和专业宝典。基于对电视媒介技术和符号特性的崭新认知,充满职业理想和主体意识的电视新闻改革者已经不局限于对新闻事件的单纯再现,从这些节目中走进公众视野的白岩松、崔永元、水均益等人,开始掌控对新闻的讲述和评论,崇尚对电视新闻的独立思考和深度挖掘,成为中国电视新闻改革潮流中脱颖而出的首批'记者型'主持人。"①有关西方主持人的传播实践和传播经验,对我国新闻节目主持风格的塑造产生了深远影响,也提升了业界对主持人的专业素养要求,主持人的来源日益广泛,记者型、学者型的主持风格因为符合传播规律,能起到引导舆论的作用而深受受众欢迎,也在一定程度上改变了主持传播的生态,有效发挥了主持人的传播效应。另外,西方媒体的管理机制、以收视率、收听率、发行量、广告创收等"硬指标"为主的评价机制,也对我国电视节目主持风格的塑造带来一定影响,主持风格倾向于观众是否喜欢和认可,倾向于记者化、平民化、专业化。在运营机制上,西方国家"明星制"强调主持风格对媒介品牌的塑造,某些著名主持人由于能带来高收视率而被多家媒体争抢,主持风格朝着个性化、品牌化、明星化方向发展,也对我国主持人的人才资本运营特别是"跨界主持人"的产生带来影响。

---

① 杨澜,朱冰.一问一世界[M].南京:江苏人民出版社,2011:135.

二、中国传媒体制变革下的实践转型

中国传媒体制的变革,直接改变着媒体的发展方向和传播观念,也对主持风格产生了较大的影响。

一是传媒体制指导思想对主持风格的规范。1978年党的十一届三中全会后,"解放思想,实事求是"的指导思想促使广播电视回归到用客观事实说话、追求新闻真实性的轨道上。1981年,全国播音经验交流会上提出"降调"的问题,改变"文革"时期"喊叫"式的主持风格。1981年8月,在北京召开的第二次播音经验交流会,提出"大胆创新,百花齐放"的口号,提出播音工作必须根据改革需要,勇于创新,探索新闻的播音方法。1982年3月,中央人民广播电台台长左漠野指出:我们的新闻播音"缺乏中兴时期的活力,必须改进新闻播音,要加快节奏,每条新闻之间要衔接紧凑,反映新的历史时期的活力""播音要'清晰、活泼、朴实、流畅'"[①]。1983年3月,广播电视部召开第十一次全国广播电视工作会议,广播电视部部长吴冷西在此次会议上说:"除了发布政令、宣读重要报告、讲话之外,广播要像知心朋友一样同听众亲切谈话。亲切不等于轻浮,庄重不等于古板。播音的速度要根据时代的节奏加以合理调整。"会议提出播音要"走自己的路""扬独家之优势,汇天下之精华"的发展方向。会后,中共中央以37号文件批转了广播电视部党组《关于广播电视工作的汇报提纲》,在谈到"以新闻改革为突破口,推动广播电视宣传的改革"时提出"要尽可能采取谈心和对话的形式以及节目主持人的形式,增强新闻报道的吸引力和说服力"[②]。这是中央文件中第一次出现"节目主持人"的表述,也标志着"节目主持人"这种传播形式已得到中央的正式认可,文件中提出了改进播音主持工作的明确要求,极大地推动了我国工作节目主持人播音主持事业的发展,也使得20世纪80年代亲切自如、清新流畅的主持风格在全国产生了示范效应。这一时期,各台都对节目进行了重大调整,纠正了说教式的宣传,加强了启发式的传播,寓教育于服务之中,寓知识于娱乐之中,增加了许多知识性、趣味性、服务性、交流性的

---

① 杨波.中央人民广播电台简史[M].北京:北京广播学院出版社,2000:315.
② 毕一鸣.播音与主持艺术论纲[M].北京:中国广播电视出版社,2011:131.

第六章　播音主持风格演进的动因分析

节目,对主持风格的多样化产生了很大的影响。

二是"主旋律、多样化"的文艺主张对主持风格多样化的催生。1989年政治风波之后,宣传四项基本原则、反对资产阶级自由化成为当时的主要宣传任务,这一时期广播电视的发展与改革放缓了脚步。进入20世纪90年代以后,特别是1992年邓小平同志南方谈话及中共十四大召开之后,广播电视事业在坚持正确舆论导向的同时,出现了生动活泼的局面,进入了一个快速发展的阶段。1994年,江泽民在全国宣传思想工作会议上提出"弘扬主旋律,提倡多样化"这一文艺主张;1995年,中央提出文艺创作"三贴近"的口号,即"贴近实际、贴近生活、贴近群众"。社会生活的方方面面都成了广播电视创作的素材,内容涉及政治、经济、文化、历史、绘画、音乐、军事、农业、科技、戏曲等诸多方面,节目类型也涵盖新闻、教育、文艺、体育、服务等多种类型。这一时期出现了大量以特定人群为收视群体的对象性节目,如老年节目、青年节目、儿童节目、妇女节目等,多元化的信息让受众目不暇接。这一时期,随着经济改革的深入和市场的活跃,广播电视传输技术、制作方式、经营模式都发生了巨大变化,广播电视越来越面向市场、深入社会、走向群众、融入生活,与人民群众生活息息相关的社会热点、难点、焦点问题,关乎民生、民情、民意的社会动向,便民、利民、惠民的政策举措都成了广播电视关注的内容,介绍各种生活小常识、小窍门的生活服务类节目以及报道百姓身边小事、家长里短的民生新闻更是风靡大江南北。这些节目导向和定位的改变,促使主持风格更加贴近受众,亲和力和服务性更强。

三是传媒体制的市场化转型对主持风格专业化、市场化的调整。2000年以后,卫星电视使得中国电视版图得以重新划分,电视媒介的竞争环境日益激烈。1999年6月国内第一家广播电视集团——无锡广播电视集团成立,拉开了广播电视集团化的序幕。国家广播电影电视总局在《2000年广播电影电视工作要点》第一条即指出要加快广播电视管理体制改革。在行政命令的推动下,媒介产业化走出了关键性的一步。2001年成为广播电视媒介的集团年、开放年和数字年,广播电视集团化进程加速并取得实质性发展,传媒领域的对外开放悄悄进行。这一时期,各电视台积极推进频道专业化、对象化,并分地区开始进行数字电视整体转换,电视频道的专业化程度更加细化,出现了老故事频道、怀旧剧场频道、高尔夫频道、钓鱼频道、书画频道等。电视媒体的频道专业化发展日趋迅猛,从中央电视台至各省、区、市电视台纷纷走频道专业化路线。频道专业化,有利于电视节目依据频道整体定位进行科学、合理、有序的编排,更有利于满足不同观众群体的收视喜好,使节目收视更具针对性。1993年至今,中央电视台在原本3个频道的基础上,发展为今天的17个频道,各省级电视台由原本两个频道发展为今天的6至10个频道。省级电视台也纷纷开办贴近百姓生活的娱乐频道、都市频道、科教频道、影视频道、生活频道、外语频道,每一个频道都有它非常鲜明的风格和主打内容。湖南电视台经济频道、浙江电视台教育科技频道、江苏电视台城市频道、山东电视台齐鲁频道四个省级地面频道被誉为"地面频道四小龙",其本身也是专业化探索的成功案例。

这一时期,我国电视节目的传播政策、传播观念和生产机制发生较大变化,一方面鼓励栏目的丰富多元,加快栏目化、频道化进程,客观上使节目类型日趋多样化,催生了主持风格的多样化;另一方面传媒体制逐渐产业化、市场化,催生了一批有利于提高传播效果和获得较高市场回报的主持人节目,造就了个性化的主持风格,特别是"跨界主持人"渐成气候。这一时期,一批各领域的专业人士纷纷加入主持人行列,如演员、模特、运动员、作家、教授等,他们由于专业素质高,能独立担纲主持节目,很快成为明星主持人、特色主持人。跨界主持人的出现适应我国广播电视产业化进程的发展,是媒介经营与管理实践的产物。跨界主持人因良好的社会知名度、丰富的行业积累及使用上的灵活性成为电视媒体的宠儿,如模特出身的李艾、演员出身的周立波、做过歌星的戴军、知名学者余秋雨等。各电视媒体为了在市场竞争中突出重围,也纷纷起用跨界主持人。

三、媒介管理视域下的定位调整变迁

电视频道的专业化发展趋势和市场化竞争下媒体的定位调整,对主持风格的细分化和对象化产生了重要影响。主持人节目日益盛行和主持人队伍日益扩张,为主持风格的发展提供了平台,出现了一大批各具风采的新生代节目主持人。

第一,对媒介属性的重新认识促进媒介定位的差异化。中国广播电视

第六章 播音主持风格演进的动因分析

学会学术委员赵水福先生认为:"过去我们对广播电视的商品性认识不足、注意不够,但是也不能把广播电视视为商品。"但学者关颖超则认为:"广播电视的基本功能是服务,这样的服务也应该纳入商品交换的轨道。"①应该说,确认广播电视的市场角色和广播电视节目的商品属性,是一个巨大的进步。中国社会由"产品经济"向"商品经济"过渡,广播电视媒介也由宣传工具向"第三产业"过渡,这样媒介的性质和属性就从单一走向多元,即"具有部分的党性、部分的公益性、部分的商业性以及其他一些特点"②。对媒介属性的重新认识,促使媒介定位逐步适应市场发展。在媒体市场化进程中,节目创新的速度、频率、节奏日益加快,不论节目品牌还是主持人群体的打造,都在努力追求创造出具有足够吸引力、号召力和影响力的"产品",其经济效益也日益凸显。频道定位追求差异化,栏目也日益细分,朝"类型化"方向发展。例如中央电视台科教频道定位为"教育品格、科学品质、文化品位",并从节目内容和编排上凸显教育性、知识性、服务性,以差异化发展策略在众多频道中脱颖而出。其他省级卫视频道为突出重围,也纷纷重新定位,许多省级卫视根据自己的资源、区位优势进行特色定位,例如,江苏卫视定位于情感,湖南卫视定位于大众娱乐,浙江卫视定位于梦想、人文,广东卫视定位于财富故事,重庆卫视定位于财经股市,安徽卫视定位于电视剧等,并随着竞争态势做出战略调整。

　　第二,媒体定位的差异化催生主持风格的差异化和多样化。媒体为主持风格的展现提供平台,主持风格是媒体风格的重要表现元素。一个电视台或频道,其整体风格必然通过不同的主持人群体展示出来,因此,媒体确定什么样的定位,有什么样的媒体风格,都会在其主持人身上得到体现。例如,中央电视台定位为国家电视台,传播视野和关注焦点广泛,其主持风格庄重、大气;地方电视台以城市为定位,以城市发展和城市生活为主要传播内容,主持风格活泼、亲切。媒体的定位、属性、传播内容、运行机制对主持风格产生制约和影响。媒体的差异化定位使得主持风格的定位也出现差异性,主持风格需要符合媒体的定位和特征,才能与媒介品牌的塑造相得益

---

① 关颖超.广播电视与市场经济专栏[J].广播电视决策参考,1993(5):13.
② 郭镇之.传播论稿[M].北京:北京广播学院出版社,1997:196.

彰。电视台通过打造一批风格各异、卓有成效的主持人,发挥主持人群体的综合实力和明星效应,使其在竞争中立于不败之地。例如,湖南卫视以"快乐中国"为定位,针对年轻收视群体,培养造就了一批品牌主持人,提升了媒体竞争力,用主持人来带动一批名栏目,使这些栏目和节目因为有知名主持人的参与而名气大增,并以此吸引观众的目光,取得竞争上的优势。李湘、何炅、汪涵、谢娜、曹颖等一大批明星主持人成为湖南卫视的品牌代言人,为其栏目和湖南卫视带来了极高的知名度和美誉度。此外,以新闻立台、国际化和评论见长的香港凤凰卫视在主持风格塑造上,都体现出专业、理性、干练、国际化的主导风格,很多主持人能说一口流利的英文,采访和访谈能体现出良好的职业素养和人文关怀,在受众中树立了权威性和可信赖感。此外,凤凰卫视在一些主持人逐渐有了很高的社会关注度之后,总是会不失时机地推出由这些知名主持人主持的新栏目,如吴小莉在主持《时事直通车》栏目有了一定的名气之后,凤凰卫视又为她量身定做了《小莉看时事》,又如窦文涛主持《锵锵三人行》成功后,又为他开办《文涛拍案》,其他以主持人命名的节目如《鲁豫有约》《戈辉梦工场》《时事亮亮点》《震海听风录》等,也是采用同样的创办模式,来突出主持人的个人魅力。

▶▶▶ 第三节 受众审美需求的变迁对播音主持风格的推动

主持风格的最终实现需要通过受众感知、接受和反馈,也就是说,主持风格需要符合受众的审美需求,才能达到传播目的。随着人们获取信息的来源增多,电视传播在数量上越来越多,质量上越来越高,领域上越来越广,同时,受众地位在转变,受众结构在调整,受众心理在变化,对电视审美的要求不断提高,对电视节目的介入不断加深,对主持风格的塑造也产生了更为具体的影响。因此,研究主持风格的演进动因,不得不考虑受众的地位、结构和审美需求的变化。

一、受众本位理念对播音主持风格的影响

传播理念从以"传者"为中心向以"受者"为中心的现代传播思想过渡,电视传播的对象感逐渐增强。电视媒体在节目设置和主持风格的呈现上更注重以受众为本,强化交流感和服务性,体现出以人为本的人文传播精神和以受众为中心的受众本位理念。受众告别了过去指令性的集体接受状态,收视方式日趋日常化和随意化,收视选择日趋多元化,受众可以凭借自己的兴趣、爱好,随意选取自己喜欢看的电视节目。换句话说,观众收看电视节目体现出更强烈的"个体化"意志和愿望,而电视节目制作也必须考虑受众的收视偏好和收视需求。

受众中心地位的确立,伴随着媒体传播实践的转变,从"对象期"向"权利主体期"转变。陈虹在《节目主持人传播》中将受众划分为"对象期""用户期""权利主体期"①。她认为"对象期"的媒介是把受众当成宣传、教育的对象,其主要任务是指导受众,对待受众的方法是"做群众工作",如处理群众来信、来访等,媒介肩负着社会责任,以"应当是什么"为价值评判标准。20世纪70年代末80年代初,我国开始实施改革开放政策,社会进入了全面转型期,媒介越来越强调受众的地位和作用,从"媒介本位论"逐渐向"受众本位论"过渡,受众也随之进入"用户期"。这一时期受众主体意识开始觉醒,受者与传者的地位逐渐平等化,媒介越来越重视受众,强调受众的参与性,提升传播内容和传播形式的贴近性、服务性和娱乐性。90年代以后,受众的需求受到重视,受众的心理得到尊重,受众的权益开始凸现,受众的主导角色从此确立。媒介不再把受众当作传播的施予对象,而当成是媒介"产品"的消费者,受众有使用媒介、表达和参与传播等多项权利,具有知情权和对媒介产品的选择权,受众也随之进入"权利主体期"。

以受众为中心的传播观念确立了受众的主体地位。主持人与受众之间从被动的、单向的信息传受关系,转变为平等的、双向的人际交流关系,这期

---

① 陈虹.节目主持人传播[M].上海:复旦大学出版社,2007:120-122.

间的变化不但意味着传播模式的转变,也蕴含着受众对传播需求的转变。主持人把人际传播带入大众传播,使电视媒体和电视节目具备了一定的风格特征,使大众传媒具有了人际传播的特征与意义,具有了充满真诚与平等的人性化交流方式,也使得受众与传媒之间呈现出动态的、持续的循环关系模式。主持风格的塑造对受众群体期望的满足,是一个全面而立体的系统工程,它包含着以受众为中心的传播理念的建立,又包括着具体交流模式的形成,既有受众期望的表达,又有传者意识的修正,是一个不断完善、达到融合统一的过程。

二、受众结构变化推动播音主持风格变化

不同的受众对主持风格有不同的偏好,受众结构的变化推动主持风格的变化。受众的社会阶层、社会地位、文化差异、价值取向、审美趣味不同,与主持风格形成的互动对应关系也不同,而决定这种差异的重要原因是不同受众在电视传播中的地位、作用、话语权和影响力不同,这与受众本身所占有的组织资源、经济资源、文化资源密切相关。

主持风格的塑造一方面要考虑风格传递的对象,即节目要面对的"目标人群",注重研究目标受众的个性爱好、收视习惯和审美心理,使得风格与受众需求相契合;另一方面主持风格还要能积极地引导受众的审美,提高其欣赏水平,不能一味迎合受众的需求而降低艺术追求,对于落后的、有缺陷的、庸俗的审美心理,绝不该去适应。

蒋育秀在《主持人形象塑造艺术》中将受众结构对主持风格的影响进行了详细阐述,大致可概括为:一是受众性格对主持人形象的影响。由于性格不同,受众在收看节目时表现出的心理倾向也具有一定的差异,这些心理倾向对主持人节目和主持风格都会造成一定的影响,比如性格外向的人喜欢活泼、开朗的主持风格,性格内向的人则易于接受沉稳、淡定的主持风格。二是受众的年龄、性别对主持风格的影响。一般来说,不同年龄的受众,对人或事物的认知经验是不同的,孩子充满童真,喜欢那些充满活力、富于幻想的形象,年轻人喜欢有个性和创造力的主持风格,中年人则欣赏那些理性、质朴的主持风格,老年人则比较爱看那些稳重、谦逊的主持风格。三是

受众的社会角色、文化修养对主持风格的影响。受众的社会地位不同,其心理状态就会存在一定的差异,对主持风格的认知则不同。受众的文化修养不同,对主持风格的看法也不同。从事艺术工作的观众可能会注重主持人的声音和外形;学者型观众可能看重主持人的知识面和应变能力;老百姓则喜欢那种带着平民气息的主持人。

有人仅从文化修养的高低这个角度把受众分成三大欣赏群体:文化修养低的,喜欢看通俗化的、大众化的流行作品;中等文化修养的,通俗的、比较高雅的作品皆爱看,最喜欢的还是雅俗共赏的作品;高等文化修养的,喜欢看高雅的、艺术品位高的作品。也有人按年龄阶段将把观众划分为三大欣赏群体,即少年儿童、青年、中老年,认为不同年龄阶段所欣赏的作品是有差异的。当然,这样的分类是大致的倾向性分类,受众的需求和自身的年龄、文化修养的关系并非绝对,不可一概而论。

从以上分析可以看出,受众结构不同,例如年龄不同、文化修养不同,审美层次不同,对主持风格的偏好也不同。可见,随着社会环境的变化,受众作为主持风格的传播对象和接受主体,呈现出一定的多样性、变化性和差异性,并且具有不同时代的特征、风貌和倾向,这些特点也对主持风格的变迁产生影响。

三、受众需求的变迁催生播音主持风格的多元

不同时代受众的群体需求和意识不同,对主持风格的接受和喜好也不同。电视策划人张锦力在对受众结构的变迁进行梳理后,总结出我国电视在不同时期的"三解论"的说法:"20世纪90年代初期,百姓对媒体的主流需求是'解闷'(因此有了晚会热、综艺热、周末热);90年代中期,百姓对媒体的主流需求是'解气'(因此有了新闻热、焦点热、曝光热);而90年代末期到21世纪初,百姓对媒体的主流需求应该是'解惑'。"①

可见,受众的心理特征与行为方式在很大程度上体现着一个民族的文化传统与一个时代的价值追求,社会的变迁、媒介环境的改变等因素改变了

---

① 张锦力.解密中国电视[M].北京:中国城市出版社,1999:136.

受众的心理需求,也成为主持风格历时性演进的重要原因,使得主持风格在不同时期具有不同的主流风格。

"受众,从传播的角度看,它是一个接受者的群体(从整体看),或者说是一个接受者个体(从个体看);从社会的角度看,它是社会群体中的一个组成部分。所以,受众不仅与媒介组织和传者发生关系,同时在广阔的社会空间中,在广泛的社会关系网络中,也有自己独特的地位。"①例如,20世纪80年代至90年代初,受众主体意识较弱,满足于"你播我看"的状态;90年代中后期,受众主体意识增强,对主持风格期待值提高;2000年以来,受众"分众化""碎片化"现象明显,影响了主持风格多样化发展。

不同时期受众的审美依据时代的变化也产生变化。德国哲学家沃尔夫冈·威尔什(Wolfgang Welsch)发现,当代社会生活有一个明显的"表层的审美化"趋向,它直接体现为三个重要的观念——"装饰,活力,体验"②。周宪教授认为:"表层的审美化正把我们的现实世界变成一个'体验的世界',其本质乃是满足那种与我们形式感相一致的更美之现实的'本原需求'。"③

从这个观点可以看出,进入21世纪以后,电视媒体的产业化、频道化、栏目化进程加快,电视节目各种娱乐大众、与观众互动的表现手段被广泛运用,体现在综艺娱乐节目主持风格上是表演性和装饰性更强,意即运用各种舞台表现手段,如开场舞或魔术等方式呈现出主持风格的神秘感和奇特性,或者展示自己的才艺与特长。例如,湖南卫视《天天向上》的主持人汪涵模仿各种地方言逗乐观众,《快乐大本营》的主持人谢娜现场表演各种角色,插科打诨,来增加节目的活力,等等。这些主持风格的出现是为了满足受众日益提高的"体验"与"娱乐"的收视需求。

此外,受众对不同类型节目的需求和期待不同,因此造就了不同类型的主持风格基调和主导风格。以下是受众对于不同类型主持人风格特征的评定结果。(见表6-1)

---

① 崔朝阳.结构的行为的和文化的——受众研究的三种传统[J].国际新闻界,1998(1):26-28.
② Welsch W. Undoing Aesthetics[M]. London:UK Publish House,1997:119.
③ 周宪.视觉文化的转向[M].北京:北京大学出版社,2008:12.

表 6-1　观众对不同类型主持人风格特征的评定结果(单位%)①

	新闻评论类节目	综艺娱乐类节目	社教服务专题类节目	少儿类节目	体育类节目
1. 庄重严肃	97.6	2.0	21.0	1.5	9.5
2. 热情活泼	3.0	81.9	15.4	79.4	30.7
3. 英俊靓丽	21.0	68.9	16.6	28.8	15.3
4. 轻松自然	28.7	68.7	44.7	48.8	50.5
5. 亲切温和	20.3	44.3	63.1	67.8	16.7
6. 笑容可掬	7.1	61.6	29.2	61.5	12.9
7. 幽默风趣	4.8	85.2	14.5	48.7	38.2
8. 表情丰富	21.6	68.0	28.7	58.2	30.2
9. 交流随和	17.9	44.5	55.7	29.4	30.8
10. 谈吐直率	49.2	24.5	36.1	15.0	40.5
11. 思路敏捷	58.4	52.6	38.5	28.9	61.7
12. 口齿伶俐	68.3	57.6	40.5	47.9	70.3
13. 学有所长	33.8	39.5	60.6	34.5	52.7
14. 能歌善舞	1.5	74.9	5.9	73.5	3.7
15. 知识广博	73.1	54.5	73.9	43.0	53.0
16. 外语流畅	50.7	22.6	42.9	9.1	27.2
17. 声音悦耳	63.9	64.2	40.0	58.3	43.3
18. 语言准确	89.3	49.7	62.7	53.1	53.1
19. 语言口语化	26.3	47.5	33.3	42.9	42.9
20. 普通话标准	92.4	57.5	66.5	63.8	63.8
21. 男性主持	65.6	39.0	34.7	22.1	22.1
22. 女性主持	42.8	64.0	44.9	67.9	67.9
23. 青年主持	36.7	56.7	27.4	60.0	60.0
24. 中老年主持	33.8	16.9	58.9	10.7	10.7
25. 着装生活化	36.6	41.8	58.4	41.3	41.3
26. 服饰华丽	7.6	68.5	7.1	24.2	24.2

上述评定结果是各方面人士对不同类型主持人风格的一般性综合描述,是一种较为理想的认知模式。可见,受众对媒介功能的需求和媒介传播

---

① 中央电视台总编室.电视节目主持人职业素质评价指标体系研究成果汇编[M].北京:中国广播电视出版社,1999:86.

内容的期待日益增强,特别是对于一些对象性较强的栏目来说,受众对主持人的要求也愈加明确。例如,对综艺娱乐类节目主持人"服饰华丽"的要求占68.5%,但对新闻评论类节目主持人"服饰华丽"的要求仅占7.6%;对综艺娱乐类节目主持人"能歌善舞"的要求占74.9%,而对新闻评论类节目主持人"能歌善舞"的要求仅占1.5%。

国内学者对受众在接受信息时的心理进行了各具特色的总结,认为受众在社会环境等客观条件和个体心理等主观因素的双重驱动下,会产生不同的需求。童兵教授将受众对新闻信息的接受心理概括为求知心理、求新心理、求同心理、求异心理、求趣心理、求美心理等。[①] 张国良教授则将其概括为认知心理、好奇心理、从众心理、表现心理、移情心理、攻击心理等。[②] 叶家铮教授认为观众的普遍心理有:主人的心理、乐于交友的心理、参与与介入的心理、需求信息的心理、娱乐消遣的心理等。

从以上受众心理需求的分析来看,主持风格必须契合受众心理需求,才能获得受众的认同。受众的不同心理需求,造就了不同的审美观、道德观和价值观,也造就了不同表达方式的主持风格。尤其是20世纪90年代以来,中国电视的节目主持人队伍不断壮大,呈现出多元化、个性化和专业化的发展趋势。

四、受众调查:东莞地区受众对播音主持风格的偏好分析

如前文所述,受众的地位、受众的结构和受众的需求对主持风格有重要影响,成为主持风格塑造的重要依据。因此,下文将通过区域性的受众调查数据,分析受众对主持风格的偏好和期待。

笔者所在的东莞广播电视台总编室,为进一步提高新闻栏目质量,了解受众需求,于2012年5月1日—6月30日通过面对面的问卷调查和网络问卷调查形式,分别对节目内容、节目编排、受众喜好及栏目主持风格等有关问题进行调查。该调查问卷在东莞阳光网(www.sun0769.com)刊登以来,8周内共有647人次参与,此外,总编室与新闻中心通过走进东莞市东城区东

---

① 童兵.理论新闻传播学导论[M].北京:中国人民大学出版社,2000:260.
② 张国良.现代大众传播学[M].成都:四川大学出版社,1998:203-204.

第六章 播音主持风格演进的动因分析

泰花园社区及石碣镇街心公园进行新闻栏目现场推介互动活动,及深入多个居民区、餐厅发放现场问卷调查,共获得有效问卷526份。通过对1173份调查问卷的数据进行统计,选取其中关于主持人的调查数据,得出如下结论。

第一,播音主持风格与节目风格关系密切。此次调查中,受众最喜欢的主持人为民生新闻栏目《今日莞事》两位主持人钱×、莫××,分别占据前两名,得票率分别为23.3%、18.8%;时政新闻《东莞新闻》两位主持人刘××和齐×的得票率分别为16.3%和13.5%,排名靠前;其他节目的主持人得票率较低,在0.8%—6%之间。

说明地方台的民生新闻栏目是观众主要收看的节目,其主持人在观众心目中的印象较好。也说明,播音主持风格与节目风格有很大的关系,节目的影响力直接决定了主持人的影响力,可以说节目风格是主持风格的先天基因。

第二,受众偏好"亲切自然"的主持风格。此次调查中,分别列举出"亲切自然""端庄大方""理性严谨""精巧细腻""轻松明快""粗犷硬朗"等主持风格供调查者选择,其中喜欢"亲切自然"主持风格的比率为35.6%,说明主持人首先要有观众缘,有亲和力,整体感觉上要以受众为本。喜欢"轻松明快""端庄大方"主持风格的分别占21.4%、20.4%。

说明随着生活节奏的加快,人们收看电视的时间较少,观众更倾向于选择贴近性和服务性强、信息量大、节奏稍快的新闻节目。这也说明,观众喜欢的主持风格一般契合自身的收视需求,与生活习惯密切相关。

第三,受众最关注主持人的语言能力和内涵素质。此次调查中,受众最希望新闻主持人改进的地方为"提高语言驾驭能力",认同比率占31.5%,此外希望提高"亲和力""内涵素质"的分别占24.8%和22.6%,而希望提高"主播形象"的比率仅为18.8%。

这说明主持人的语言能力是将信息传递给受众的重要表达手段,也是节目内容的核心所在,是受众获取信息的重要途径。相对外表而言,现阶段受众更关注节目内容的传递和表达,更注重主持人的内涵素质,而非外在形貌。

总体而言,此次调查虽然只涉及东莞地区的部分受众,但是调查方式和调查结果却具有一定的代表性。关于受众对主持风格的偏好及其认同的主持风格改进方式来看,主持风格与节目有着重要联系,节目风格决定主持风格的基调,节目的传播力决定主持风格的传播效果;主持风格与受众需求直接相关,随着受众审美需求的变化,受众更注重自身的收视需求,更关注主持风格是否与自身收视习惯和收视偏好契合,更倾向于主持人与受众自身传播地位的平等,更偏好"亲切自然""轻松明快"的主持风格。此外,受众更关注主持风格的"质",而非"形",更注重主持风格的内涵,即节目的内容和品质,特别是主持人的语言表达和语言驾驭能力,期待主持人的综合素质等"内在修为"能有所提高,从整体上对主持风格提出了更高的要求。

第七章 播音主持风格的批判性审视

我国媒介发展经历了传统媒体时代、新媒体时代和泛众传播时代,从单向传播时代向新媒体分众、双向、去中心化、沉浸式传播时代转变。作为一种传媒文化现象,电视主持风格必然会体现出一个时代社会文化的变迁,适应不同时代传播语境,服从不同时期社会发展和受众审美需求,并发挥一定的社会功能。

中国电视节目主持风格经过30多年的演进、锤炼、创造、提升,主持风格形成了多元样态、多种形式,产生了符合受众收视需求、推动中国电视节目发展的主持风格。然而,主持风格繁荣发展的同时,也存在运作商业化、格调媚俗化和内容泛娱乐化等方面的诸多现象,存在原创性弱、同质化现象严重和表象化明显等诸多问题。有的主持风格盲目模仿国外或同行,"跟风"现象严重,原创能力不强,能体现中国时代特色的主持风格较少;有的主持风格没有较好地反映客观现实和受众需求,内涵不足,稳定性差,凝聚力和同化力不强,可持续发展能力不强;某些主持风格艺术标准不高,吸引力和感染力不强,流于表象化、形式化。

马克思主义认为,"异化"即主体在生产发展活动中逐渐产生出背离主体的客体,该客体与主体自身相反,并逐渐奴役、支配主体自身。简单来说,即主体往自身相反的方向发展,并受其控制。马克思异化理论为我们研究主持风格多元化及存在的问题提供了新视角。可见,在媒介发展的历程中,电视节目及主持风格都发生了不同程度的异化,本章将基于马克思主义"异化"理论,分别从主持风格的媚俗化、同质化和表象化等问题,对现今电视节目主持风格进行批判性审视。

第一节　马克思主义异化理论的内涵

"异化"一词经过不断丰富发展，形成了现在的理论内涵。马克思之前，包括伊壁鸠鲁、黑格尔等在内的与马克思具有重要关联的哲学家从不同维度对"异化"概念进行过界定。马克思之后，包括法兰克福学派、生态学马克思主义等在内的马克思主义学者从不同视角继续围绕"异化"概念衍生新意，于是以"异化"为中心形成了错综复杂的知识系统。[①] 霍布斯、费希特、黑格尔、费尔巴哈等人从不同层面对异化进行阐述，霍布斯对权利转让的探讨包含异化思想的萌芽，提出个人权利的转让产生了国家，对政治领域的异化问题进行了探讨。德国古典哲学家将异化的讨论带入哲学思辨领域，费希特提出"自我—非我"思想，自我是无条件的，自我通过自身和非我认识自己，黑格尔提出绝对精神的异化，费尔巴哈从人本主义视角分析异化，批判了唯心主义的思辨观点。马克思受费尔巴哈人本主义思想的影响，对人的异化问题进行探讨，提出导致人的异化的根本原因是政治异化。之后马克思对异化问题的关注从政治生活领域转移到资本主义生产领域，在《1844年经济学—哲学手稿》中系统论述了异化问题，提出了劳动异化的概念，即人与劳动产品的异化、人与劳动活动的异化、人与其类本质的异化和人与人关系的异化四个层面。[②] 人与其生产的产品相异化指劳动产品成为一种异己的力量，劳动者创造的劳动不全部归自己所有，剩余价值归资本家所有；人与劳动活动相异化指在资本主义生产关系下，人的劳动行为不是人自主的劳动行为；人与其类本质相异化、人与人的关系形成异化是前两者形成的直接结果。后期马克思在《德意志意识形态》《资本论》等著作中进一步讨论了异化问题，以历史唯物观的视角关注现实生活关系中的异化问题。马克思已经不再拘泥于表面的宗教、政治领域的异化分析，而是深入现实的经济层面对其进行具体的历史唯物主义考察。在马克思看来，人类社会展现为各

---

① 赵雪芳.异化理论视域下媒介与人的关系变革[J].东南传播，2020(8).
② 董琦琦."异化"流变：从异化劳动到异化自然再到异化消费[J].学习与探索，2020(4).

第七章 播音主持风格的批判性审视

基本活动领域(经济、政治、文化等)内部及相互之间有机联系的一般状态。其中,经济领域的结构是整个社会结构的基础,其余领域的结构建立在经济结构的基础上并与经济结构整合为一体。在《德意志意识形态》中,马克思进一步将经济基础明确为市民社会"受到迄今为止一切历史阶段的生产力制约同时又反过来制约生产力的"以物质关系为基础的交往模式。它以私人利益及自然必然性这一纽带构筑起道德、艺术、哲学等意识形态以及军队、法庭、政府机构等法律制度和政治设施,即观念的和政治的上层建筑。只有具体深入社会经济领域,对异化现象的分析才能摆脱思辨的、直观的哲学思维,才能使异化概念立足于具体的物质形态上,有血、有肉、有内容。马克思在思考现实物质利益难题的时候就强调了"对市民社会的解剖应该到政治经济学中去寻找"①。由于马克思的突破,"异化"跻身为认知、诊断、反思资本主义社会表象和本质的关键手段与工具,与内在矛盾理论、危机理论结合在一起构成了马克思最成熟的思想成果之一,以上三者的转化关系从根本上来讲是理解马克思及各式马克思主义"异化"理论的尺标。

▶▶▶ 第二节 播音主持风格的异化问题

马克思认为,艺术是一种社会现象,属于一定社会的上层建筑。作为一种传媒文化现象,主持风格必然会体现出一个时代上层建筑和社会文化的变迁,或者说主持风格必定适应时代的语境,服从不同时期社会发展的需要,发挥一定的社会功能。中国电视节目主持风格的演进并非单纯的自我演化,而是与社会文化的变迁、传媒的发展和受众需求的变化紧密相关,是多种因素综合作用、相互影响的结果。这些相关因素与电视节目主持风格之间的互动关系,可以揭示出中国电视节目主持风格演进现象背后的动因。

西方马克思主义学者如法兰克福学派代表人物马尔库塞提出技术的异化,关注科学技术对人的影响,提出科学技术意识形态观点,分析晚期资本

---

① 张敦福.从"消费异化"到消费者主体性:西方消费研究理论的变迁及其社会学反思[J].广东社会科学,2020(6).

主义社会媒介技术作为一种新的工具,如何更隐蔽地帮助统治阶级进行管理,对人的思维及行为造成影响,形成单向度的人。马尔库塞关注到媒介生产领域的异化问题。当代媒介发展的历程中,媒介与人的关系也发生了不同程度的异化,媒介作为人的生产物与人分离、人与媒介生产行为的分离形成媒介与人的异化。如前文所述,马克思主义异化理论主要从人与劳动产品的异化、人与劳动活动的异化、人与其类本质的异化及人与人关系的异化多个层面分析人与社会经济领域之间的互动关系,因此,如果从不同时期的经济、政治和文化所构成的社会时代语境、传媒体制和传播实践的变化、媒介定位调整和栏目化发展状况以及受众的审美需求和受众结构的变化等因素与主持风格的互动关系来分析,将可以了解主持风格存在的问题及其原因。

　　北京师范大学艺术系等单位举办的"六城市青年观众电视收视状况调查"表明,在关于主持人不受欢迎的理由中,被调查的观众中有73%的人认为是"主持风格做作"、43%的人认为是"主持风格千篇一律、呆板"、87%的人认为是"个人风度差、浅薄、卖弄、油嘴滑舌",49%的人认为是"涵养差、一看就知道背稿子",48%的人认为是"表现个人与栏目游离太远"。这些调查结果在一定程度上显示了今天活跃在荧屏上的主持人存在的问题。①

　　由此可见主持风格的异化问题,一是表现在"媚俗化"。由于商业化运作对传媒公器的消解,主持人为获得明星效应,一味追求收视率和市场效应,在形式上刻意炒作、标新立异;某些主持人为迎合受众的低级品位,角色定位模糊,缺少人文关怀和社会责任感,缺乏公信力和舆论引导;主持内容泛娱乐化,新闻节目为追求娱乐效应,过分挖掘负面新闻,或不深入调查以讹传讹,缺乏真实性和公正性,造成电视文艺和传播精神的矮化。二是表现在"同质化"。主持风格缺少原创特色,从内容选择、节目形态等方面相互模仿抄袭,不主动、不愿意付出成本和精力去创新栏目特色和风格,什么节目有市场就盲目跟风,不愿意花人力、物力、财力去做前期调研、策划、创作,或是为了快速实现节目短期内的高人气和广告回报,引进或购买国外节目模式的版权;主持人缺少主持意识,对风格的塑造没有追求,缺乏国际传播能

----

① 张仕勇,郭红,钟倩等.节目主持人通论[M].成都:巴蜀书社,2010:56.

第七章 播音主持风格的批判性审视

力。三是表现在"表象化"。认知偏差与现实瓶颈造成主持风格异化,主持人快速推陈出新,节目类型大同小异,主持风格缺少内在风格底蕴,文化素养不足,在风格的外在呈现上肤浅单一,内涵不足,专业不精,视野不广,人文关怀不够,某些主持人由于速成出镜,缺少个人阅历、工作经验和文化功底,专业技能不足,风格特色不明显,大都停留在表面风格的模仿和外在形象的展现上。

>>> 第三节 媚俗化:商业浪潮和消费社会带来的播音主持风格异化

一、商业化运作对媒体公器的消解

从媒介产业化发展历程来看,"20世纪90年代中后期以来,电视传媒的市场化程度不断加深,电视的内容与市场、与观众的收视日益紧密地结合在一起,产业化、集团化、市场、效益、效率、收视率、受众需求以及成本核算、营销、广告等影响着电视实践"[①]。

可见,随着市场经济的发展和传媒市场化程度不断深化,媒体的地位和职能也发生了变化,关于媒体职能的表述日益强调其独立性和主体性。20世纪90年代中后期,电视媒体进入市场化阶段,电视节目和主持人乃至主持风格都成为观众眼中的传媒产品。随之而来,衡量传媒产品质量的评价标准也转换成它是否适应市场和具有较强的市场价值,即是否拥有较高的收视率、能否获得较高的广告创收、能否具备多元经营能力以及能否形成产业链等。

2000年后,中国电视市场化、产业化的进程加快,媒体从计划经济体制下的意识形态宣传部门,转向为市场经济环境下的产业、企业。电视媒体在转化过程中,由于自身的体制、机制不够完善以及发展滞后,出现了一切向钱看、片面追求市场效应和收视率的风潮。电视频道、栏目、节目的过量扩

---

① 黄升民.媒介产业化十年考[J].现代传播,2007(1):19-21.

张，电视内部的激烈竞争，造成了宣传管理要求与电视市场要求的严重脱节，结果必然使电视向着低投入、低成本、快餐化的方向转移，商业化色彩过浓。电视作为社会"公器"，理应成为全民共享的信息传播渠道，应当使用规范的语言主持节目、播报新闻，确保新闻信息或资讯传播的客观性和真实性。然而，有些电视媒体常常出现仅追求短期的商业利益，对媒体公器的公众性、权威性产生负面影响的现象。具体有以下表现。一是新闻娱乐化，通过打探隐私挖掘带有"色情"的新闻素材吸引人眼球；或片面追求负面报道，肆意利用媒体进行新炒作，以谋取利益；或报道"有偿新闻"从中牟利，损害传媒的公信力和权威性。二是生活服务类节目不顾节目质量，增加较多的植入式广告，或增加广告段位，或开办夸大实情的广告节目，以增加创收，使得媒体日趋商业化。商业化的电视传播对主持风格也有较大影响，节目主持人被推向追求收视率、追求经济效益的第一线，导致主持人专业操作和专业行为失范的情况屡屡出现，形成喋喋不休的随意性表达惯性和亢奋的表达欲，而丧失了专业性和艺术追求，主持风格的专业精神也由此缺失。

商业化的电视节目，使得其主持风格的定位也立足于如何吸引观众眼球、如何提高收视率、增加广告额以及获取商业利润。这一时期，具有较大市场价值的大型电视选秀活动、娱乐节目大量出现，商业化的主持风格随之也越来越明显。商业化的主持风格主要表现在，娱乐节目的数量在电视节目中的比率增大，很多娱乐节目主持人"明星化""艺人化"倾向明显，频频出现于各种商业活动和品牌代言活动中；某些主持人将自己的知名度简单地等同于"明星偶像"的知名度，通过炒作绯闻、出位的言论、夸张的外在包装等方式提升个人知名度，最终导致主持人对自身内在素质的忽视与漠然，形成高高在上、盲目自大的心态，从而丧失应有的职业态度与职业追求。奇装异服、绯闻艳事，不应该是主持风格塑造的明智之举，尤其在境外媒体抢占电视市场份额的今天，把握好"主持人"本色，防止庸俗"明星化"、过度"商业化"更显重要。

随着我国电视节目的增多，节目主持人队伍也日渐庞大，主持人的专业素质和专业能力整体偏低，行业准入门槛模糊。许多主持人将青春貌美、英俊潇洒看作当节目主持人的"资本"，他们认为主持人工作是圆"明星梦"的良机，认为主持人靠的是头脑灵活、巧舌如簧、擅长表演，对于职业的肤浅认知和自身不完善的能力结构,使得许多主持人昙花一现,难以塑造出适应社会发展和受众需求的主持风格,难以实现职业生涯的可持续发展。

商业化对大众传媒的侵袭愈演愈烈,导致传媒的专业性、艺术性日渐丧失。主持人常常难以在商业价值主导和专业业务主导之间找准方向、在庸俗包装与综合素质提升之间做出取舍、在大众化与精英化之间找到平衡,难以塑造出适合自己的主持风格,难以坚持媒体的专业操守。

二、媚俗化格调对高雅文化的侵蚀

"媚"在《现代汉语词典》中的意思是"有意讨人喜欢;巴结""可爱;美好"①。"俗"在《现代汉语词典》中的意思是"风俗""大众的;普遍流行的""庸俗"②。

在大众传播中,"媚俗"即过分迁就、迎合受众,彻底放弃自己的尊严,以作态取悦大众。"媚俗"之"俗",是指庸俗、低俗。日常意义的"媚俗"显然是一个贬义词,用来批评那种有意迎合、巴结庸俗受众的艺术行为。可见,媚俗与审美无关,是一种传统美学无法回应当代审美文化挑战时所出现的畸形。米兰·昆德拉在《生命不能承受之轻》中把它的产生概括为两个方面:主观上,"媚俗"是为眼前名声和利益而放弃自己的审美理想;客观上,"媚俗"是屈从外界压力,在畸形的审美期待和媒介意志面前与之妥协,拿"美"做交易。这样看来,"媚俗"本身就是在功利主义意识驱动下的一种"矫情的表演",这就是"媚俗"的本质。③

大众传播中的媚俗体现在媒体为迎合受众,满足受众的低级趣味、猎奇心理甚至是变态心理,满足浅层次的审美情趣和感官需求,体现出较强的功利心,有时甚至忽视社会价值、无视道德底线。主持风格的传播在一定程度上可以实现人际传播与大众传播的结合。主持风格媚俗化表现为,主持人在传播中为体现个性风格,常常滥用人际传播,为了取得"越自然越真实"的传播状态,将主持传播完全视为私人间的传播,不顾及话题的公共性,或打

---

① 中国社会科学院语言研究所.现代汉语词典(第7版)[M].北京:商务印书馆,2016:890.
② 中国社会科学院语言研究所.现代汉语词典(第7版)[M].北京:商务印书馆,2016:1246-1247.
③ 昆德拉.生命中不能承受之轻[M].易伟,译.长春:时代文艺出版社,2001:76-169.

探嘉宾隐私，或妄加评论，全然不顾自己作为大众传播者的身份，不仅浪费有限的媒介资源，而且不被受众接受。

　　主持风格是增强传播效果的一种途径，主持风格的传递能拉近传者与受者间的距离，但也正是浓郁的人际化特色，使主持风格常常出现刻意表现个性、无视媒体公共性的现象。有的主持人为了树立个性化的主持风格，在传播中传递大量冗余信息等，对传播产生消极影响。例如，播音员播报一条消息只需5秒钟，如果用主持人说新闻的方式，则可能不止5秒，如果还加上语气助词等附加成分的话，所需时间更长。很多主持人为了形成自己的主持风格，刻意增加很多个人的语言及主观评价，将节目当成宣泄个人情感的场所，甚至还会说出一些格调不高的黄段子、荤笑话，把污言秽语也带到节目中来，使节目显得庸俗不堪，造成主持人和节目的权威性下降。这种过于个性化的主持风格降低了传播效率，虽然主持人树立了亲切、平和的姿态，将受众当成"自己人"，但也在一定程度上出现权威性不足、信息量不大的情况。

　　主持风格媚俗化是对高雅文化的侵蚀。媒体作为传播精神文明的工具，应当具有一定的舆论引导力，应当追求高雅、抵制低俗，倡导积极向上、文明健康的价值观，对于各种丑恶现象、不正之风应有批判精神和独立、公正的媒体立场。主持人作为媒体的代言人，更应当履行媒体职责，具有社会责任感和文化引导力。目前，主持界存在媚俗化的情况，有的主持人刻意追求短期内迎合受众口味的主持风格，为追求收视率和个人的知名度，哗众取宠、形象艳俗、言语粗俗、风格低俗，甚至背离中华民族的传统道德观和审美观。

　　广播电视是精神文明建设的主要阵地，主持人作为文明使者，应当避免媚俗化倾向。国家广播电视总局副局长胡占凡多次在公开场合提出要坚决抵制节目主持人的低俗化倾向，一些知名主持人对台湾某娱乐节目进行"狠批"，成立不久的广播电视协会播音主持委员会也接连向全国广播电视系统的主持人发出倡议，要求抵制低俗化倾向、树立健康形象，并专门召开研讨会就文艺、娱乐节目的主持进行研讨，而全国范围内的几百名主持人也纷纷签署行业自律公约，表示要以实际行动来维护广播电视声屏的纯净。

三、泛娱乐化内容对电视文艺的矮化

媒体除了宣传、教育功能之外,娱乐功能也日渐突出。过去媒体作为政府的"喉舌",出现机械式的、传声筒式的宣传,不讲究传播艺术,内容毫无生气和活力,形式呆板单调,遭到观众的排斥与不信任。随着市场化发展,媒体容易从宣传教化走到另一个极端,可能从"喉舌"一步走到"观众是上帝"的过度娱乐化路线。媒体过分强调娱乐功能,一味追求受众追捧,从而出现某些低级的为娱乐而娱乐的倾向。主持风格的泛娱乐化,体现在主持语言上缺乏严肃性和准确性,热衷故意炒作,夸大事实,擅自评论,有些主持人采用某些"恶搞"的手段,拿一些严肃的主题和嘉宾开玩笑;在语音语调上阴阳怪气,过于个性化;在个性形象上,服饰怪异,在发型化妆上标新立异,不符合主流审美习惯;在整体感觉上,急功近利,追求低级庸俗及轰动效应,缺少主持艺术的品位和美感,缺少人文关怀。泛娱乐化的主持风格容易脱离国家意识形态诉求,背离社会主义核心价值的要求,有可能导致对电视文艺的矮化。

在新闻节目方面,节目制作者们几乎都在强调节目"叙事要故事化""故事要细节化",在节目中不断制造悬念,吊人胃口,以增强节目的吸引力。有的节目要求主持人用"评书化"的语言来表达,用夸张的、充满噱头的语言来主持节目,甚至用相声演员来主持新闻类节目,过分强调语言表达的悬念效果和噱头会直接影响新闻节目的真实性。这种"评书化""相声化"的新闻播音风格,已经背离了新闻的本质,消解了新闻的真实性和客观性,降低了新闻节目的权威性。此外,很多综艺娱乐电视节目,充满投机和功利意识,为追逐收视率,任凭节目低俗化发展,主持人的语言和形象都俗不可耐,无视媒体的社会责任。

在节目泛娱乐化的趋势之下,无论是新闻节目、谈话节目、社教节目还是其他各类对象性节目,经常滥用娱乐元素,出现表面娱乐、内涵不足的问题,节目质量较为粗糙,主持人也不自觉地走上娱乐化道路,不自觉地走向低俗。有的主持人语言功底不扎实,说话错漏百出,抛弃标准的普通话,而改用"港台腔",在屏幕上插科打诨、耍贫嘴、打情骂俏;有的主持人在情感态度上没有分寸感,任意打断嘉宾谈话,对隐私穷追不舍,对某些嘉宾的内心痛苦无情揭露,缺少人文精神和对人的尊重。此外,有的主持人在服饰造型上刻意追求新潮,不符合主流审美标准,某些男主持人怪里怪气,佩戴各种饰物,显得不男不女,给人留下浅薄无知的印象。例如,2012年6月8日23时15分,广东体育频道播出《欧罗巴气象》节目,其主持人身着比基尼播报欧洲地区当日的天气情况,播出三天后迫于公众压力被叫停。有专家和网友评论指出,采用比基尼女郎播报天气,对于专业体育报道来说,缺少信息量,对于专业的参加选美、走秀的模特来说,主持人又有些业余,审美因素欠缺,是为谋求收视率的低层次炒作。播音员主持人的基本功不仅是专业素养的关键体现,同时也是媒体推广普通话、宣传普通话的重要窗口。2022年2月11日,"总台牛年春晚"曾创造了多个网络热议话题,其中"张雨绮(zhāng yú qǐ)名字终于读对了"更是登上了微博热搜榜的首位。这说明播音员主持人的业务能力很重要。读准字音是主持人的基本功,这次热搜也从一个侧面反映出很多媒体主持人不重视基本功,特别是综艺节目主持人在普通话传播中强调轻松随意,出现过多次不准确、不标准的读音问题,影响了中华文化和汉语言文化传播的准确性、规范性。又如,主持人朱丹因连续说错多位嘉宾姓名而登上微博热搜榜,其发音夸张的自嘲式"Sorry"更是一跃成为网络流行语。主持人谢娜的业务能力也引起全网热议,其相关词条曾多次登上微博热搜榜的前几位,网友们对她业务素养的评价大多为"幼稚""僵硬"等,她在节目中抢话、大笑等较为尴尬的主持行为也曾多次遭到网友们"吐槽"。播音员主持人连续因基本专业素养欠缺登上微博热搜尚不是终结,网友们随后大开"脑洞"的调侃遍及文字"段子"、网络歌曲及"鬼畜"视频等多种形式,重现了Web1.0时代的集体"造梗"现象,形成新一轮的网络狂欢。与此同时,亦引发了网友们对主持人基本功及媒体用人方式的质疑。①

这种泛娱乐化的主持风格污染着电视荧屏,虽然娱乐包含一定的审美因素,但娱乐毕竟不等于审美,娱乐是一种较为低级的生理欲望,是一种感官刺激,而不是高级的心理需要和精神需求,它与审美有关,但并不就是审

---

① 王秋硕. 表征辨析与价值反思:播音主持艺术新现象透视[J]. 中国电视,2022(1):69-72.

美。正是媒体对收视率和主持人对个性化的片面追求、主持人的审美水平不足以及对自身角色把握失当,为节目主持风格的泛娱乐化提供了一定的土壤。要真正抵制主持人的泛娱乐化问题,则既需要从主持人本身入手,也需要从媒体的传播管理制度入手。

尽管娱乐是广播电视等大众媒体的一项重要功能,但主持人必须当心泛娱乐化的倾向,必须将"娱"的游戏性和"乐"的审美性结合起来,提高节目的艺术品位,提高主持人的文化素养,只有把握其中的度,才可能避免因过度娱乐而导致电视文艺的矮化。

第四节 同质化:缺乏原创特色和主持意识的播音主持风格异化

节目形态的同质化、内容选择的同质化,造成节目主持风格的同质化。主持风格的同质化,不仅表现为对某一种主持风格的模仿,而且表现为主持人选拔中的模式化观念。纵观各中央级、省级电视台,相互模仿、相互克隆的节目比比皆是,除了节目内容和形式重复以外,主持风格的模仿更是一看便知,节目主持人的开场白、中间的串联词和结束语大同小异,没有任何新意,主持人的个性魅力不复存在,也成为困扰电视节目发展的重要问题。

一、盲目效仿,直接"拿来"

虽然伴随着十多年的广播电视改革,一部分主持人显露特色,但从整体上看,我国仍然缺乏具有国际影响力的明星级主持人。主持人存在的普遍问题是风格雷同、缺乏个性、行为模式化等。而在"克隆"惯性的影响下,不但节目模式被克隆,主持风格克隆之风也日益严重。对主持风格的模仿,很多是照搬照抄,毫无创新,不仅模仿其语言表达方式,还模仿其语气腔调、行为手势,甚至有的还把不符合中华民族优良传统的生活方式、价值理念不知不觉地传播给受众,对受众形成误导、对媒体的形象产生影响。例如,新闻节目中一成不变的故作深沉,娱乐节目中不加思考的"全盘港台化",谈话节目中毫无创意的肤浅调侃……如此种种，极大地影响了主持风格特色的彰显及主持人个性魅力的形成。许多节目主持人不考虑所处地域文化的差异、社会发展环境的不同，以及所在媒体和平台的差异，盲目跟风克隆。例如，崔永元主持的《实话实说》火了，谈话节目就争相模仿崔永元平民化的主持风格；李湘、何炅主持的《快乐大本营》火了，各类综艺节目就模仿其具有亲和力和表演性的主持风格；杨锦麟主持的《有报天天读》火了，各电视台就开办类似读报点评的节目，模仿其手势和语调，克隆其稳重犀利的主持风格。又如，台湾的访谈节目《康熙来了》中女主持人小S麻辣出位、语言犀利，蔡康永装扮古怪、轻松诙谐，湖南经济电视台的《娜可不一样》的女主持人刘娜也模仿小S的主持风格，用低俗的言语和过于夸张的动作娱乐大众，男主持人马可模仿蔡康永的主持风格，时不时调侃嘉宾，甚至模仿人家的装扮，在西装上别一朵花，显得不伦不类，与大陆媒体和节目的定位不协调。

越来越多的主持人期待树立自身的主持风格，构造了多元化的风格样式，但能受到普遍认可、具有媒体风范和中国气派、具有长久生命力且特色鲜明的主持风格不多，创作个体的风格内涵难以令人满意。

主持风格没有好坏之分，应各走各路，让观众去选择，在竞争中发展自己。每一种风格的出现是不以人们的意志为转移的，可以说是主持传播实践的推动和历史潮流的选择，它是在传播环境、传播机制的演化作用下必然出现的，无论我们是否喜欢，它的出现、发展、消失都是不可避免的。在当前受众主体意识觉醒、媒介融合发展、节目求新变革的时代，盲目模仿他人的主持风格将不能摆脱被淘汰的命运。不同的时代需要不同的风格，主持风格也应当创造自己的"潮流"。这需要主持人继承传统主持风格中优秀的内涵和精髓，并在此基础上进一步优化创新，继承和发扬传统风格的优秀基因，依据受众审美和节目形式的变化，创新风格样式。

二、缺乏原创力，主持意识淡薄

节目创意和主持风格频频被抄袭和模仿反映出现今的广播电视节目创新能力不强。主持风格的模仿表现为主持人对好的造型或主持技巧进行模仿，而不注重自身主持风格的创造性和艺术性发展。例如，有的主持人从形象、声音到表达方式、用语习惯、说话的腔调及语气等方面对其他主持人进行全方位模仿,甚至连不太标准的普通话发音都要模仿。这些节目在刚出现的时候,可能由于市场的余热,会短时间内赢得一些收视率,但从长远来看,当观众对这类节目产生审美疲劳之后,就容易遭到淘汰。

本土电视台对国外以及我国港台好的节目创意和主持风格也进行了模仿,模仿的节目和主持风格常常难以超越原创,并且缺乏生机和活力。例如,综艺节目《快乐大本营》模仿中国香港《综艺60分》,平民选秀节目《超级女声》模仿美国的《美国偶像》,婚恋节目《玫瑰之约》克隆中国台湾的《非常男女》。本土电视台之间相互模仿主持风格的现象也越来越普遍,《名声大震》模仿《舞林大会》,《我们约会吧》紧跟《非诚勿扰》,《健康最重要》模仿《百科全书》。可以说,节目类型的雷同,造成主持风格的大同小异是缺乏原创力的重要表现。

主持风格缺乏原创力,是制约主持风格多样化的重要因素,也是我国主持人难以有世界影响力的原因。主持风格模仿太多,不仅难以形成自己的特色,使得主持风格缺乏个性,难以有成长空间,也是对自身主持风格原创能力、原创意识的阻碍和压抑。无论是抄袭"原创"节目,还是"购买"版权节目,这种都将直接导致节目的原创能力减弱甚至丧失,也导致主持风格内涵不深、生命力不强。

主持风格的模仿,挤压了受众的选择空间,也使得他人主持风格的独创性受到侵害。某些电视台急功近利,热衷于跟风模仿,抄袭节目形态,抄袭主持风格,形成"一家创新—多家模仿—观众厌烦"的恶性循环。有业内人士指出,在以收视率论成败的环境下,节目制作方往往选择走"捷径",缺乏原创性,更不重视创意的培育期,制作电视节目时急功近利,通过模仿抄袭的低成本获取高额广告创收的利益。从抄袭海外节目、境外节目,到本土节目相互抄袭,从抄袭节目模式到抄袭主持风格,浮躁的主持创作思路必然导致越来越严重的主持风格同质化,使节目创意和主持风格的塑造停滞不前,既解决不了主持人自身的长远发展问题,又伤害了原创者的创新积极性,也影响了我国电视节目的自主创新,阻碍我国主持人文化走向世界,发挥文化影响力。事实证明,只有原创才是中国电视产业和主持人真正走向国际的最具实力和生命力的敲门砖。健康的电视生态环境,应是既重视节目的购买,也注重节目的研发,尊重知识产权,鼓励原创,培植创意。目前,国内原创电视节目模式的知识产权保护还处于起步状态,变相的抄袭现象大量存在,要改变这种局面,更多依靠的是从业人员的职业道德与行业自律。

此外,主持人普遍缺少"主持意识"。大多数主持人是由播音员转型而来,受原有职业观念与专业训练的影响,他们已习惯于体现播音意识,而忽略主持人必须具有的主持意识、记者意识、编辑意识等;习惯于担当节目的最终体现者,而忽略节目的创作过程;习惯于被编导、记者所支配,而忽略主持人在节目中的驾驭能力。缺乏"主持意识"的主持人已成为主持群体风格形成与提升的障碍。一方面,主持人难以深入理解节目创作的精髓,主动性与应变力不能满足受众日益增长的信息需求;另一方面,由于某些主持人满足流于表面的照本宣科,主持风格淹没于千人一面的形式,而与节目内容或多或少地出现分离,节目缺少活力,主持人缺乏个性。

▶▶▶ 第五节 表象化:认知偏差与现实瓶颈造成的播音主持风格异化

这些年由于广播电视事业的飞速发展,以及由此产生的对主持人的大量需求,在主持人的选择和评价上普遍存在的"重外表,轻内在"的误区,使得大量综合素质不高的人也进入了主持人行列,最终导致了主持风格的表象化。

有人预言,21世纪节目主持人的"漂亮面孔"将会被"智慧大脑"所取代,受众对主持人的内在素质、专业知识、临场应变能力等综合素质的要求超过单纯的外貌的观赏性。相关调查也显示,"受众对节目主持人的知识层次和水准、社会阅历、主持风格的要求越来越高。受众最欣赏的主持人是那些有学识、有经验阅历与幽默感的成熟型、思想型主持人。尤其是在欧美的一些发达国家,受众对主持人的社会经验与阅历的要求越来越高"①。

---

① 陈秀峰,殷伟丽.新世纪电视节目及电视主持人的发展趋向[J].山东视听,2001(5):23-25.

一、重"外在形貌"轻"内在修为"的认知偏差

由于主持人每天要面对纷繁复杂的新闻事件、各种各样的采访对象,缺少丰富的社会经验和阅历,光靠空谈、言之无物是无法胜任节目主持工作的。主持人由单纯要求具有"漂亮外表",逐渐过渡为具有"知识智慧""经验阅历"以及"成熟性""幽默感"等内在特征,已经成为一种趋势。

但是,业界长期存在重"外在形貌"轻"内在修为"的认知偏差,导致实践中主持人自身也没有看到"内在修为"的重要性,不重视一线工作中的经验积累和知识积累。例如,有些记者型、评论型节目主持人,渐渐远离了新闻第一线,不再或很少出现在新闻现场。主持人的作用、特点均不鲜明,新闻主持人的魅力有所减弱。《新闻调查》制片人张洁说得好:"现在我认为很多年轻的记者去演播室是一种很短视的行为,就算你天天出镜曝光也没有用,新闻是头一位的。"例如,有的主持人在探讨农村话题的时候,缺乏对社会腐败行为的关注、缺乏对腐败危害性的深层次认识,在分析法律案例时,没有较强的法律意识,缺少相关的法律知识,其主持观点难以令受众信服,难以挖掘出更深层次的内涵、更独到的见解,也会因此失去应有的水准。即使是在以娱乐消遣为主要功能的娱乐节目与综艺节目等节目形态中,主持人同样应该具备与节目内容相关的专业知识,如音乐知识、曲艺知识、舞蹈知识等,并应当在此基础上,成为某一方面的专家,形成权威性。

目前全国电视节目主持人综合素质参差不齐,主持人在节目中主要做的就是用自己的形象、声音演绎串联词,没有生活阅历和知识积累的主持人难以把握节目的核心内容,大多数作为一个话筒或一个替身出现。同时,有些电视台和栏目总想以主持人的形象来吸引眼球,把年轻、漂亮作为选拔主持人的重要标尺,过于重视外在形貌和主持技巧,轻视主持人的专业知识、经验阅历。这种重"外在形貌"而轻"内在修为"的主持人选拔方式,最终导致主持人难以有进步的空间和长远的发展,在节目中没有自我的个性展示和风格呈现,而是程式化的表演或串联。

二、重"专业技巧"轻"人文传播"的现实瓶颈

电视节目主持人拥有独特的社会资源,面对社会与群体的冲突、矛盾,他们理应借助电视媒体主动地对其给予关注和关怀。尤其是在关乎社会公益的各种活动和场合中,电视节目主持人所秉持的价值观、所倡导的社会行为以及自身所树立的公众形象,都将有效地协调不同社会群体之间的关系,在和谐社会乃至和谐世界的建构中扮演积极、正面、健康的形象。目前,部分主持人仅注重"专业技巧",轻视"人文传播",很多主持人缺乏独立思考能力,缺少媒体的社会责任意识和人文关怀。

例如,我国有200多所大学开设了电视主持专业,但很多有关主持人的教育理念偏重于专业技巧的培养。大部分走上工作岗位的主持人,注重口才训练,重视形象包装,包括化妆、服饰、礼仪等种种细节,却忽视主持人文化内涵的培养和专业知识的积累,更不用提人文传播。

主持人的人文传播贯穿在内在观念与外在表达等诸多层面,人文关怀的实现不是一蹴而就的短期行为,而是一项需要深思熟虑的长期规划。它既有赖于大众传播整体理念的变革,也有赖于节目形态的创新;既有赖于主持人个体意识的觉醒,更有赖于传播环境的全面改善。数千年中华文化的深厚积淀,不仅是全球华人为之骄傲的重要文化资源,也是全人类为之骄傲的重要文化资源。从灿烂辉煌的中华文化中吸取能量,并将其发扬光大,使全球共享中华文明发展成果,获得中华文化的滋养,是中国电视节目主持人的文化职责所在,主持人应当发挥其文化影响力。中国传媒大学的曾志华教授认为"主持人文化影响力既是一种权力,是电视权力的'软化'表现,又是一种效果,是电视文化经由主持人作用于受众的传播效果"[①]。可见,优秀的电视节目主持人是一个节目的标识和灵魂,他们的文化涵养、文化积淀、文化素质决定着一个节目乃至一个频道的文化水准和文化影响力。

然而,当前媒体和主持人都不够重视主持人自身文化知识的积累和人文传播意识,仅仅偏向于主持技巧的提高,节目主持缺少文化积淀,缺少对

---

① 曾志华.文化自觉:电视节目主持人文化影响力的重要基石[J].现代传播,2008(4):37-39.

整个社会发展的关注和思考。特别是新闻评论领域,有社会责任感、有公信力、号召力和权威性的主持人寥寥无几。一方面,中国正处于经济快速发展时期,由于发展不平衡,并且因民族、宗教、受教育程度、性别、收入状况、职业状况等方面的差异造成了社会群体的日益分化,形成了复杂的社会群落,彼此间的社会矛盾也日益凸显,要能对社会形成深刻认识,不仅要有一定的文化积淀和理论知识,还要有丰富的人生经历,才能对纷繁复杂的社会现象做出客观、公正、准确的判断。另一方面,主持人由于岗位的特殊性,若社会经验不足,发布某些不当言论,就会对社会造成负面影响。例如,2012年4月9日上午11时04分,中央电视台《晚间新闻》主持人赵普发布了一条微博:"同志们:不要再吃老酸奶(固体形态)和果冻,尤其是孩子,内幕很可怕,不细说。"并强调该内容转自一位调查记者。一天之内,此微博被转载13万次,由于赵普先于新闻节目发布内幕,焦点直指食品中使用的添加剂明胶,并且没有说清楚事实的来龙去脉,引起了公众的误解和恐慌。后来经过调查,这种现象的确存在于某些小作坊之中,但并非整个行业的普遍情况。在信息来源不够全面、对社会问题的认识不够深入和发布时间不恰当的情况下,作为公众人物的赵普,他所发布的消息造成了一定的负面影响。

可见,主持人一方面要具有强烈的社会责任感和正义感,在沟通社会各阶层的关系、规范社会行为和构建和谐、健康、向上的社会伦理价值观等方面发挥积极作用,要努力通过主持人岗位工作,改善人与人之间的关系,鼓励全体社会成员开拓进取、积极向上;另一方面,主持人应当具备人文传播精神,把握恰当的人文传播方法,明确传播的方向性和目的性,将创造艺术价值和文化价值作为自身追求,正确引导舆论,提升全民族科学文化水平。

三、重"节目效果"轻"行业规范"的管理失衡

随着生活水平的提高,人们的需求也日渐增长,开始追求电视节目类型的多样化。说话字正腔圆,有一定评述技巧但文化底蕴和专业知识不足的科班主持人已经不能够满足人们的期待了。受众越来越细分,主持风格个性化、表达方式平民化、表述内容专业化的跨界主持人越来越受欢迎。跨界主持人能将本专业领域内的信息融入节目主持中,使节目内容更丰富,尽管

这些跨界主持人不是最专业的,他们的语言有时还有些生活化,但这反而也使他们显得自然真实,成为其个性化和平民化的特点。除了"专业素养"之外,跨界主持人很多本身都自带明星光环,人们对于这些明星总是充满好奇,他们做主持人也是在展现另一面的自己,在节目中展现他们的个人魅力和心路历程,都会让观众很感兴趣,成为吸引观众的点,这也是跨界主持受到观众欢迎的一个原因。跨界主持人打造栏目品牌效应。一个好的节目需要幕后团队的共同努力,但最终的效果在很大程度上是由节目主持人来呈现的,因此,选择节目主持人很关键。跨界主持人自带流量,其原本领域的专业素养及自然亲切的个性化语言,使得节目既有专业色彩,能获得观众的信赖,又显得真实而有吸引力,这对打造品牌节目有着重要作用。跨界主持人为电视节目呈现新的视角。当前我国电视节目同质化现象严重,原本归属于不同领域的跨界主持人以新颖的视角对电视内容进行重新解读,能够呈现出各种不同的、具有鲜明特色的节目类型。例如,2015年东方卫视播出由舞蹈艺术家金星主持的脱口秀节目《金星秀》,金星在节目中以大胆直率和犀利的语言对现实生活和社会现象进行评论,她独有的"金句"极具个人色彩,也在网络上流行一时。这成为节目的一大特色,这档节目因此也获得了相当不错的收视率。

与此同时,跨界主持人对主持人的角色认知多处于感性阶段,主要表现为个体行为的不合理放大,语言随意、提问不当、表演过度等现象。幽默感,是很多跨界主持人的语言特点,也是观众喜欢他们的一个原因,但有时为了追求表现力和节目效果,他们把握不好语言分寸也容易出错,出现玩笑开过头的现象。例如,2020年网红主播李佳琦在和明星杨幂为其代言的产品做宣传时就出现提问不当的错误,杨幂机智转移了话题,但观众看着也觉得尴尬和不妥,事后李佳琦也在自己的微博进行了道歉。李佳琦虽说不算严格意义上的跨界主持人,但由于疫情,很多品牌的宣传多改为借助大热的直播平台进行,网红带货主播薇娅和李佳琦也成为直播间及各种"发布会"的主持人。从李佳琦的失误也可看出跨界主持人存在语言分寸把握不当的问题。跨界主持人由于没有受过专业训练,对于播音主持技巧及话语准确的敏感度还有些欠缺。在谈话节目中,跨界主持人还会暴露出他们对谈话节奏把握不当的问题,遇上健谈的嘉宾,就容易被牵着走,导致谈话内容主题不明确、不集中,节目效果不佳。跨界主持人的语言也常常比较随意,逻辑感不强。角色定位不清是跨界主持人的一大问题,合理转换职业角色,做好主持人的角色要求,才能承担好电视主持人的文化责任、社会责任和媒介责任。

跨界主持人一方面能增加节目内容的可看性和权威性,营造比较好的传播效果,但另一方面,我们也应该意识到,主持人在拥有一定观众的节目里输出观点,势必会给极大一部分人带来影响,要规范管理才是对观众负责的表现。因此,跨界主持人在语言的规范性和内容的引导性方面上要十分谨慎,允许有展现个性及自我的自由,但也不能为求节目效果而言语过火、过度渲染话题。跨界主持人在主持人专业素养方面的欠缺也要及时补上来,锻炼自身的语言表达和控场能力,注重与观众的交流感,培养亲和力,提高自身的核心竞争能力,才能更好地完成节目教化和服务受众的使命。

在新媒体环境下,收视率和流量是节目效果好不好的首要评判标准。一些跨界主持人及其主持的节目大热表明了跨界主持人的价值,媒体应该看到跨界主持人的优点,在策划节目时考虑到主持人品牌的形象塑造。同时也应理性思考如何打造高品质的品牌节目。作为节目的灵魂,主持风格与节目定位要相统一,节目所呈现的效果与观众期待相契合的主持人可以为节目加分,但也不是说要盲目地邀请明星当跨界主持人,一切都要从节目的定位出发,要选用具有合适的明星气质和具有足够能力与影响力的跨界主持人才能够与节目达到共赢。

结　语

从"声形俱佳、德才兼备"到"声形出众、德才超群"的升级,体现着播音主持人才选拔的高要求与高标准。对一个合格的播音员主持人而言,良好的道德涵养、深厚的文化修养、高超的专业素养、准确规范的语言表达等都是最基本的从业要求。电视媒体作为国家意识形态的重要传播渠道,担当着喉舌的角色,传播党的方针、路线、政策是其固有的政治责任。随着我国政治、经济、文化的发展,人民生活水平提高,市民社会逐渐形成,舆论空间得以极大拓展,主持风格呈现出媚俗化、同质化、表象化等异化问题,是在不同时期传播环境、传播机制的演化作用下出现的现实问题。这些异化问题偏离了传播实践和我国政治、经济与文化发展的需求,如果任由其发展,将会产生不良的社会后果。在当前受众主体意识觉醒、媒介融合发展、节目求新变革的时代,只有不盲目媚俗,注重原创,才能涌现出新时期体现中国气派和中国精神的优秀主持人。不同的时代需要不同的风格,主持风格也应当创造自己的"潮流"。这需要主持人继承传统主持风格中优秀的内涵和精髓,并在此基础上进一步优化创新,依据受众审美需求创新风格样式。

第八章　播音主持风格的创新

第八章　播音主持风格的创新

从播音主持风格的演进过程和规律可以看出，播音主持风格具有鲜明的时代特征，受到节目类型和主持人个人条件的制约，并且与社会经济的发展、媒介体制的变革、媒体传播观念及受众的需求有重要联系。如前文所述，播音主持风格在充分发展的同时，也存在媚俗化、同质化、表象化等问题。因此，本章将从播音主持风格的构成要素、演进历程和形成规律，播音主持风格与节目和播音员主持人的相互关系及其存在的问题等多个角度，探讨新环境下我国播音主持风格的创新路径。

▶▶ 第一节　播音主持风格的创新原则

随着我国电视产业的深入发展，频道增多、栏目丰富、受众细分，主持人队伍日渐形成，主持风格也成为一种市场化竞争手段，成为主持人追求的目标。主持风格是各种创作美的集合，是各种美的形态的综合表现，也是主持人用属于自己的独特手段去表现艺术美的本质和规律的创作方式。一个没有创新意识的主持人难以实现主持生涯的可持续发展，更不会在时代的发展浪潮中留下身影。

可以预测，未来的主持风格需要主持人不断修正与之相匹配的各种表现方式，使各种能影响到风格呈现的元素都符合和服从于同一种类别的风格，符合"言、意、形"的美感，具有"音声美、意蕴美、分寸美、韵律美"的审美典范，发挥"言事省人、言理服人、言情感人"的作用，最终形成典雅、庄重、大方、质朴、亲切的具有时代作风、民族气质、中国气派的主持风格，实现形式美和内在美的统一,达到曲虽高但和不寡的美学境界。播音主持创作来之不易,主持风格的形成是一个循序渐进的过程,是一个从感性到理性的学习实践过程,只有达到"语感通悟"的境界,主持风格才能显现出鲜明的个性特征。

要塑造符合时代发展和受众需求的主持风格,需要符合品牌化、专业化、人文化的创新原则。

一、品牌化

节目主持人作为栏目的代言人,常与节目风格一起形成一个固定的界面形象,这种形象的确定性使主持人具有品牌价值。主持风格也如产品一样,需要进行美学经营。当消费者拥有越来越多的选择权,主持风格在竞争中的地位就越来越重要,没有风格,就没有品牌。例如,我们提到稳重智慧、理性深刻的主持人丹·拉瑟(Dan Rather),就会想到 CBS 的《晚间新闻》;提起活泼快乐、机灵聪明的李湘就会想到湖南卫视的《快乐大本营》;提起明快干练知性的吴小莉就会想到凤凰卫视的《小莉看时事》。可见,知名主持人常常是构成媒体品牌的人格化符号,主持风格能体现栏目的风格,主持人能成为媒体品牌的形象代言人。

据美国市场营销协会定义,品牌是一个市场概念。品牌是指用来识别一个或一群卖主的货物或劳务的名称、名词、符号、象征、设计,或其组合,并打算用来区别一个或一群卖主与其竞争者。"品牌"有以下代表性的定义。D. 奥格威认为品牌是一种错综复杂的象征。它是品牌属性、名称、包装、价格、历史、声誉、广告风格的无形总和。英国营销学专家麦克·梅尔德伦和马克科姆·麦当诺认为品牌是感官、感性和理性这三种诉求混杂而成的结果。美国品牌策划大师大卫·爱格认为品牌像人一样具有个性,而且具有感情效果,是产品、企业、人和象征的综合。①

品牌形成于整个营销组合环节,品牌是被"设计"出来的,它使营销组合的每个环节都能传达一致的、优异的,以及易于接受的信息,而且这

---

① 段鹏.电视品牌战略研究[M].北京:中国传媒大学出版社,2007:16-18.

第八章 播音主持风格的创新

个设计动作牵涉到公司每一个部门。产品贵在质量,而品牌贵在传播。与产品质量相对应的是,品牌的"质量"在于传播。这里的传播包括一切品牌与消费者的沟通环节和活动,比如产品设计、包装、推广、促销、公关、广告。①

从以上品牌的概念可以看出,电视节目主持风格的品牌也涉及三个方面的含义:一是显著的独特性,即主持人与其他人相区别的独具魅力的风格;二是传播的广度和可接近性,即主持人在受众中具有知名度和亲和力;三是较高的质量和标准,即具有艺术价值和内涵。

主持风格作为一种无形的品牌,必须通过主持人来体现品牌的独特性,他通过独特的表达方式、独特的语言方式、独特的外在形象吸引观众的注意,赢得观众的信任。从商业角度来看,主持风格是一种电视产品,本身具有固定化和标识化的欣赏价值,是获得受众青睐的消费对象,是在媒介市场竞争中的法宝;从文化角度来看,主持风格的品牌化是媒体的象征,体现着电视节目的品味和格调,体现出电视的文化。

成功的品牌具有这样一个特征,就是以一种始终如一的形式将品牌的功能与消费者心理上的需求连接起来,通过这种方式将品牌的定位信息明确地传递给消费者。②

作用于主持人运作方式的"明星制"与"品牌经营"策略,其核心源于企业的品牌经营理念。因此,明星主持人或品牌主持人,首先应强调其明星效应、品牌效应的延续性,在外形、声音、个性、行为方式等方面保持相对的稳定;其次应注重主持人在传播中潜在的分众功能,即目标受众、主持人与栏目、媒体之间的契合,从而实现"品牌"的最终目的——通过提供利益优势与消费者建立长期的、强劲的关系,以博得他们长期的偏好与忠诚。③

作为善于打造品牌主持人的凤凰卫视,在短短的10年间,播出了许多引领潮流的主持人节目。例如,陈鲁豫开"说新闻"之先河的《凤凰早班车》和电视谈话节目《鲁豫有约》,窦文涛开创电视聊天节目《锵锵三人行》,杨锦麟让人耳目一新的《有报天天读》,胡一虎以谈话方式评论新闻的《一虎一席

---

① 何佳讯.品牌形象策略——透视品牌经营[M].上海:复旦大学出版社,2000:6-8.
② 何佳讯.品牌形象策略——透视品牌经营[M].上海:复旦大学出版社,2000:6-8.
③ 何佳讯.品牌形象策略——透视品牌经营[M].上海:复旦大学出版社,2000:6-8.

谈》等。吴小莉的明快、干练,窦文涛的幽默、机智,都已成为凤凰台乃至全国电视节目主持风格成功品牌的代表。

这种成功品牌的主持风格,就是在形态上具有可辨认和可记忆的特点。品牌是主持风格的升华,是得到普遍认可的、具有较高水准的个性。其个性可以是亲和力,可以是说服力,或者是在其丰富内涵基础上的一种相貌特征、一个表情、一种神态以及其独特性的总体呈现。

南方广播影视传媒集团认为,"主持人是品牌形象的代言人,对频道、栏目、节目的品牌提升有直接影响"。为提升主持人品牌形象,使主持人与栏目形成良性互动,集团提出:"要提高主持人的素质,提高主持人的地位,提高主持人的待遇,学习凤凰卫视在培养主持人方面的先进经验。一是树立形象,扩大知名度;二是用节目培养主持人形象;三是用活动提升主持人公众形象。"①

可见,电视传媒的竞争,除了节目策划创意的竞争,品牌主持人的竞争也是媒体赢得收视率和关注度的重要法宝。因此要重视提高主持人的综合素质,强化主持人在节目中的主导地位,发挥主持人的品牌效应,塑造主持人的个性风格。优秀的节目创意需要优秀的节目主持人来完成,节目的主持风格需要主持人去塑造和体现,同时,优秀的知名主持人也需要有品牌节目及合适平台去发展和延续自己的风格,两者相得益彰,共融共生。

二、专业化

广播电视节目分众化的加剧要求主持风格朝专业化方向发展。专业化既包含专业知识和技能,也包含专业精神和品质。主持风格的专业化,是节目传播高效、准确的保证,也是把握受众认知心理规律、赢得受众尊敬和信任的方式。主持风格的专业化表现为主持人知识的专业化和媒体管理机制的专业化。

正如著名主持人赵忠祥所说:"无论你主持哪一类栏目,必须是这些栏

---

① 王克曼,冯令沂.中国广电体制改革南方模式[M].广州:广东人民出版社,2008:177.

目的知识和信息的拥有者,必须在工作的同时努力学习和总结,成为你所承担的这个栏目内容的专家。"[1]可见,虽然主持人不可能凡事都是专家,但仍需对自己所主持栏目的内容有一定程度的熟悉甚至精通,能够就相关问题发表具有一定深度的专业见解。同时,具备专业知识,主持人在面对真正的专家和嘉宾时,才能取得与嘉宾平等对话的资格,才能在节目中传递给观众准确和有深度的信息。例如中央电视台,专业频道和专业栏目较多,经济、证券、法律、医学、体育、文学、英语等各个专业栏目都有一批很专业的主持人,他们有的是在高校接受专业教育,具备专业知识,有的是在业务锻炼中成长为大家认可的专业人才。又如凤凰卫视的新闻评论类主持人很多是报纸杂志的专栏作家,或者是社会学研究专家,财经节目主持人曾经在大型上市公司从事财务工作,其主持风格凸显专业性。

此外,专业化还意味着主持人的管理日趋完善,贴近主持行业的实际和发展。从中国广播电视媒体的发展历程来看,我国电视媒体经历了栏目专业化、频道专业化的变革历程,也要求主持人"术业有专攻",在业务技能上做到专业化、学识修养上体现专业化。随着广播电视专业频道的诞生、发展和完善,专业化的栏目越来越多,围绕在其周围的专业受众也越来越多,越来越固定,这种趋势要求主持人也需具备专业知识,能胜任节目、驾驭专业内容。此外,专业化还体现为主持人的管理专业化,近些年来电视台越来越重视主持人的培养和管理,积极探索科学有效的主持人管理机制。例如,中央电视台在主持人管理制度上,已经由中心制向频道制转变,并且建立了科学、全面的主持人考评机制,通过年度十大优秀播音员主持人评选推行全新的主持人选拔理念,促进优秀主持人成长和进步,同时启动中央电视台屏幕形象设计工作室,探索岗位首席制度,建设岗位培训与素质培训等培训体系等,这些都呈现出主持人在选拔、培养和管理方面的专业化特征,进一步促进主持风格朝着专业化方向发展。

三、人文化

所谓"人文主义",原义是"文艺复兴时期借助于古典,主要是古希腊哲

---

[1] 吴郁.21世纪主持人的新标高[J].现代传播,2001(1):27-29.

学与艺术,来反驳经院哲学与神学,提倡人的个性发展与思想解放的思潮,是一种与以神为本的神本主义相对立的,反对野蛮、愚昧与迷信的世界观。但现在,人文主义几乎泛化为一种强调人的价值、地位与作用的世界观或意识形态"①。有学者认为:"人文精神主要体现为知识分子的一种生存和思维状态;它是对'人'的价值、'人'的意义的关注,是对人类命运、人类痛苦之解脱的思考与探索。"②

可见,人是推动社会进步、历史前行的本质力量。人文主义对大众传媒的影响,一方面表现"以人为本"传播观念和传播品格的确立,即传播关注的重点是人本身,深入人的心灵与精神;另一方面表现为"以受众为中心"观念的确定,即尊重受众需求,以更为平等的姿态成为与受众真诚对话的人。对主持人而言,这是一种价值取向,主持人是大众传播中人格化传播的主体,不仅具有个体人格,还有栏目人格、公共人格。具有人文精神,充满人性,成为有思想的主持人,应当是一个成熟、成功主持人的终极追求。

从根本上来说,主持风格的人文化首先应是主持人思维方式的人文化。思维是文化观念、政治观念、经济观念、法治观念、伦理道德观念等的综合体现。"有人文意识的主持人一如既往地关注人的命运、关注人的生存情态、关注人和环境的关系,凡优秀的主持人、受众喜欢的主持人,他们的一个共同特点就是注意力不在自己身上,而是倾注在对节目的深刻把握和挖掘中,他们自觉地坚守'把关人'的职责,坚持正确的舆论导向,代表先进文化的前进方向。"③

主持人在大众传媒中的重要地位,以及大众传媒的强大社会影响力,使主持人在客观上成为话语权的掌握者。主持人对传播内容和传播方式的选择,以及在传播中表达的观点与态度,都有可能成为受众个体判断的重要参考,以致最终影响社会群体判断。面对极易形成的轰动效应,主持人应当在狂热中保持传者应有的理性和冷静,在众说纷纭中找到更具人文关怀的新闻点,在职业角色与社会角色的双重要求中找到平衡点。

---

① 高亮华.人文主义视野中的技术[M].北京:中国社会科学出版社,1996:2.
② 陶东风.人文精神与世俗精神[N].南方周末,1996-01-12.
③ 吴郁.21世纪主持人的新标高[J].现代传播,2001(1):27-29.

第二节 播音主持风格的宏观设计

播音主持风格的形成不是一蹴而就的,要塑造与时代和社会以及传播媒体相适应的播音主持风格,需要分析播音主持风格的形成规律和内在成因,从宏观和微观上探讨播音主持风格的形成路径,为主持实践提供方法论和理论指导。

播音主持风格的宏观设计,要注重风格的社会授权,强调风格的个性展示,加强主持人与节目风格各要素的统一,主持风格与媒介品牌塑造做到相辅相成、互为支撑。

一、注重播音主持风格的文化传播

传媒是社会文化的直接传播者,节目主持人既是文化产品的传播者又是创造者。"节目主持人进行的大众传播过程不仅仅是一个信息的流动过程,而且是一个介入社会现实、创造社会现实的过程。从选择信息到创造内容直至实现传播目的,是一个建构社会文化、实施社会影响的过程。随着时间的推移,节目主持人所反映的社会文化的现实状况会逐渐积淀,成为某一时代文化的表征。同时,作为社会文化的重要组成部分,它还策划和推动社会文化的未来发展。也就是说,主持人不仅是文化的有机组成部分,而且具有结构性的生成能力:不仅产生现实影响,还具有历史影响,产生历史价值。"①

凤凰卫视总裁刘长乐认为:"产业推行文化化,文化实现产业化是一种趋势和潮流。在这种背景下,独特的企业文化是凤凰成功的保证,这种企业文化熏陶着每一个凤凰人。正是因为凤凰具备一种世界文明的视野和比较文化的观点,既包容着丰富的民族文化内涵,又有形式生动鲜明的华语文化

---

① 张政法.播音主持的文化价值[J].现代传播,2005(3).

节目和新闻文化节目,才能在激烈的电视产业竞争中发出了自己的最强音。"①

可见,主持人是大众传媒的文化使者,传媒的价值取向、文化积淀通过不同的主持人,以不同主持风格缓缓释放,传播着大众传媒的文化精神和文化追求,也在无形之中影响着受众。在文化传播的诸多形式中,主持人传播是引导舆论、影响受众最直接有效的方式之一。在屏幕前出现的主持人,借助大众传媒的强大传播能力和社会影响力,成为特定节目受众的文化主导力量。他们的主持风格也是文化的一种体现,并且融入了媒体文化、区域文化和社会文化。在这样的文化背景下,主持风格需要体现文化品位,符合主流文化的价值取向,满足受众的文化需求,传播先进文化。主持人应当将时代精神、民族精神的精髓与自身风格协调统一,挖掘符合爱国主义、集体主义、社会主义精神的亮点和中华优秀传统文化底蕴,并因势利导,使之成为主流文化,同时又提升自己的文化素养,磨练自己的文化品格,培植乃至创造出符合时代精神要求的新风格,提升风格内涵,使其发展成时代的新风尚。

21世纪主持人的主持风格融入了中国传媒对"全球化"的理解、对本土化的认知,对自身未来发展的构想,对受众需求的满足。主持人需要在受众认同与超越受众之中,在共性与个性的相互补充之中,以更加灵活而鲜活的风格面对受众。

清华大学的尹鸿教授认为,21世纪的中国传媒文化"应该保护的不是一种被平均化、单一化、模式化的'大众'文化,而应该是一种多元的丰富的现代文化,这是一种真正意义上的大众文化,它不仅是那些数量上占优势的大众的文化,而且也是那些在数量上并不占多数的大众中的若干小众文化;它不仅要满足受众宣泄、松弛、好奇的娱乐性需要,它也要满足人们认识世界、参与社会、变革现实的创造性需要;它不仅要适应受众已经形成的主流电视观看经验和文化接受习惯,而且要提供新鲜、生动的前卫和边缘的文化经验

---

① 王炎龙.多维视野透视凤凰卫视的文化营销[EB/OL].(2010-08-25)[2023-05-06]. http://www.thldl.org.cn/news/1008/47776.html.

第八章 播音主持风格的创新

以促进人的文化接受水平和能力的不断提高。"①

在全球化背景下,卫星电视突破地域限制,使跨文化传播得以实现,国际交流迅速、畅达,文化出现跨地域融合发展之势。不同的地域文化和媒体文化,对主持风格的塑造产生了重要影响,因此,主持风格需要在保持本土文化与吸收外来文化中寻求平衡和平等,同时保持对文化多元化的吸收并蓄,创新风格形式,提升风格内涵,引领文化传播潮流,抵御发达国家利用科技优势对发展中国家构成"文化侵略"的威胁。

二、注重播音主持风格的受众认可

主持风格受到社会、文化等多方面客观因素的制约。随着物质生活水平的提升,人们对精神生活的要求越来越高。如今,受众已逐渐走向成熟,不再像几十年前那样,被动地播什么看什么,而是主动选择,学会了用审视的目光面对主持人。主持人必须找准这个时代的特征,定位属于自己的风格,使之符合社会发展趋势,满足不同受众的欣赏需求和审美追求。

从地域上看,我国幅员辽阔,各地社会经济水平和文化发展不平衡,形成了不同地域的文化特点、风俗习惯,由此而形成了不同的文化需求。地域特征、文化习俗、受众分布差异化等客观条件,是主持风格多元化发展的客观需求,是形成多样化主持风格的最大动力。电视节目主持人想要塑造自身的主持风格,就要深入了解所处地域的文化内涵,尊重不同年龄、不同职业、不同阶层受众的文化需求和心理需求,满足他们的收视偏好。电视节目要通过突出主持人的个人魅力,展现其风格,吸引受众收看,起到引领文化潮流的作用;同时注重收集受众的意见和建议,不断调整主持风格,注重主持风格与社会、受众、媒体之间的适应性,提升主持风格的艺术内涵。

受众认同是主持风格塑造的终极目标,只有被受众认可的主持风格才能被受众接受,并产生影响,从而完成内容的有效传播。受众认同是具有成

---

① 尹鸿.霸权与多元:新世纪电视文化随想[J].电视研究,2000(1):17.

长性、递进性、动态性的评价指标。随着社会文明程度的提高、知识文化水平的提升,以及大众传播事业的发展,受众期望也在不断提高。在大众传媒由"广播化"向"窄播化"转变的过程中,受众正在逐渐实现分众与分群。从局部上看,目标受众的不同喜好、不同特点决定着不同类型主持人的定位与风格,造成了主持人之间的差异性,但从整体上看,在共同文化传播环境下,受众对主持人的评价标准必定存在众多共同点,即受众"群体期望",满足受众的群体期望是塑造主持风格的有效途径。

受众对主持人的群体期望首先在于主持人承担社会责任。主持人的社会责任包括:传媒内容的真实与客观、传媒功能的全面与完善、传媒角色的独立与正义等,几乎囊括了所有人们对于真、善、美的憧憬以及对假、恶、丑的批判。因此,受众对主持人的群体期望除了传播内容、传播手段等具体的职业技能以外,还对其有传播观念、传播角色、传播文化等宏观上的期望。

"新闻从业者将专业理念沉淀于新闻事件,并通过社会实践加以阐述;它是理念与实践活动、个体与同行的群体、个人与社会制度之间的一个结合点。"①可见,主持人要塑造适合受众的主持风格,并非一味迎合受众,而是要把握好受众认可与社会认可、理想追求与职业要求、客观实际与主观反映之间的平衡,把握好自身的角色和位置,做到既能适应受众、满足受众,又能吸引受众、引领受众。

当今媒体的竞争就是争取受众的竞争,在以"靶子论"为中心的传播观念主导下,受众被视为中弹即倒的"靶子",传者主要是单向的传播行为,受众只能是被动接受。如今受众地位日渐提升,受众本位理念逐渐确立,在媒体多元化竞争态势之下,需要以受众为中心塑造出符合其需求的主持风格,才能达到一定的传播效果。

陆锡初教授认为主持风格的成功塑造取决于三个因素:"一是主持人自身形象的素质,这是基础;二是对节目形象的自我理解和把握程度,这是关键;三是受众的主观感受。"②可见,主持风格的塑造离不开主持人自身综合素质的提升和受众的认可。主持人对风格的定位、节目类型的把握决定了

---

① 陆晔.成名的想象:社会转型过程中新闻从业者的专业主义话语构建[EB/OL].(2005-11-25)[2023-05-07].网址http://academic.mediachina.net/article.php?id=3880.
② 陆锡初.节目主持人概论[M].北京:中国广播电视出版社,1991:93.

风格的艺术性,受众的主观感受决定了主持风格的传播力。受众作为传播对象,关系到传播效果的实现,其主观感受十分重要。从心理学角度来看,主持风格是受众对主持人及其节目产生的一种印象,是对主持人形象、言行以及节目风格的整体感知、联想、体验的集合体,受众对于主持风格的感受,主要通过主持人本身的风格、自身的感知方式和所处的感知情景来把握。因此,受众的主观感受,或喜欢或厌恶,将影响主持风格的传播效果,直接影响主持风格的社会关注度和市场影响力。主持人只有认识到受众主观感受的重要性,才能在与受众的互动中,保持主持风格的生命力和可持续发展。

三、注重播音主持风格的整体定位

定位(Positioning)这一概念是1972年美国营销专家艾·里斯(Ai Ries)和杰克·特劳特(Jack Trout)为《广告时代》(*Advertising Age*)撰写的题为"定位时代"的系列文章中提出的。他们认为,定位是产品通过表面上的基本变化,确保其在预期客户头脑中占据一个真正有价值的地位。① 美国营销专家菲利普·科特勒认为:"定位就是一种对公司的供应品和形象进行设计,从而使其能在目标顾客心目中占有一个独特位置的行动。"②

主持风格的定位是为了栏目适应媒体市场化、产业化发展趋势,获得受众的关注度和影响力,取得较好的传播效果,在竞争中立于不败之地,从而获得较好的社会效益和经济效益。

主持风格是节目风格表现形式的一种,主持风格要符合栏目的定位,与节目风格融合、相得益彰,才能最大限度地发挥其价值。不同类型、不同定位、不同特色的栏目要选择与之风格协调的主持人,不同主持人也要找到与其风格定位相吻合的栏目,两者相互制约,相互协调,相互统一,才能发挥出自己的个性和特质。很多电视节目依据主持人的个人风格量身定做合适的节目,以个人风格主导节目风格,使得主持风格能最大限度发挥其传播效果。当然,从另一个方面来看,很多具有个性风格的主持人,会尽量先考虑

---

① 段鹏.电视品牌战略研究[M].北京:中国传媒大学出版社,2007:75.
② 科特勒.营销管理[M].梅清豪,译.上海:上海人民出版社,2003:340.

节目风格的定位和特点,先服从节目的风格,在这个前提下,将自身的特点、个人风格融入节目,与节目风格协调,彼此相得益彰。主持风格的定位,要做到"人无我有""人有我优""人优我特""人特我绝"。有的主持风格是依据节目定位塑造的,如《艺术人生》打"情感"牌,《新闻调查》打"深度"牌,《焦点访谈》打"舆论监督"牌等。有的主持风格是根据主持人个人风格塑造的,如《幸运52》成功后,又推出了为李咏专门设计的《非常6+1》《咏乐汇》等综艺节目;《新闻1+1》则主要是根据白岩松和董倩两位知名新闻评论主持人的个人风格专门设计制作的。

做好主持风格的定位,首先要注重定位的适应性。主持风格定位要考虑地域环境、文化习俗。不同地域有不同的历史、文化和生活方式,因此风格定位要考虑到与地域环境、文化背景以及价值观的适应性,这包括适应所在媒体播出平台的定位。主持风格作为一种精神产品,也需要"适销对路"。例如根据主持人自己的特质、媒体和栏目的风格进行定位;根据受众和市场定位,把握受众心理,把握媒体的发展态势,树立平民心态,体现出对观众的理解和尊重。

其次,要注重定位的准确性。主持风格需要考虑到主持人的外在形象、个性语言、性格气质所呈现出来的个人风格与栏目的风格是否和谐一致。主持风格能成为节目的标志,就需要满足栏目播出时间、栏目风格等具体细节的定位。例如,在内容深刻、富有哲理的节目中,主持风格要郑重其事、深思熟虑;在欢快明朗、诙谐风趣的节目中,主持风格要轻松自然、活泼生动。如果主持人的个性形象与节目风格反差太大,就会使节目本身难以形成稳定、鲜明的特色,从而削弱节目在风格上对受众的吸引力,同时也就难以树立让人印象深刻的主持风格。

最后,要注重定位的创造性。塑造独特的有生命力的主持风格,需要有创造性,要考虑这种创造性的主持风格是不是能被受众接受,是不是有自己原创的特点,是不是较其他同类栏目的主持风格有所差异,是不是难以短期内被其他竞争对手所模仿等。这种创造性是主持风格个性化和差异化的基础。主持风格的创造性是主持风格的核心价值,短期内难以被超越,成为主持风格可持续发展的不竭动力。

第八章 播音主持风格的创新

>>> 第三节 播音主持风格的微观塑造

播音主持风格能增强受众对播音员主持人的可识别性,播音主持风格在很大程度上体现了播音员主持人的风格,不同播音主持风格能够可以帮助受众理解和接受信息。此外,播音员主持人意识到自己属于某种风格,就必然在语言、形象和其他表现方式上遵循这种风格的各种制约条件,这也在一定程度上规范了播音员主持人的传播行为,使得其尽可能适应和保持自己的一贯风格。传播媒体为了塑造自身的品牌,有意识地塑造一系列风格类似的主持人,在市场化竞争中立于不败之地。

播音主持风格的创新不一定是"从无到有",创新要学会"承前启后",创新应该遵循"深化、发展、适应"的原则,即深化内容理解,美化表达样态,掌握专业规律,适应传媒环境变化和节目发展。在世界经济不断走向全球化、媒介不断走向融合的背景下,我国播音员主持人理应担当更多的责任与使命。

微观上播音主持风格的塑造,一是注重主持风格的视觉设计,即在主持人的外在形象上,通过得体的服装、化妆、表情和灯光来塑造美的形象;二是注重主持风格的语言策略,在语言表达上,注重通俗、规范,提高文化品位和艺术个性;三是注重主持风格的情感传递,提升风格的感染力,寻找与观众的共鸣,真诚面对观众,传播具有人文关怀的思想;四是注重主持风格的文化传播,塑造具有时代作风、民族气质、中国气派,体现中国传统文化精神的主持风格。

一、播音主持风格的个性展示

艺术总是由有个性的艺术家创造的,不同个性的艺术家创造出不同的艺术,因此,个性在艺术创造中具有十分重要的地位,俄国著名文艺理论家别林斯基在他的《艺术论》中提出:"风格是思想和形式密切融会中按下自己的性格和精神独特性的印记。"①如前文所述,主持风格与主持人的个性特征有直接联系,主持人是主持风格体现的载体,对主持风格的塑造和呈现具有内在规定性,主持人的个人条件、角色认知和自觉追求对主持风格的形成有重要影响。

可见,主持人具有什么样的性格气质,就会形成怎样的主持风格。"所谓性格,是对待人、对事的态度和行为方式上所表现出来的心理特点。性格与先天气质有关,与后天的个性也有关。前者是生理影响,后者是社会影响。个性是指一个人在特定的社会条件和教育下形成的比较固定的特性。个性与一个人的天赋条件和后天的学识、见识、生活环境、教育类型、教育程度、文化活动、专业特长、社会地位等因素密切相关。"②

因此要塑造广受欢迎、个性鲜明的主持风格,就需要主持人依据其个性特征,准确分析其气质类型,发挥性格中的亮点和特点,扬长避短,塑造与个性特征相吻合的主持风格。

主持风格塑造应力求个性突出、风格明显,无雷同之处;塑造独具个性的主持风格,应在某种统一理念的引领之下,给受众以区别于其他主持风格的整体印象。主持风格对外具有统一性,有助于大众媒体建立相对统一的媒体风格,成为媒体风格的有机组成部分;对内则具有相对独立性,凸显与其他主持风格区别的个性。主持人要展示自己的个性风格,就应当自觉参与策划、采访、编制节目的全过程,了解、熟悉节目的各个流程,领会节目的主旨、意图,主持人只有做到心中有观众,才能更好地与观众沟通、为观众服务,只有牢固树立起主持意识,才能摒弃念稿、背稿的弊病,调动自身的主观能动性,更好地驾驭节目,真正成为节目的主人。主持人需要具备创造力,来开发自己的个性,展示自己的个性。"创造力是明星主持人的素质之一。大凡世界级新闻节目主持人,都有着非凡的创造力。新闻节目主持人的创造力是指他们具有创新思维,善于开拓新领域,探索新事物,并以新的方式感受、认识、再现原有的事物。"③具体来说,构思节目时要有创意,有新意,要

---

① 鲍列夫.美学[M].乔修业,常谢枫,译.北京:中国文联出版社,1986:286.
② 王群,沈慧萍.电视主持传播概论[M].上海:华东师范大学出版社,2008:162.
③ 陆玲.中国需不需要"丹·拉瑟"——对中国电视新闻节目主持人未来发展的思考[J].中国电视,2000(6).

以不落俗套的主持风格开辟不同凡响的报道领域；主持人要有独立思考能力，这种思考要有比较深刻的哲学思想和理性精神做指引，能够引导一种社会思潮；主持人要具有独创风格，这种风格能在相当长一段时间内独领风骚，影响一批同行，并得到观众的广泛反响。

主持人有什么样的个性特点，就会形成什么样的主持风格。每一个主持人都是独立的个体，有自己的背景、知识、经验，其秉性不同，气质各异。在主持节目时，无论自觉与否，他们总会表现出自己的精神面貌，传递出自己对现实独特的感受、认识，显露出自身特有的文化素养。他们从本质上就存在差别，这种差别扩大化、明显化，就成为不同的主持风格。如赵忠祥，他主持过《人与自然》《动物世界》《正大综艺》等好几个节目，在这些内容、形式都不同的节目里，赵忠祥基本保持了共同的风格——严肃沉稳。这与他的性格特点、学识修养是一致的。尽管在不同的节目里，他有时会有"笨拙"的幽默，有时流露出不动声色的睿智，但总能让人感到这是从他主持风格的共性中衍生出来的。可见，依据性格特点，塑造出适合自己个性特点的主持风格才具有生命力和可持续发展性。

二、播音主持风格的视觉设计

电视艺术属于视听艺术。关于"视"与"听"两种成分的重要性及其比例关系，曾有一些电视艺术的研究者专门论述过。据测试，正常的人对于周围信息的接受80%来自视觉。电影有以视为主的说法，所以强调画面的表现力。即使有声片出现后，把声音表现提到相应重要的地位，但视觉仍是第一位的。电视在开始之初，人们将其看作小电影，自然视知觉也被视为第一重要因素。视知觉冲击力有时可以直接作用于接收者的心理，而不需要中间概念的转换。同电影相比，电视艺术也具有这种视觉冲击力，只是不如电影那样突出强烈。

节目主持人的工作性质决定他的个人风格很容易转化为公众认知的风格，个人风格被放大，为广大受众所接受、所欢迎。主持风格的视觉设计一方面取决于主持人的先天条件，另一方面可以通过化妆、服饰等造型手段进行设计包装。主持风格在视觉设计上具有可塑性，将其内在的气质、品格和涵养在可见的视觉设计上进行风格设计定位,即所谓"包装",主持风格在相差无几的情况下,视觉形象较好、与节目类型风格一致的主持人更容易赢得受众的青睐。

风格的视觉设计需要遵循一般规律。

一是着装风格符合节目风格。服装对于视觉形象起着重要的修饰作用。现今国际上通行着装 TPO 原则,具体为:"T(Time)指服饰要适应时代、季节和自己的年龄。P(Place)指服饰应当契合特定语境,契合自己的职业和身份;O(Object)指服饰要为实现某种交际目的服务。"①服饰的选择一定要适合自己的自然条件和自我定位。例如,杨澜追求古典美的穿衣哲学,注重保持自己的风格,她不追求那些款式夸张质量一般的服饰,而偏爱较好看的、细节精巧的经典服饰,Clean(简洁)、Professional(专业)、Stylish(时尚)是她挑选衣饰的三大原则。②

二是化妆考虑镜头与灯光的效果。主持人化妆是在照明基础上采用的修饰、补正手段。与舞台上的演员化妆不同,主持人的化妆追求自然,并且受电视灯光和电视技术色彩还原等因素的影响,呈现在屏幕上的主持人形象需要选择与日常不同的妆面。避免选用纯度较高的红、黄、绿色,而应选用不饱和色彩系列,可以达到自然、柔和的效果。

整体而言,视觉设计需要有清晰的风格定位。例如新闻节目主持人端庄稳重,少儿节目主持人亲切活泼,谈话节目主持人随和朴实,娱乐节目主持人靓丽时尚,都需要与节目类型和风格定位达成一致。将主持风格进行视觉设计,不但可以强化大众传播媒介的整体感,还能形成强有力的品牌效应,扩大传媒的影响力,而且可以提升受众的识别能力与认同感。成功的主持人通常除了具有个性化的主持、高尚的人格魅力外,在主持风格的视觉呈现上,也常常别出心裁,能深深吸引并打动受众。总之,无论属于哪种风格,只要是符合受众审美习惯和欣赏水平的,都被受众所喜爱,可见,风格的视觉设计对于一个主持人的成功起着不可忽视的作用,不但能提升主持人的整体形象,有利于主持风格的传播,还能为主持人增添自信,主持人可以以

---

① 黄幼民,张卓.主持人形象塑造[M].武汉:华中科技大学出版社,2006:58.
② 黄幼民,张卓.主持人形象塑造[M].武汉:华中科技大学出版社,2006:60.

此规范自己的风格,并保持这种风格,使受众形成收视习惯。

三、播音主持风格的话语策略

主持人的个性语言是形成个性风格的重要因素,因此话语策略是主持人塑造主持风格的重要手段。个性语言作为具体思想感情的表达形式,来源于对客观现实的具体把握和对节目内容的细致分析,能展现出主持人的文化品位与个性特点。个性语言也融入了主持人对语言的选择和组织。每个主持人都需要塑造自己的个性语言,个性语言越鲜明突出,就越能形成风格。例如,《天天向上》的主持人汪涵说起话来滔滔不绝,语气爽快,语句紧凑,语调活泼,风趣幽默、轻松诙谐;而《对话》的主持人陈伟鸿则以准确理性的语言、平和稳重的语调、不紧不慢的语气来主持节目,其风格温文尔雅、知性睿智。

锤炼主持语言,需要做到以下几点。

第一,把握节目内容和对象。主持人需要根据具体的内容,将文字转化为自己独特的语言形式,做好案头功夫,领会节目内容,掌握鲜活的素材,准确把握嘉宾或观众的身份、地位、阅历和需求,以礼貌谦逊、真诚朴实、宽厚平等、善解人意的心态,用恰当得体的语言与嘉宾或观众沟通。

第二,增强知识积累和社会阅历。主持人要不断积累专业知识,使得语言表达能准确、到位、言简意赅,还要增加生活阅历,并将其运用到节目中,丰富的生活经验会使主持人的话语更具内涵,更有亲和力。主持人应当对广大观众日常生活中遇到的和关心的问题有充分了解,并且能用高水平的语言表达技巧启发观众分析与思考。

第三,善于运用一定的语言表达策略。运用移情、语义过渡、语言美化来完善主持语言。移情就是设身处地感受对方的处境,在精神、情绪上表现对他人的理解和同情;语义过渡则是在语言生成的过程中,将某些成分或意义进行筛选,用清晰、准确的语言传达信息,反映题旨和情境;语用美化,则是注重语言的音调美、修辞美、节奏美,以语言、表情或其他方式来美化语言,增强语言的感染力。

第四,提高应变能力。主持人应当准确把握节目的内容和风格定位,精心设计各个环节,充分发挥主持人的主导性,灵活应对现场各种突发状况,多做设想,多做准备,把握现场氛围,做到机智敏捷。

第五,塑造中国化的话语风格和语言表现形态。鲁迅先生在他的《汉文学史纲要》中提出,"汉字具有三美,意美以感心,一也;音美以感耳,二也;形美以感目,三也"。可见,民族的语言体现着这个民族的精神密码。从语音上来看,汉字读起来一词一顿,表达一意,朗朗上口,清脆响亮;或者诸意衔接,四词一排,抑扬顿挫,节奏鲜明。从内容上来看,汉语精练考究,内涵深刻,文化意蕴丰富。例如,"把马克思主义新闻观作为新闻工作的'定盘星'""要辨明真伪,增强自身免疫力,练就火眼金睛"等,都是具有中国文化内涵的表达方式。要做到出口成章,就要下苦功夫饱读诗书,磨炼语言表达能力;要塑造有中国特色的语言风格,就要深入学习中国概念、中国术语、中国词语、中华诗词,从而由内而外构建中国话语体系,提高主持人的文化内涵和文学修养,做到用优秀语言感染人,用中国文化影响人、教育人、凝聚人。

四、播音主持风格的情感传递

古希腊哲学家亚里士多德在说服学中提出"情感证明"是说服的手段之一,近代英国哲学家罗素认为"宣传和被宣传的人心里的感情和谐一致,始能成功",现代传播学者李普曼认为"要获得读者的注意力并不等于在新闻中发表对宗教和伦理的看法,而是要激起读者的感情"等,这说明情感是人类独特的心理活动,情感在传播活动中有重要作用。"人际关系本质上是一种情感的交换。"①节目主持作为一种人际传播和大众传播相结合的工作,主持人在工作中,摆脱不了人际关系中的"情感交换",他应该在信息的传递中把握好情感倾向,有效地表达情感。

施拉姆认为"动感情的呼吁较之逻辑的呼吁更可能导致态度的改变"②。勒庞也提出"在同理性永恒的冲突中,失败的从来就不是感情"③。这充分说明情感传递是传播的重要策略。

---

① 刘京林.大众传播心理学[M].北京:北京广播学院出版社,1997:164.
② 施拉姆,波特.传播学概论[M].李启,周立方,译.北京:新华出版社,1984:288.
③ 勒庞.乌合之众——大众心理研究[M].冯克利,译.北京:中央编译出版社,2000:57.

第八章 播音主持风格的创新

有论者认为,"节目主持人只有加强内在素质的修炼,并在传播过程中熟练运用各种技巧,才能达到以情动人、以理服人的效果。也只有这样,节目主持人才能真正走进观众心灵深处,才能担当社会转型期不良情绪的泄洪渠,从而成为一个国家、一座城市、一个地区范围内民众精神的梳理者"①。

主持人必须注意以下几个方面,才能在情感传递上更上一层楼。

第一,心中要有真情。主持人在信息传递中如果能将个人的真情实感自然流露,就能赢得观众的信任。主持人应当长期关注日常生活中人们遇到的问题,对社会各阶层、各年龄层、不同性别的人的心理有所研究,为观众排忧解难,用真情实感来打动观众。

第二,要找到情感共鸣。节目欣赏的过程是欣赏主体和欣赏对象之间结成一种审美情感体验和评价体系的过程,它是人们用心灵和情感来感知客观对象的一种形式。作为欣赏对象的受众,他主要借助欣赏主体的语言进行感知、体验和联想,从而在心灵深处产生情感共鸣。情感共鸣是主持人和受众两方之间多种心理要素的综合运动过程。它要求主持人具有同情心,与受众同喜、同悲、同激愤、同感动。主持人只有与受众交流情感,找到情感共鸣,才能获得最佳的传播效果。这也要求主持人在传播中根据受众的反应随时调整自己的心理状态,与受众产生心灵呼应。当然情感共鸣,必须依据情境展开,必须审时度势,不能情感泛滥,也不能过于煽情,必须真实自然,才能打动观众。

第三,采用恰当的表现方式。情感的传递需要恰当的方式,特别是在提问或访问中,主持人可以采取谈心、聊天或讨论的方式,采用商量的语气,而不是审问的语气,来拉近与嘉宾、观众的心理距离,从而获得顺利的情感交流。

第四节 播音主持风格的创新策略

传播媒体为了塑造自身的品牌,有意识地塑造一系列具有共同风格特

---

① 赵建国.双重说服、情理交融——从说服学角度谈电视情感交流节目的对话艺术[M]//.主持人第9辑.北京:中国国际广播出版社,2001:290.

征的主持人,以便在市场化竞争中立于不败之地。主持风格的创新不一定是"从无到有",创新要学会"承前启后",创新应该遵循"深化、发展、适应"的原则,即深化内容理解,美化表达样态,掌握专业规律,适应传媒环境变化和节目发展。在世界经济不断走向全球化、媒介不断走向融合的背景下,中国播音员主持人的风格创新可尝试采用以下策略来实现。

一、通过品级设置,加强播音员主持人的选拔、打造与培养,提高其整体素质和核心竞争力

对主持人进行"分线"评级,促进内部主持人的有序竞争。香港TVB将艺人(含主持人)分为一线、二线、三线,并为其"定身价""定栏目""定活动",这种规范化的管理有利于促进主持人群体的有序竞争。这种做法可以借鉴到主持人品牌建设之中,若将主持人做一个大体的级别设置,为不同级别的主持人在待遇、栏目、出席活动等方面进行科学合理的分级,将能有效促进主持人之间的有序竞争。

对主持人进行"分阶段"培养,促进主持人的自我成长和品牌形成。目前电视台主持人来源主要是四个方面:一是院校选拔;二是主持人大赛选拔;三是电视台公开招聘;四是业内人士推荐或同行跳槽。主持人的发展阶段一般可以总结为"专—博(杂)而专—更高层次的专",日益向专家化、职业化方向转变。第一个"专"是专业素质的要求,第二个"专"是对其在栏目总体把控上的要求,第三个"专"是指专家化,即对栏目所涉及的内容的精通和专业。因此,新晋主持人需要进行职业培训和栏目磨练;资深主持人则需要进行职业规划和素质拓展;有特长、有特点的主持人则需要尽量争取发展机会和展示平台,促进品牌形成。

二、通过品格多元化,加强播音员主持人的系统性定位和风格塑造,打造个性鲜明、具有本土特色、符合时代和受众审美的播音主持风格

现阶段主持人的品牌形象已经上升到整体风格的系统定位和设计,细化到主持人所主持的栏目类型、语言风格、外在造型、手势表情、个性魅力、

特长特点等方面,其包装宣传,都指向统一的、可识别的风格特征,力图通过全方位的设计、定位打造出主持人独特的气场。例如新闻节目主持人塑造知性、干练、稳重、专业的主持风格,以提高其权威性和公信力;娱乐节目主持人则要塑造时尚、活泼、清新、潇洒的主持风格,并宣传其在文艺、表演方面的特长,突出其个性魅力。这些个人风格的设计都需要专人或团队进行研究和定位,不是一蹴而就的。

注重媒体或频道主持人整体风格的塑造。每个成功媒体的主持人都具有相对统一的、共同的、鲜明的整体形象,如凤凰卫视的主持人通常以"精英博识"的形象出现在大家面前,湖南卫视则是打造"青春时尚靓丽"的主持人队伍。以东莞电视台主持人为例,其主持人的整体形象不能脱离东莞的城市实际,更不能脱离东莞电视台的发展实际,将其盲目拔高或者拉低,而应该从东莞特殊的城市产业结构和人口结构出发,深入了解受众的潜在需求,在保留和张扬个性的基础上形成一个鲜明的整体形象风格,以干练知性、时尚大气、亲切真诚为出发点。

三、促进品位提升,让团队策划提高播音员主持人的整体文化品位和市场影响力

主持人的品位要提升,离不开自身综合素质的提升,更离不开电视台团队的策划和包装。主持人独特的风格好比产品的不同作用和功能,都具有一定的市场价值。例如,可以为新闻主持人进行公益形象宣传,有针对性地宣传其新闻栏目,积极尝试把知名主持人推到"第一线",强化主持人在亲临重大新闻事件的现场感,参与新闻事件报道和评论,增强主持人对新闻线索及信息的把握,发挥新闻主持人的主导作用,提升其品牌含金量和品位。同时,可以为综艺节目主持人寻找商业品牌代言,增加相关活动的曝光机会。此外,还可以为其他有特长的主持人寻找合适的表现机会,如塑造"音乐发烧友""旅游达人""美食行家""健身达人""文艺精英""早教专家"等,并为其开办小型演唱会、文化分享会,举办论坛讲座,挖掘一些主持人与受众之间的感人故事,提升其知名度,也有利于提升主持人的品位和市场影响力。

四、通过理性品评,建立播音员主持人的管理机制和激励机制,提高其主观能动性和艺术创造力

许多电视台在打造优秀主持人方面积累了一些成功经验,也培养出了一批具有较高知名度和影响力的主持人。但应该清醒看到,打造明星主持人的这些模式属于摸索中的个体探索,还缺乏相应的管理机制和激励机制。因此,在新一轮发展中,应当加大对主持人品牌的建设和规划。适度调整运营理念,把提升主持人品牌价值放在电视栏目营销的中心位置,在资源投放中给予适度倾斜,以主持人的知名度提升带动栏目提升乃至全局发展,适当开办主持人节目。抓紧与有关专业机构联手研究,博采各地经验与外脑之长,倾听内部的各部门意见,制定符合本土实际、可操作性强的主持人品牌发展规划。完善管理和激励机制。例如,香港 TVB 根据主持人级别分别签订"长约"或"短约"。电视台也可与主持人签订合约,确保品牌主持人的投入有所增值。同时完善主持人的激励机制,促进主持人成长,例如给不同级别的主持人相应奖励,提高其主观能动性和艺术创造力。

第九章 提升播音员主持人国际传播能力的策略研究

2013年8月19日,习近平总书记在全国宣传思想工作会议上强调,"要精心做好对外宣传工作,创新对外宣传方式,着力打造融通中外的新概念新范畴新表述,讲好中国故事,传播好中国声音"①。2021年5月31日,习近平总书记在中共中央政治局第三十次集体学习时强调加强和改进国际传播工作,讲好中国故事,传播好中国声音,展示真实、立体、全面的中国,是加强我国国际传播能力建设的重要任务。② 2022年10月16—22日,党的二十大胜利召开,习近平总书记再次提出"加强全媒体传播体系建设,塑造主流舆论新格局""增强中华文明传播力影响力""要更好推动中华文化走出去,以文载道、以文传声、以文化人,向世界阐释推介更多具有中国特色、体现中国精神、蕴藏中国智慧的优秀文化"。

可见,中国在对外传播和国际传播的道路上,一直重视和强调要"讲好中国故事",这既是传播力量的体现,也是话语策略的构建。中国故事要讲清、讲深、讲入人心,获得国际舆论场上的话语权、主动权和定义权,既要有好的主持人来讲,又要有好的故事题材,要在讲好中国故事和传播中国故事中总结经验,反思问题,积极创新。面对纷繁复杂的国际舆论环境和全球利益竞争格局,中国在国际传播进程中时刻面临困难与挑战。主流媒体的主播是我国媒介乃至中国话语国际传播能力展现的重要窗口,应适时调整,因时因势而变。在智能媒介时代,大数据、5G、人工智能等新技术伴随媒介的

---

① 习近平.胸怀大局把握大势着眼大事 努力把宣传思想工作做得更好[N].人民日报,2013-08-21.
② 习近平在中共中央政治局第三十次集体学习时强调加强和改进国际传播工作 展示真实立体全面的中国[N].人民日报,2021-06-02.

深度融合介入国际传播活动的各个环节。长期以来,我国在国际传播过程中面临"有声难发"、"有口难辩"、消息流出渠道单一、主播传播影响力不足等问题,主流媒体在国际传播领域尚未形成高效的系统机制。进入新发展阶段,习近平总书记对提升国家文化软实力也提出一系列明确指示,提出要全面提升国际传播效能,加强适应新时代国际传播需要的专门人才队伍建设。

智能媒介时代,我国国际传播进入新时期,也对当今播音员主持人提出了新要求,应对传媒技术变革新格局,主流媒体主播应从使命担当、视野转换等方面积极作为,提升自身能力,守正创新,塑造自己的风格,提升国际传播能力。要坚定不移地坚持马克思主义新闻观,即为人民服务,为时代发声,做媒介把关人,为切实掌握国际传播规律、适应新的传媒形式,打好双语播音基本功,充实国际交流经验,成为具备中国气质、理解海外受众、高效沟通中外的国际播音主持人才,为传播中国声音、讲好中国故事,提升我国文化软实力和话语权做出有益贡献。

目前,播音员主持人的国际传播能力研究主要有三个方向。一是播音员主持人在国际传播中面临的机遇与挑战,主要观点有:在"天涯若比邻"的国际传播新环境下,海外受众群体不断扩大、中国的发展为中文媒体对外传播创造了良好条件、移动互联网的快速崛起构成了中文媒体对外传播转型升级的契机(刘家俊,2021);主持人可掌握的信息来源更加广泛、信息绝对量增加、传播范围扩大、受众数量增多,在框限、择取新闻信息以及重组新闻信息、建构意义等方面面临着不小的挑战(肖博,2014);国际传播主体多元化,水平参差不齐,受众的主动性、参与性增强(王文艳、缪以恒,2022)。二是播音员主持人国际传播能力的培育模式与局限,主要观点有:目前在播音员主持人培育系统上存在部分缺漏,尚未能建立全国性、系统性、行业性的人才培养体制,人才培养模式仍需在时代性、精准性、多样性上下功夫,人才培养管理体系的统筹性、有效性、针对性也有待提高(赵婷玉,2021);在国际传播人才培育中,培养目标不明确、缺少层次性,并且缺乏培育符合新形势要求的"全媒体"国际传播人才的实践平台(李建新、姚惟怡,2021);学校层面课程设置滞后于行业发展水平、师资力量配置不合理,难以达到智能媒介时代对复合型新闻传播人才要求的情况与当前国际传播中存在报道模式刻板、传播接受度低的现象形成恶性循环(贺彩红,2022);传播过程的艺术性是过往不被重视的层面,可以充分融合新闻传播学和艺术学两个学科,开发一系列有助于建立审美意识、提升国际传播艺术性和吸引力的课程,借人类对美的欣赏的互通,以融通中外的艺术形式提高国际传播能力(刘滢、林斯娴,2021)。三是播音员主持人国际传播能力的实战经验分析,主要观点有:中美主播的跨洋对话是我国主流媒体国际传播的标志性事件,是国际传播以个体突破为切入点淡化官方色彩的优秀案例(江和平,2019);中国国际电视台(简称"CGTN")主播刘欣在进行国际对话过程中展示出知性大方、英语流利的国际化形象和风格,给美国媒体和民众带来视觉和心理冲击,在一定程度上扭转了他们对中国媒体人官方化和封闭刻板的固有印象,具有开创性和象征性(周振华,2019);立足事实和逻辑,理性评论,以个体故事作为切入点,在荧幕之外积极打造主持人短视频评论实现个体评价价值最优化(梅焰,2019);CGTN阿拉伯语频道打造"一千零一日"网红工作室成功孵化五位网红主播,通过自身语言优势以及对阿拉伯文化的了解,以图文、短视频、直播等方式,通过轻松活泼的口语化表达和个性化展示,与粉丝进行深度互动,实现好感传播(杨莹,2021)。可见,智能媒介时代新兴技术的更迭及国际形势的变化对主流媒体主播提升国际传播能力提出了迫切要求,目前为止学界就播音员主持人在智能媒介时代的挑战与机遇、人才培养方案的缺陷与建议等展开了较为积极的探索,关于国际播音员主持人的优秀案例分析、优秀主持人的传播经历分享也对主流媒体主播如何提升国际传播能力提供了思路和经验。整体而言,现有的主持人国际传播能力研究主要从传播实务和技能的角度提供了大量案例和参考经验,但有关智能媒介环境下的中国话语传播现状;面对国际传播竞争格局,我国主流媒体主播在国际传播中存在哪些问题;如何对欧美优秀主播先进经验进行整理、借鉴并将其服务于主流媒体主播,以提升国际传播能力,这些方面的研究还较为欠缺。

本章将立足于智能媒介时代国际传播环境新生态,对国际传播竞争格局、主流媒体国际传播现状展开分析,借鉴欧美较具代表性的播音主持先进经验,对提升当前主流媒体主播国际传播能力的策略进行探讨。

第一节 智能媒介时代提升播音员主持人国际传播能力的重要意义

一、智能媒介时代国际传播的重要性

智能媒介时代是指随着媒介技术和信息技术的高速发展,全球媒介进入以互联网、大数据、人工智能、人机交互等高新科技为基础的传播时代,移动互联网、大数据、人工智能等在生活中深入普及,社会呈现出高度媒介化的表征。[①] 高度媒介化的实质是将处于互联网平台的个体通过全球互联网上的细分平台予以链接,大数据也为我国国际传播效率分析、受众调查带来了新的可能,媒介信息技术的日新月异为媒体机构的发展提供新的支撑,互联网平台作为全球信息流动与个体互动的公共性开放空间,为我国国际传播提供了新的话语活动空间。[②] 国际传播的显著特征是与国家发展格局、核心利益联系紧密,以夯实民意、建设有利于己的国际舆论环境作为出发点。[③] 延安时期,以毛泽东为代表的中国共产党人利用各种渠道和形式向世界讲述延安故事,击破了国民党的新闻封锁和政治污蔑,使世人看到了真实的共产党及其领导下的红色区域。当下的国际传播不仅仅是停留在地域间的信息交互和观点输出,国际传播能力既是国家综合实力的重要体现,也是国家软实力的构成要素。随着我国国际交流日益频繁、与世界舞台中心的距离更加贴近,只有适应智能媒介时代传播趋势,建立同国家实力匹配的国际传播能力才能充分发挥我国在全球政治、经济事务及文化交流中的影响力,为我国在国际舆论格局中发出振聋发聩的声音,为改革开放和社会发展营造健康有利的外部环境。

---

① 于文娟.智能媒介时代大学生媒介素养的嬗变与提升路径[J].传媒,2020(14):84-86.
② 张志安,李辉.平台社会语境下中国网络国际传播的战略和路径[J].青年探索,2021(4):15-27.
③ 刘琛.国际传播理论及其发展的主要阶段与反思[J].中国人民大学学报,2017,31(5):112-121.

二、智能媒介时代国际传播的紧迫性

当今世界与当今中国面临百年未有之变局,国际环境风云万变,表面平静之处亦有暗流涌动,新冠肺炎疫情波及之处医疗紧张、经济衰退,东西方自苏联解体之后稍显和缓的意识形态之争再掀波澜,一直以来基于意识形态问题产生的诸多矛盾经疫情渲染更显白热化,中国国际传播面临的外部环境波诡云谲。① 当前,国际传播虽受限于物理空间距离,但在互联网上的信息交互远超往日,智能媒介时代产生的新技术、新现象、新思维也为展现东方大国的现状带来了新的机遇与挑战,国际受众对中国事宜的认知偏差仍未消减,对中国形象的主观感知与真实的中国形象也存在较大差距。从内部环境上看,当今我们正处于实现中华民族伟大复兴的重要时期,在努力实现"两个一百年"奋斗目标这一重要节点上,加强国际传播能力建设,提高中国话语在国际社会的"音量"与"音质"亦有利于支持我国的"人类命运共同体"倡议,真正达成"发展共同体"及"建构持久稳定的国际秩序",为我国经济高质量可持续性发展赋能。

三、智能媒介时代国际传播的竞争格局

国际话语权实际上是一种国际权力关系,通常以国家的综合国力为基础,反映了国际社会各行为主体在世界经济格局中的位置和影响力,也直接决定了各国能否在国际舆论场域表达自身的立场与态度。现行的国际话语格局衍生于国际上"西强东弱"的这一失衡的信息传播秩序,西方国家出于资本和技术上的双重优势,在19世纪中后期即开始布局割据国际传播领域。以美国为代表的发达国家凭借其对国际舆论的主导权,持续向以中国为代表的广大发展中国家灌输其主张的意识形态和价值观念,并令我国等国家长期处于他者和失语者的位置。

1870年1月17日,早期三大通讯社(路透、哈瓦斯、沃尔夫)为了确认各

---

① 庞亮,李雅君.创新完善学科建设 加快培养新时代国际传播后备人才[J].对外传播,2021(10):12-15.

自对世界新闻市场的垄断范围,签订"联环同盟"协定。该协定以三大社为主,美国的纽约联合新闻社也参加其中(但不能插足美国以外地区的新闻采集发布),所以通常被称为"三社四边"协定,又称《通讯社条约》。该协定确定了各社采集和发布新闻的范围,并规定互换新闻。1892年美国联合通讯社(简称"美联社")成立后,取代纽约联合新闻社,重新与三大社缔约,取得了向加拿大、墨西哥、中美洲等地发展的自由,但在这些地区没有垄断权利。1912年美联社宣布不受其约束,自行向国外发展。"一战"爆发后,该协定已名存实亡。1934年11月各通讯社代表正式宣布取消这一协定,接受美国提出的在任何地方任何人都可以自由发布新闻的原则。

时至今日,西方国家于国际传播竞争中的信息传播与议程设置水平仍遥遥领先,中国国力日益强盛带来的与西方国家在利益及价值观方面的冲突仍然潜藏危机,西方国家始终对我国持有偏见,并将其贯彻于新闻报道,热衷于歪曲事实、断章取义,以及在互联网平台上进行消息封锁,从美国推特公司宣布关闭17万个"与中国政府有关联""传播对中国政府有利的虚假信息"账号,到特朗普宣布计划动用行政命令禁止TikTok在美运营权,再到拜登企图推出以意识形态为纽带拉拢盟友签订"未来互联网联盟"提案,西方发达国家对中国的消极态度在误导海外受众、污名化中国的过程中,束缚了我国国际传播的脚步,限制了中国媒体传播中国话语的空间和格局。

目前为止,尽管基于不同国家立场和特定地缘政治经济需求的话语体系之间的竞争关系对全球话语权力秩序产生了深刻的重构作用,国际传播的版图格局也在一定程度上被新兴大国改写。① 国际传播和话语权力秩序的整体平衡正向传统主流西方政治经济版图之外的区域拓展,但西方主流话语占据强势地位的根本属性并未发生改变,短期内也不太可能动摇其盘踞已久的统治根基。

迈入新时代,我国取得了斐然的发展成就,并逐步走向世界舞台中央,自身国际地位和有关国际事务的话语权空前提升,中国正在实现从国际传播格局的"旁观者"向"引领者"转变。基于国家综合实力提升、国际传播经验的积累和深厚的文化传统,我们将在国际传播格局中继续坚守和布局,以

---

① 姬德强,张毓强.传播与全球话语权力转移[J].对外传播,2019(10):60-63.

第九章 提升播音员主持人国际传播能力的策略研究

期提升中国国际形象和国际话语权,改善国际舆论环境"西强东弱"的现状。

第二节 智能媒介时代我国国际传播的现状及趋势

一、我国主流媒体的国际传播现状

1941年12月3日,延安新华广播电台日语广播的正式开播标志着中国人民对外广播事业的诞生,也是我国国际传播的起点,自1943年1月起,每周都会播发一篇由国宣处撰写的时事评论,其中《所谓东亚共荣圈之内情》《日本不堪消耗战》等评论文章在当时起到了对内鼓舞士气、安定民心,对外澄明事实,塑造中国正面形象的作用。① 改革开放以来,我国在国际传播领域取得的发展可以理解为从国际话语体系中的"旁听者"到"参与者",这与国际社会上的宏观变化不可分割,也与党中央一贯高度重视国际传播实践工作的调性密不可分。国际上,以英美为首的发达国家发展效能渐露颓势,与中国模式基于发展可持续性上迸发的充沛活力形成鲜明对比,国际上不乏对真实的中国故事、中国现象感兴趣的受众。在国内,党中央高度重视我国国际形象的构建和舆论引导力的提升,倡导以"讲好中国故事,传播好中国声音",以中国梦为核心的文化符号向世界传递中国价值观,在此号召下,国际传播所需的媒体硬件设施得到更新建设,学界就如何建设我国国际传播能力也掀起了研究浪潮。

但不可否认的是,当前中国话语在国际话语体系中仍然处于失势位置,在智能媒介高速发展的背景下,跨越了传统媒体地域时空限制的信息传播内容和形式日益丰富,但同时也开启了国际话语体系竞争的新纪元。② 西方国家借助智能媒介力量在原先基础上不断巩固其反华思潮,甚至企图渗透其

---

① PEATTIE M, DREA E, VEN H V D. The battle for China: essays in the military history of the Sino-Japanese War, 1937—1945[M]. New York: Stanford Press, 2010: 123—143.
② 尹朝晖. 公共危机事件中的谣言传播与政府治理[J]. 郑州航空工业管理学院学报, 2012, 30(6): 132—135.

余领域,此外,西方话语借助智能媒介强化其垄断地位,通过广泛传播"绝对自由""普世价值"观念等企图覆盖中国话语、代替我们发声,从自身价值观念标准出发,抢占议程设置先机,中国话语在国际话语体系中的现状不容乐观。

中央电视台中文国际频道自1992年成立至今经历四次改版,在2007年改版后由面向全球观众的单一性节目播出平台转变为面向亚洲、欧洲、美洲地区进行针对性节目的播出平台,在传播内容、节目包装、主持人语态上也进行了相应调整。① 2019年以来将原本主打"新闻+专题"的频道节目谱系向"新闻+专题+综艺"的方向延伸开拓,收视和口碑均取得不俗的反响。② 早间新闻《今日环球》展示了我国新闻栏目在时效性、全球性、综合性方面的进步,常态性文化节目《环球综艺秀》使相通的人文情怀得以沟通,中华文化的深厚底蕴得以彰显。

中国国际电视台(CGTN)历经四个发展阶段后,也深化了尊重规律、深化融合、加强评论、完善包装的发展理念。③ 2014年,中央做出推动传统媒体和新兴媒体融合发展的战略部署,首次提出建设新型主流媒体的概念。与此同时,我国主流媒体也同步积极探索并取得卓越成效。④ CGTN自成立以来坚持本土化发展战略,建立全球化制播体系,现如今其国际重大新闻事件的自采率可达100%,同时着力引进在海外主流媒体有从业经历的高水平外籍人员,在针对中国时政新闻的采集上采用"融通中外"的方式,更多地使用外籍记者和主持人进行新闻报道,甚至让外籍记者进入"两会"和党的十九大等中国时政新闻第一线,在选题策划方面也会邀请外籍记者参与。⑤ 同时,在有关中国的热点问题上利用互联网平台进行积极的议程设置、舆论引导。2022年北京冬奥会,全世界的目光都汇集于中国,CGTN也占据了报道的"黄金机位",无论是在Tiktok和抖音海内外社交平台发起"玩转冰雪"系

---

① 刘阳.解析中央电视台国际频道扩版后的传播理念与传播机制[J].中国电视,2007(7):69-73.
② 刘燕南,李翔.因时而进 因势而新——中文国际频道改版及节目创新的观察和评析[J].电视研究,2019(12):16-19.
③ 江和平.深融合 强发声 创旗舰——CGTN积极推进高质量发展升级改版工作[J].电视研究,2019(11):58-61.
④ 许敏球.新型主流媒体的建构逻辑[J].传媒,2020(16):69-72.
⑤ 李艾珂,吴敏苏,赵鹏.世界信息传播秩序演变与中国的贡献——以中国国际电视台(CGTN)的传播实践为例[J].现代传播,2018,40(6):65-69.

第九章 提升播音员主持人国际传播能力的策略研究

列挑战赛等预热活动,还是对谷爱凌等一众明星运动员的系列专访,以及围绕"中味冬奥"主题进行的系列报道都深受海外受众欢迎,也使得海外原先别有用心唱衰中国冬奥的言论不攻自破。2019年国际奥委会主席巴赫宣布新华社与美联社、路透社、法新社并列成为国际奥委会认可的通讯社,从某种意义上说这也是确认了新华社"国际四大通讯社"的地位。①

智能媒介时代中国话语的国际传播主体上仍以政府和官方媒体为主,尚未能充分调动民间传播资源,由此常常绕不开国际传播过程中中国话语官方色彩浓厚的问题,也容易令国际受众在消化信息时持保留态度。在传播思维上,交融中外的意识已经觉醒但未能完全贯彻于实践,随着国际传播思维的迭变,传媒工作者也逐渐意识到我们的国际传播任务不仅是让世界知道中国发生了什么,更是让世界理解中国为什么这么做,但如何真正使中国观点获得世界认同,其具体路径有待实践。传播对象的选择仍停留在"一刀切"的传统上,没有充分利用大数据等技术对受众进行归类,欠缺对国际传播受众的精准投放意识。传播技术紧跟媒体应用科技前沿,但对于技术的可持续性运用及把握较为匮乏,像H5、AI技术手段等,至目前多为陈设性、展示性应用,对新科技的运用潜力有待挖掘。总而言之,针对智能媒介语境,中国话语的国际传播体系尚待系统性调整。

二、当前国际传播环境的特点与趋势

智能媒介时代,新媒体尤其是社交媒体的普及应用几乎重塑了公众的消息消费习惯,呈现出信息流动圈层化、信息捕捉瞬时化的特征。② 我国所面临的国际传播环境呈现出受众复杂多元、大众传媒力量增强、超级数字平台形成新格局的趋势。

一是受众日益复杂多元:当前,国际媒体受众构成日渐复杂,进一步多元化、细分化,清晰的国家、民族边界在跨国数字平台上愈发模糊,对于受众的分类也不仅是停留在国家、民族层面,还与喜好和认知密切相关。

---

① 魏伟.中央广播电视总台北京冬奥会国际传播影响力研究[J].中国广播电视学刊,2022(4):27-30.
② 黄河,邵逸涵.对外讲好中国环境故事的关键问题与实践策略[J].对外传播,2022(3):31-34.

二是大众传媒力量增强:基于跨国数字平台的跨文化虚拟社群和网络行动主义蔚然成风,驱动着国际传播线上主体的多元化和散点化。① 在主流媒体加强国际传播能力建设之余,民间传播与国际受众的广泛链接也是提高中国话语权和国际传播效能的巨大潜在力量,例如,2021年2月,李子柒的系列美食和传统文化原创短视频在海外运营后相继获得了YouTube平台1410万海内外订阅量,创造了YouTube中文频道最多订阅量的吉尼斯世界纪录。可见,民间大众传播主体传播中国故事的影响力不容轻视,如何利用民间大众传媒力量传播中国话语,值得深思和实践。

三是超级数字平台形成新格局:多边主义的国际关系转变为大国数字化的地缘博弈,超级数字平台形成国际传播新型宰制格局的情况下,我国数字平台基础建设应该提上议程。有了传播力强大的数字平台,才能承载中国话语的国际传播内容。提高传播艺术,强化内容输出,破除语言障碍,利用新型传播技术的同时,也应将目光、资源和资本投注在数字平台的基础建设上,让中国话语的国际传播能免遭掣肘。

因此,要想对资源进行合理规划,提升我国的国际传播力,就必须实施重点突破战略,在这个过程中应该注意以下几点:第一,重点受众应是海外受众;第二,重点渠道应是新媒体与外文媒体;第三,重点地区应是西方发达国家;第四,重点人群应该是社会精英。

第三节 我国主流媒体播音员主持人在国际传播中存在的问题

视听节目受媒介技术更迭的影响,其载体空间和传播方式发生演变,使主持人拥有了更广阔、更便捷的传播时空,也为其带来了新的机遇和挑战。主持人的立场、人设、文案、流量、信息、平台等因素越来越复杂地影响着主流媒体主持人的荧屏表现和可持续发展,对主持人的业务能力和水平提出了更高要求。主持人要想在国际传播中脱颖而出,讲好中国故事,传播中国

---

① 姬德强.平台化突围:我国国际媒体提升传播效能的路径选择[J].中国出版,2021(16):8-11.

第九章 提升播音员主持人国际传播能力的策略研究

声音,树立品牌形象,发挥长效作用,最重要的原则是要站稳立场,加强党性原则,增强文化修养,为国家和人民发声,展现真实、全面、立体、生动的中国。在国际传播实践中,虽然陆续出现了一些有影响力的主持人,但总体而言不及欧美主持人的国际影响力强。我国主流媒体主持人在国际传播中主要存在业务能力不足和传播经验不足等问题。

一、播音员主持人的跨文化传播能力不足

在以国际社交平台为主要舆论阵地的国际交流中,主流媒体主播存在跨文化传播能力不足的问题。在中外新闻播报中,其文稿风格始终带有以往"宣告型"色彩,缺少信息挖掘和故事性,给国际受众带来的直观形象仍然停留在"政府的读稿机器"上,缺少情感传递。主流媒体在将中国故事向海外输送的过程中,不能忽视国际受众的信息汲取习惯,应适应其接受方式和体验观感,既要"模仿"国际主流播报风格,又要在当下的国际传播习惯和中国特色社会主义新闻价值观的交集中深耕,走出自己的创新之路。

二、播音员主持人的播报形式较为陈旧

主流媒体主播的有声语言传播是国际传播过程中的直观要素,我国主流媒体主播的新闻播音风格一脉相承,特色鲜明,但在轻松化、平易化、社交化的互联网平台上,主流媒体主播的"播音腔"未能较好地适时调整,具有鲜明个人风格,能评论时事、分析新闻事件的主持人不多,如何能在保证新闻播报态度严肃的同时,形成国际受众喜闻乐见的播音风格还需要多加研究和实践。例如,中央电视台在国庆60周年的报道节目中,采用的是画面与解说词相结合的方式,以播音员的诵读来贯穿整个电视节目。而凤凰卫视则采用的是多元解说和评论视角相结合的方式,以主持人解说、评论员评论以及记者报道等方式替代解说词,内容主要是介绍武器特点、军力、军种等,并且也对现场气氛以及见闻等进行了相应的叙述。在这种情况下,如果观众可以同时接收二者的直播信号,相信很多人会选择后者。[1]

---

[1] 侯和君.公共外交下中国国际传播力建设的思考[J].传播力研究,2018(2):30-31.

我国主流媒体在报道方面的播报形式还比较保守陈旧,播音员主持人在国际新闻的题材选择上,要以新闻价值为主,增强对新闻事件的解读能力。对于新闻媒体而言,衡量其实力的标准在于报道的速度与深度,在若干重大事件报道之后,播音员主持人较好的新闻解读能力能树立良好的媒体形象。例如,在播报新闻的同时,加入评论员的解读,并在西方语境下对舆论进行引导,与国际受众就其关注的问题进行有效衔接,才能提升主播及媒体平台的影响力。

三、播音员主持人的个性风格不明显

纵观我国主流媒体主播的荧屏寿命,至中老年时仍能站在主播台一线的寥寥无几,而西方国家主流媒体主播的荧屏寿命相对较长。例如,拥有50多年主持生涯的CNN电视台主播拉里·金主持备受欢迎的脱口秀节目《拉里金现场秀》(*Larry King Live*)长达25年,创下了吉尼斯最长主持世界纪录。反观我国,可称得上家喻户晓的主持人也有不少,例如赵忠祥、杨澜、倪萍、董卿、陈鲁豫、窦文涛等,但是"常青树"不多,主持的节目也很难维持较长时间,一般三五年一改版,十年一轮换或转型,主持人的风格不够稳定,节目也因为各种原因难以维持原样,要么主持人换了,要么节目类型换了,且受语言的限制,很难被外国受众熟知。英语节目主播除了刘欣、季小军、杨锐、田薇、邹悦、邹韵较多出现在英语类新闻采访或文化访谈节目中外,其他英文主播都在更新换代,他们面孔清新,还缺少时间的积淀让其深受瞩目。这一类参与国际传播的主流媒体英文主播,在国内并未被人熟知,受央视国际频道落地区域的限制,主持人和节目都难以走向真正的国际传播,英语国家的本土受众更青睐接近性强的本国主持人,更关注与他们自己生活息息相关的新闻节目。可见,国际传播要深入人心,除了使用国际通用的英语之外,还要精心打造亲和力强的主播风格,深化传播内容的可看性和趣味性。我国主流媒体的国际知名主播人数不多,这一现象与我国国际传播事业起步较晚有关,亦与我国播音主持人才培育体系相关。要打造国际主播个人品牌,从表征上看,要从主播的个人外在形象、语音语貌入手,找到国际受众的风格偏好与适合主播自身风格的平衡点,形象看起来还要时尚、精干、自信;

第九章　提升播音员主持人国际传播能力的策略研究

从内涵上看,国际主播要不断提高自身语言播报能力、信息处理能力、评述能力以及应变能力。目前,在各媒体机构 AI 主播研发热情高涨的环境下,真人主播作为发声人的中介功能被大大削弱,特别是国际传播中能即时播报多种语言的国际主播数字人应运而生,一般性的只能处理翻译信息或者只能用英语流利播报的真人主播将面临被翻译机器人或主播数字人替代的风险。要培养具有国际传播能力的主持人,要有更丰富的媒体从业经验,无论是新闻播报还是人物访谈或综艺文化节目,都要不断积累人气,成为"多面手",要不断创新求变增强自己的技能,寻找合适的传播题材和内容,凸显个人风格,设置立体化的人设,作为主流媒体品牌乃至中国话语国际传播中的"门面",应赋予其更丰富更深刻的内涵,才能在国际传播中有一席之地。

四、播音员主持人的国际交流经验有待充实

智能媒介时代,多元技术发展为用户交互提供了更多可能。主流媒体在积极摸索与国际传播媒介机构及用户个体互动的方式,主流媒体主播在信息播报之余也遇到了异国他乡的"水土不服"。在载入史册的全球传播大事件中,中美两国美女主播约谈对弈,CGTN 主播刘欣不负众望、从容应对,展示了良好的播音主持素养,但不难发现,在"约谈"中,刘欣大部分时间是在对答,"约谈"的话题多为美方主播翠西引入,虽说归根到底是议程设置、舆论造势的工作,但也需主播在具体事件的国际传播实操中有意识地自我提升。从宏观上看,我国主流媒体在国际传播竞争中面临的境况十分相似,一方面主播要用非母语的英语发声;另一方面,主播本人要有一线新闻从业经验,要熟知国内媒体传播的最新境况,深刻领会党的对外宣传政策,掌握一手新闻资讯并能有自己的独立观点。要在这两者之间找到平衡实属不易,不经过长期的磨炼难以达到这样的高度。相对欧美国家主播的母语优势,我国的主流媒体主播从国际传播的起点上来看就有难度。从微观上看,CGTN 在 2022 年 3 月发布了一则向海外受众介绍传统二十四节气之一春分的视频,视频中出镜的主播身着粉色汉服,在满园春色中展示"春分"的汉字书写,但英语播读过程中显露出"中式发音"的瑕疵,文稿中对节气春分的介绍也稍显生硬,前者或许与其专业能力不扎实有关,但二者合一也令人不禁

反思主流媒体主播在国际传播过程中情景融入与角色代入生涩的问题,这还是应回归到新闻传播实践环节中加以磨练。

五、播音员主持人的平台传播力不足

随着我国社会经济发展实力和综合国力的逐步增强,主流媒体在国际传播舞台上的地位也日益凸显,传播力、影响力显著提升,但也存在传播平台用户经营意识欠缺、内容生产趋同、新兴产品研发不足等问题,具体情况如下。

一是传播平台用户经营意识欠缺。主流媒体在国际传播领域为适应智能媒介发展所带来的变化做了诸多努力,但在 Twitter、YouTube 等国际社交平台上的用户维护有待经营,主要体现在无法充分利用大数据实时监测掌握用户的内容需求和消费习惯,难以总结用户的反馈,从而无法精准根据用户需求生产内容、调整渠道。此外,在融媒趋势之下,互联网平台传播实现了主体与客体之间的强交互性,出现了很多网红主播,但主流媒体平台主播与网红主播不同,前者代表国家立场,肩负着对外传播的使命,受到节目播出平台或者其他因素的限制,通常难以与国外受众实现实时互动,用户在对信息做出评价时无法收到即时回应。在互动过程中,主流媒体形象虽然清晰可感,但尚不能充分调动互联网平台的交互性为己所用。

二是节目内容生产趋向同质化。新媒体时代,国际受众在内容消费上呈现出的个性化、娱乐化的趋势,主流媒体针对国际受众需求的调整还需要一个研判过程。在现今国际传播过程中,节目的内容主要是新闻编译类和文化娱乐类,相对而言从选题立意和传统化的制作播出方式来看,我们认为好看的新闻和优秀的节目,不一定能得到外国受众的喜爱。虽然播出渠道增加了,覆盖面更广了,但是在开辟适合国际受众的视角、锚定情感公约值、挖掘内容的深度等方面,尚缺乏有效创新,难以在恒河沙数的信息流中自成一格。

三是新兴产品研发不足。智能媒介技术的快速迭代,对信息传播的内容和渠道产生了巨大影响,在这种情况下,主流媒体在国际传播中难以开发新兴产品。一些最新的人工智能新技术,如 ChatGPT 都源于国外的最新研究,技术和受众的双重多元融合,对我国主流媒体主播的国际传播也提出了新的要求,如研发传播中国话语的相关产品、促进智能媒介技术发展,推出对标国际标准的融合新闻媒体产品等。

第四节 欧美优秀电视主持人的国际传播特点及经验

一、欧美新闻类主持人的国际传播特点和经验

欧美新闻类主播机制与我国主流媒体主播机制显而易见的不同是主播的主导性、自主性更强,对新闻节目的把握更独立,很多主播在镜头之后还是栏目主编,为此新闻类主播与整档节目能达成高度的协调统一,既满足受众的需求又体现自己的立场和态度,这一类有风格、有观点、有态度的新闻主播通常受到受众的喜爱。

欧美优秀新闻类节目主播多为记者出身,在新闻一线积攒大量采访经验,像克朗凯特、布里策等人均是由实地记者转为栏目主播的。同时,在新闻播报过程中他们充分利用人际传播要素,在单一播报之外用自己的体验式报道,通过独特的视觉和听觉对栏目形象进行丰富,超越简单新闻播报的模式,使栏目沾染上人格化色彩,更为立体。主播真诚、可信赖、饱满的人物形象是栏目的重要组成部分,与新闻节目相辅相成形成品牌效应。在20世纪80年代的美国,CBS新闻主播克朗凯特深受观众青睐,甚至在许多问卷调查中,民众对其信赖程度要超过总统等政要,这与其所在的《晚间新闻》栏目坚持"主播中心制"有关,也与其匠心独运的传播理念有关。该栏目突出主持人的主体位置,形成了主持人独特的播音主持风格。无论是对内还是涉外报道,坚持掌握第一手资料是他的报道原则,并且他主持的《晚间新闻》从来不只是干瘪平淡的新闻转述,更多的是他自身态度的激情陈述,甚至有时悖逆主流媒体新闻主播的身份限制。他曾在越南战争一线作为战地记者进行新闻播报,几年后他在回顾当时越南战场的惨状时公开声明了对美国上层决策者的不满。克朗凯特在职业生涯中坚持发表诚实、公正、独立的见

解,与受众对新闻的期待不谋而合,并且他始终把自身放到受众的角度去共情发声,因此观众钟情于他。

二、欧美严肃型访谈节目主持人的国际传播特点和经验

严肃型访谈节目是在新闻资讯类节目之外,对社会性新闻、人物的进一步深入报道。在西方,此类型节目主播倾向于调查事件、挖掘真相,发表独立见解。智能媒介时代,这类节目在自由开放、互动性强的互联网平台占有一定优势。在传播过程中,严肃性新闻体现的是"不以和为贵"。严肃型谈话节目的话题往往具有争议性,采访过程要体现不同观点的交锋和辩论,要展现自身节目形式的独特性,这就要求节目主播在访谈过程中对有争议的话题穷追不舍,在采访时不惜以尖锐的态度刨根问底。2020年10月,时值美国总统大选,享誉美国多年的新闻访谈栏目《60分钟》对特朗普进行了专访,在主持人莱斯利针对敏感问题的连番发问后,特朗普中断录制提前离开现场,这为该栏目创下了新的观看纪录。不仅如此,主播甚至在与采访对象发生争执的情况下,还会在一旁煽风点火以使其充分表达观点,将事实越辩越明。此外这类节目在访谈过程中,主播除了针对采访对象深入挖掘新闻痛点外,也重视受众的参与。名嘴拉里·金曾在节目现场设置热线电话,在主播与受访对象交流过后,他也给予观众与受访对象一定的交流机会,以制造更多元的观点碰撞,挖掘更多有新闻价值的信息。

三、欧美娱乐性访谈节目主播的国际传播特点和经验

从某种程度上说,娱乐休闲类节目也是精神文明建设的一部分,在轻松戏谑之余带有一定的价值观渲染和教化功能,这在美国脱口秀节目繁荣的状态中可见一斑,娱乐中不乏讽刺,嬉笑中亦有温情。美国的脱口秀节目作为娱乐节目,通常与观众是双向选择的,在国外市场也深受追捧。首先,娱乐性访谈节目主播的主持现场"说""演"并重,即在主持人的基本素养之外,还强调其对严肃话题的消化及娱乐性转化,娱乐节目主播是节目气氛的引领者,主播全面的表演才华、敏捷的对答思维几乎决定了节目的成败和走向。例如,《柯南秀》《吉米现场秀》《约翰·奥利弗上周今夜秀》的主播们在

第九章 提升播音员主持人国际传播能力的策略研究

此前都有一定的表演功底或编剧经验。此外,主播于节目而言有不可替代性,节目以主播名字命名,凸显个人风格,主播在节目中乐于分享过往丰富的人生经历,对事件发表具有启迪性的观点,个人特质在节目中显露无遗,在节目外亦产生广泛影响。"美国脱口秀"之母奥普拉·温弗瑞就是典型案例,在节目中面对访谈嘉宾她是循循善诱的"知心大姐",真诚温暖的特质支撑起了《奥普拉脱口秀》,使其成为脍炙人口的品牌栏目,在节目之外她热心公共事务的形象更是丰满,是具有正能量的公众人物,一身传奇的她与辉煌的《奥普拉脱口秀》是相辅相成的。

▶▶▶ 第五节 提升我国主流媒体播音员主持人国际传播能力的策略

一、树立主流媒体播音员主持人的国际传播理念

(一)立定根基,明确中国节目思想导向

智能媒介时代的全球传播是多元文化、价值理念的大杂烩,主播在节目中的一言一行不仅牵动节目的走向,还关系到最终的内涵传播,无论是新闻节目还是娱乐节目,主播早已不是节目中的"念稿机器",更是以主讲人的角色传递观点、抒发态度、表明立场。因此,要想不受信息洪流的裹挟,主流媒体主播在国际传播过程中最首要的问题就是扎根新时代中国特色社会主义文化土壤,坚定文化自信,在深刻理解中华文化内涵的基础上阐述中国信念,讲述中国故事、中国经验。

(二)换位思考,跳出自我本位的思维习惯

将受众反应纳入传播前的备稿活动是提高传播效能的有效方法。新环境下的播音员主持人不仅要深刻理解中国文化内涵,也要对国际上其他国家、民族受众文化习惯有一定了解,同时要具备国学底蕴和国际视野,具有较强的跨文化交流能力,从自我本位的"宣告式"传播转变为平等交流的"开

放式"传播,考虑受众的视听习惯,缩短不同文化间的交流差距。

(三)找准定位,打造独树一帜的个人品牌

主流媒体主播的职业生涯要取得长足的可持续发展就要结合自身基本情况做好主持形象定位,千篇一律的主持风格在国际传播过程中也难以让观众留下深刻印象,主播镜头外丰富的经历、渊博的学识、过人的专项特长是西方众多主持名嘴主播生涯发展中的宝贵财富。我国的播音主持人才培养过于模式化,主播要想具有一定辨识度和个性风格,还需再下功夫、积极锤炼,想要在国际传播领域获得长足发展,亦需要与国际社会接轨,对标西方优秀主播的成功标准,找到适合自身的发展路径,挖掘个人潜力,不断充实自我,提高国际传播的专业素养和综合能力。

二、优化主流媒体播音员主持人的国际传播内容

(一)针对国际性新闻主动报道,于国际舆论场积极发声

要让国外受众对中国文化感到认同,要先让他们对中国话语感觉熟悉,在日复一日的熏陶中产生涵化效果。① 任何国家的受众对国际新闻都是关注的,西方媒体经利益权衡后对于国际新闻进行有选择性的报道,许多真实的声音无法为世人所知,所以我们在追踪热门话题的同时亦需要特别关注西方媒体闪光灯以外的故事,着力为被掩盖的事实发声。CGTN主播邹悦在系列节目《悦辩悦明》中采用五节的篇幅向海外受众披露了新冠疫情起始时真实的中国武汉,讲述万众一心的传奇故事,亦表明了对西方媒体差别报道的态度:"中国人向来不把这些低级手段当一回事,中国人喜欢以直报怨,做好自己。"除了紧跟热点话题,主流媒体主播还应积极探讨同一时间中外新闻媒体在报道视角和报道内容方面的差异,从而去伪存真。在"和平共处五项原则"的外交理念和"人类命运共同体"倡议指导下,主流媒体主播要对新闻报道做出客观公正的评论,才能在国际受众心中找到中国话语权的存在感。

---

① 郑亮,夏晴.我国媒体国际传播多元内容体系建构研究[J].现代视听,2021(8):12-17.

第九章 提升播音员主持人国际传播能力的策略研究

(二)流行文化与传统文化并举,推动中华文化深入人心

迈克尔·波特曾说道:"基于文化的优势,是最根本、最难以替代和模仿、最持久和最核心的竞争优势。"随着中国经济的迅猛发展和中华民族的伟大复兴,中华文化无疑在国际传播上占据了传播的绝佳优势。网络红人李子柒的系列视频在还原古法技艺、传播美食文化的过程中,将寄情于山水、向往美好田园生活的意境呈现出来,让身处纷扰都市中的国外受众得以窥见带有浓浓中国风味的"桃花源",由此受到海外受众的瞩目与热捧。当然,无论是五千年岁月长河中积淀的深厚传统文化,还是中国现代化发展进程中迸发出的充满活力的现代文化,都是当前我国国际传播中的重要内容,在当下的国际传播过程中应当两者兼备。CGTN 于 2021 开设的文化类节目 *The Vibe*,延续了其前身 *Culture Express* 的文艺路线,对节目内容的选择有了新的补充,在开播之际便呈现了惊艳全国的河南卫视《洛神水赋》以及乌镇戏剧节上最新的精彩片段,还邀请了青年流行歌手蔡维泽与他的乐队现场献唱,并且在主持人与青年歌手的交流中,采用了以年轻受众喜闻乐见的娱乐综艺节目形式,其节奏轻快、对话轻松。可见,今天的文化节目在国际传播中,不仅要"旧瓶装新酒",对诸如书法、中医、剪纸、太极等传统文化进行介绍、讲解和再现,寻求传统文化与现代社会共通的精神价值,还要"新瓶装新酒",传播当下中国的流行文化,全面展现当今中国式现代化建设成就。

三、完善主流媒体播音员主持人的国际传播手段

(一)提高双语能力,打好语言基础

香港广播电视台基于其受众的多元性,要求主播具备"两文三语"的国际化语言传播能力。[①] "两文"是中文、英文,"三语"指的是普通话、粤语、英语。而境内主流媒体主播原则上应具备扎实的中文及其播报对象官方语言的播音主持能力,即在语音上纯正、语法上准确、语汇上丰富。扎实的双语

---

① 翟慧慧.电视节目主持人文化价值提升研究——以"一带一路"、粤港澳大湾区建设为背景[J].传媒论坛,2019,2(8):96-98.

播音能力除了是新闻播报的硬件外,亦是访谈节目的刚需。主播要想拥有扎实的双语播音基础,必须依赖适宜的语言环境和日常的刻苦训练。像毕业于哥伦比亚大学的财经类节目主持人常馨月,自小在北京和纽约两地长大,流利地道的口语在播报中给予受众"宾至如归"的体验;另一位英文主播季小军则是在大学期间修读英语专业并出国深造,在日复一日的训练中拥有了一口纯正的英语发音。

(二)更新传播技巧,充分调动可利用元素

智能媒介时代传播新形势对主播的传播技巧也提出了新要求。主流媒体主播在国际传播过程中,要更加注重与受众的交流感和互动性,适当地增添亲和力,根据节目特性,采用国际广泛适用的语音语调、语言风格、访谈思路对传播内容进行二次加工,对播音主持副语言进行开发,注意妆容、肢体语言运用与节目的适配度,同时调动各种可利用的镜头元素。例如,西方主播更注重用舞美道具、现场乐队、动作设计来创造传播氛围、把握传播节奏、提高传播效果,以此促进主播的信息传达和情感表达,使之更具感染力。

(三)把握传播内容,调和文化差异

不同文化背景下产生的思维、情感差异是主播跨文化传播中要攻克的难题,因此,主流媒体主播在国际传播过程中要具备国际思维能力,既能将本土文化内化于心,也能较快适应不同文化,不断开阔眼界,及时更新原有的知识结构。主播国际思维能力的建构是循序渐进的:一是要对自身的传播内容有全方位的了解和深入思考;二是要熟知传播对象的文化背景、习俗惯例、风土人情、生活方式;三是要关注不同民族、不同国家、不同地域和不同信仰受众心系的共同话题。通过对传播内容的消化,掌握传播的核心要点,通过对传播对象的了解,把握国际媒体受众的偏好,摸清具体传达路径,找准对话沟通的方式,通过对共同话题的引导和把控,突破文化差异产生的隔阂,打开与受众沟通的切入口。

(四)基于情感理解,达成深度沟通

情感是没有国界的。"一个故事最先打动人的地方,不是其文化宣示或

第九章 提升播音员主持人国际传播能力的策略研究

价值观的披露,而是情感的真挚深沉,文化并非冷冰冰的、孤立静态的存在,其传播效果往往与情感体验密切相关。"① 在新媒体背景下,人们的信息消费习惯偏向于情感化、情绪化,只有那些能够激发人们情绪波动的内容才能获得更好的传播力。② 得人心者得天下,无论何种类型的节目,"走心"是播音员主持人吸引受众关注的硬通货。主流媒体主播要讲好中国故事,也要具备人文关怀意识,在新闻播报和访谈交流中发掘情感元素,利用人性情感共通点、共情处直击人心,拉近与受众的心理距离。情感共通之处的交流碰撞最能打动受众,情感共鸣能潜移默化地影响不同受众,也能使国际受众对中国文化产生亲近喜爱之情。

(五)利用社交平台,注重账号经营

主流媒体主播在立足电视播音主持主阵地的同时,也需要注重拓展线下非播音主持活动。"互联网+"时代的各类社交平台,给予了主播们广阔的发展空间,受众群体青睐的个人风格,也为主播们的发展争取了独当一面的机会。社交平台为主流媒体主播提供了在主播台以外可以发挥的空间、展现自我的机会。主播应考虑不同技术手段的特点与传播内容的协调性,充分利用直播、短视频等形式,跟踪反映热点话题,积极与粉丝互动交流,做好账号经营。成功的社交账号经营既可提高塑造主流媒体主播的品牌形象、个性风格,提高个人知名度,又可增强传播内容的影响力,无论是对主播的职业生涯发展还是培育中国话语的"意见领袖",都是双赢局面。

结　语

新时代,以习近平同志为核心的党中央对主流媒体提出了新的要求,也为主流媒体的未来发展擘画了整体蓝图、指明了前进方向。随着综合国力迅速提升,我国主流媒体在国际传播中应从旁观者向引领者积极转变。传播技术的现代化使播音主持工作日益复杂、语言艺术样式融合变化,对播音员主持人的功力要求更严格,如何在坚持规范化的基础上进一步提高播音

---

① 刘小燕,李静.中国共产党对外传播叙事的对话性与主体间性[J].当代传播,2023(1):57.
② 李真,李华伟.新时代国际传播播音主持人才培养策略[J].传媒,2021(3):86-88.

主持质量,成为亟待解决的问题。在智能媒介传播环境下,面对国际受众情况日益复杂、大众传播兴起、技术飞速发展的国际传播大趋势,主流媒体主播在国际传播过程中应积极进行自我调整,解决用户经营意识欠缺、内容生产趋同、新兴产品研发不足的问题,把握好互联网传播的新阵地和主战场,在我国国际传播能力建设中起带头示范作用。主流媒体主播作为国际传播过程中受众的直接接触对象,其自身国际传播能力的提升亦非常必要,西方众多优秀主持人的成功经验为我国主流媒体主播的国际传播能力发展提供了借鉴参考。智能媒介时代下的国际传播,要求播音员主持人切实掌握国际传播规律、适应新的传媒形式,打好双语播音基本功,丰富国际交流经验,成为具有中国气质、理解海外受众、高效沟通中外的国际播音主持人才,讲好中国故事,为提升中国国际话语权和国际传播能力增光添彩。未来,主流媒体主播要担负建设中国特色全媒体传播体系中排头兵的重任,在更广阔的国际舆论格局中传播正能量、弘扬主旋律,不负历史、不负时代、不负人民,为全面建设社会主义现代化国家、实现中华民族伟大复兴做出更大贡献。

参考文献

A. 著作类

[1] 鲍列夫. 美学[M]. 乔修业, 常谢枫, 译. 北京: 中国文联出版公司, 1986.

[2] 黑格尔. 美学(第一卷)[M]. 朱光潜, 译. 北京: 商务印书馆, 1982.

[3] 丹纳. 艺术哲学[M]. 傅雷, 译. 南京: 凤凰出版集团、江苏文艺出版社, 2012.

[4] 凯塞尔. 语言的艺术作品[M]. 陈铨, 译. 上海: 上海译文出版社, 1984.

[5] 卜松山. 中国的美学和文学理论——从传统到现代[M]. 向开, 译. 上海: 华东师范大学出版社, 2010.

[6] 布封. 自然史[M]. 陈筱卿, 译. 江苏: 译林出版社, 2018.

[7] 马克思. 1844年经济学—哲学手稿[M]. 刘丕坤, 译. 北京: 人民出版社 1979.

[8] 左克厚. 中国美学[M]. 上海: 同济大学出版社, 2007.

[9] 张涵等. 当代传播美学[M]. 北京: 中国图书出版社, 2010.

[10] 高鑫. 电视艺术美学[M]. 北京: 文化艺术出版社, 2005.

[11] 朱刚. 二十世纪西方文论[M]. 北京: 北京大学出版社, 2006.

[12] 周振甫. 文学风格例话[M]. 南京: 江苏出版社, 2006.

[13] 周啸天等. 文章千古事[M]. 南京: 凤凰出版社, 2009.

[14] 邱明正, 朱立元. 美学小辞典[M]. 上海: 上海辞书出版社, 2007.

[15] 李心峰. 元艺术学[M]. 南宁: 广西师范大学出版社, 1997.

[16] 王岳川. 艺术本体论[M]. 北京: 中国社会科学出版社, 2005.

[17] 彭吉象. 艺术学概论(第三版)[M]. 北京: 北京大学出版社, 2006.

[18] 黎运汉. 汉语风格学[M]. 广州: 广东教育出版社, 2000.

[19] 黎运汉. 修辞·语体·风格[M]. 香港: 文化教育出版社有限公司, 2007.

[20] 程祥徽, 邓俊捷, 张剑桦. 语言风格[M]. 香港: 三联书店(香港)有限公司, 2002.

[21] 竺家宁. 语言风格与文学韵律[M]. 台北: 五南图书出版公司, 2001.

253

[22]刘勰.文心雕龙[M].王运熙,周锋,译注.上海:上海古籍出版社,2010.

[23]张国庆.《二十四诗品》诗歌美学[M].北京:中央编译出版社,2008.

[24]格雷马斯.符号学与社会科学[M].徐伟民,译.天津:百花文艺出版社,2009.

[25]刘习良.中国电视史[M].北京:中国广播电视出版社,2007.

[26]赵玉明.中国广播电视通史(第2版)[M].北京:中国传媒大学出版社,2006.

[27]张颂.中国播音学(修订版)[M].北京:中国传媒大学出版社,2003.

[28]白谦诚.峥嵘岁月——见证中国节目主持人25年[M].北京:中国国际广播出版社,2006.

[29]赵淑萍.电视节目主持[M].北京:北京师范大学出版社,1999.

[30]赵淑萍.电视新闻节目主持艺术[M].北京:北京广播学院出版社,1998.

[31]陈晓鸥.广播电视语言传播风格多样化研究[M].北京:中国广播电视出版社,2007.

[32]毕一鸣.播音与主持艺术论纲[M].北京:中国广播电视出版社,2011.

[33]吴洪林.节目主持[M].北京:中国广播电视出版社,2011.

[34]王群,沈惠萍.电视主持传播概论[M].武汉:华东师范大学出版社,2008.

[35]曾志华.中国电视节目主持人文化影响力研究[M].北京:北京大学出版社,2009.

[36]曾志华.电视节目主持人策划[M].北京:中国传媒大学出版社,2006.

[37]王朝晖.电视节目主持人的人才资本运营[M].上海:上海人民出版社,2009.

[38]陈虹.节目主持人传播[M].上海:复旦大学出版社,2007.

[39]陈洁.电视节目主持人[M].武汉:武汉大学出版社,2006.

[40]陆锡初.节目主持人概论(修订本)[M].北京:中国广播电视出版社,2006.

[41]吴郁.电视节目主持人的综合素质研究中[M].北京:中国广播电视出版,2007.

[42]吴郁.当代广播电视播音主持[M].上海:复旦大学出版社,2008.

[43]吴郁.提问:主持人的必备之功[M].北京:中国广播电视出版社,2008.

[44]冯应谦.全球化华文媒体的发展和机遇[M].上海:复旦大学出版社,2007.

[45]魏南江.节目主持艺术学[M].北京:中国广播电视出版社,2006.

[46]肖沛雄.节目主持人语言传播艺术[M].广州:暨南大学出版社,2009.

[47]张龙.记者型主持人角色论[M].北京:中国广播电视出版社,2009.

[48]任远.名主持人成功之路[M].北京:中国广播电视出版社,1999.

[49]任远,曲晨曦.电视主持人300问[M].北京:中国广播电视出版社,2006.

[50]周康梁.英国电视名主持和他们的节目——做最牛的主持人[M].广州:南方日报出版社,2009.

[51]林海春.英语节目主持人概论[M].北京:中国传媒大学出版社,2005.

[52]徐浩然等.主持人语言逻辑与管理制度研究[M].北京:中国传媒大学出版社,2009.

[53]余小梅.主持人心理素质[M].武汉:华中科技大学出版社,2006.

[54]石长顺.电视栏目解析[M].武汉:武汉大学出版社,2008.

[55]于贤德.主持人策划与创新[M].武汉:华中科技大学出版社,2005.

[56]高贵武.主持传播学概论[M].北京:中国传媒大学出版社,2007.

[57]黄幼民,张卓.主持人形象塑造[M].武汉:华中科技大学出版社,2006.

[58]裴钰.16型人格[M].北京:北京航空航天大学出版社,2010.

[59]周冠生.艺术创造心理学[M].重庆:重庆出版社,1994.

[60]肖建华.主持人审美修养[M].武汉:华中科技大学出版社,2005.

[61]肖建华.主持人文化底蕴[M].武汉:华中科技大学出版社,2006.

[62]张颂,钱明.成功主持典范[M].北京:中国广播电视出版社,2003.

[63]应天常.节目主持人通论[M].武汉:武汉大学出版社,2007.

[64]李元授,廖声武.节目主持人概论[M].武汉:华中科技大学出版社,2005.

[65]段鹏.传播学基础:历史、框架与外延[M].北京:中国传媒大学出版社,2006.

[66]段鹏.电视品牌战略研究[M].北京:中国传媒大学出版社,2007.

[67]胡智锋.创意与责任——中国电视的本土化生存[M].北京:中国传媒大学出版社,2010.

[68]胡智锋.中国电视观念论[M].北京:北京师范大学出版社,2000.

[69]王克曼,冯令沂.中国广电体制改革南方模式[M].广州:广东人民出版社,2008.

[70]埃默里 M,埃默里 E,罗伯茨.美国新闻史:大众传播媒介解释史[M].展江,译.北京:中国人民大学出版社,2009.

[71]赫伯迪格.亚文化:风格的意义[M].陆道夫,胡疆锋,译.北京:北京大学出版社,2009.

[72]董天策等.新闻公关广告之互动研究[M].广州:暨南大学出版社,2008.

[73]董天策.消费时代与中国传媒文化的嬗变[M].北京:中国社会科学出版社,2011.

[74]申启武.广播生态与节目创新研究[M].广州:暨南大学出版社,2008.

[75]谭天等.港澳台广播电视[M].广州:暨南大学出版社,2010.

[76]李献文,何苏六.港澳台电视概观[M].北京:北京广播学院出版社,2004.

[77]索亚斌.香港动作片的美学风格[M].北京:中国传媒大学出版社,2010.

[78]豪斯曼等.美国播音技艺教程[M].王毅敏,等译.上海:复旦大学出版社,2007.

[79]曾致.播音主持艺术新说[M].北京:中国广播电视出版社,2002.

[80]张仕勇,郭红,钟倩.节目主持人通论[M].成都:巴蜀书社,2010.

[81] 周宪. 视觉文化的转向[M]. 北京:北京大学出版社,2008.

[82] 叶虎. 大众文化与媒介传播[M]. 上海:学林出版社,2008.

[83] 陆扬,王毅. 文化研究导论[M]. 上海:复旦大学出版社,2009.

[84] 姜华. 大众文化理论的后现代转向[M]. 北京:人民出版社,2006.

[85] 刘涛. 环境传播话语、修辞与政治[M]. 北京:北京大学出版社,2011.

[86] 赵勇. 大众媒介与文化变迁——中国当代媒介文化的散点透视[M]. 北京:北京大学出版社,2010.

[87] 陶东风,周宪. 文化研究第10辑[M]. 北京:社会科学文献出版社,2010.

[88] 陈默. 媒介文化:互动传播新环境[M]. 北京:北京师范大学出版社,2010.

[89] 林尚立. 政治建设与国家成长[M]. 北京:中国大百科全书出版社,2008.

[90] 许明. 当代中国的文化发展[M]. 北京:中国大百科全书出版社,2008.

[91] 李友梅. 中国社会生活的变迁[M]. 北京:中国大百科全书出版社,2008.

[92] 冯波. 传媒社会学[M]. 北京:北京师范大学出版社,2009.

[93] 叶家铮. 电视媒介研究[M]. 北京:北京广播学院出版社,1997.

[94] 俞虹. 电视受众社会阶层研究[M]. 北京:北京师范大学出版社,2010.

[95] 迪金森,哈里德拉纳斯,林耐. 受众研究读本[M]. 单波,译. 北京:华夏出版社,2006.

[96] 吴红雨. 解读电视受众:多元化需求与大众化电视[M]. 杭州:浙江大学出版社,2009.

[97] 泰勒,威利斯. 媒介研究:文本、机构与受众[M]. 吴靖,黄佩,译. 北京:北京大学出版社,2005.

[98] 任悦. 视觉传播概论[M]. 北京:中国人民大学出版社,2008.

[99] 张锦力. 解密中国电视[M]. 北京:中国城市出版社,1999.

[100] 喻国明. 媒介的市场定位——一个传播学者的实证研究[M]. 北京:北京广播学院出版社,2000.

[101] 徐舫洲,徐帆. 电视节目类型学[M]. 杭州:浙江大学出版社,2006.

B. 期刊论文类

[1] 易文迪. 试论文学风格研究引入记者风格研究的意义和方法[J]. 云梦学刊,2000(4).

[2] 郭赫男,万红金. 记者风格与新闻审美[J]. 新闻界,2009(4).

[3] 王远远. 电视新闻播音风格转换透析:央视新闻播音的微妙变化[J]. 新闻传播,2009(12).

［4］廖宏勇.风格与情感——从克里福德的"艺术—文化"系统看品牌传播［J］.宁夏大学学报（人文社会科学版）,2009(7).

［5］吴玉霞."风格学"理论的发展［J］.新疆艺术学院学报,2009(3).

［6］黎运汉.近20多年来汉语风格学研究的成就和发展趋势［J］.扬州大学学报（人文社会科学版）,2003(3).

［7］袁艳.节目主持风格与人格化传播［J］.湖北社会科学,2003(10).

［8］刘凤至.从社会变革看我国新闻播音风格的演变［J］.内蒙古大学艺术学院报,2010(4).

［9］周芸,吴蕾.从跨体式新闻语言看新闻报道语言风格的形成［J］.学术探索,2009(4).

［10］黎运汉.建国以来汉语风格理论研究综述［J］.云梦学刊,1996(1).

［11］陈瑶.风格分析法在中国美术史研究中的运用［J］.合肥工业大学学报（社会科学版）,2011(2).

［12］高贵武.中美电视节目主持人群体特征比较［J］.国际新闻界,2007(12).

C. 学位论文类

［1］林毅.电视节目主持人形象传播研究［D］.上海:华东师范大学,2009.

［2］巩晓亮.电视节目主持人品牌研究［D］.上海:华东师范大学,2008.

［3］王轶菁.新中国电视播音主持业务发展研究［D］.成都:四川大学,2004.

［4］张鸿勋.中美两国电视新闻节目主持人分析比较研究［D］.郑州:郑州大学,2002.

［5］于洋.传播美学视野中的电视节目主持人形象塑造［D］.大连:大连理工大学,2006.

［6］王新玲.我国电视节目主持人发展现状分析与趋势展望［D］.北京:中央民族大学,2005.

［7］马培昕.电视谈话节目主持人形象调查研究［D］.重庆:西南大学,2006.

［8］王璞.论电视节目主持人个性魅力的构成要素［D］.郑州:郑州大学,2003.

D. 国外文献

［1］Evans A J. Secrets of performing confidence［M］. London:A&C Black Publishers limited,2003.

［2］Webster J G, Phalen P F. Ratings analysis:the theory and practice of audience research［M］. London:Lawrence Erlbaum Associates Publishers,1998.

［3］Baker P. Making it as a radio or TV presenter［M］. London:Judy Piatkus (Publishers) Ltd., 1995.

[4] Williams J M. Style:ten lessons in clarity and grace[M]. Chicago:Harper Collins College Publishers, 1994.

[5] Ingarden R. The literary work of art[M]. Illinois:Northwestern University Press, 1973.

[6] Weissman J. The power presenter:technique, style, and strategy from America's top speaking coach[M]. New York:John Wiley&Sons. Inc, 2008.

[7] Welsch W. Undoing aesthetics[M]. London:UK Publish House, 1997.

E. 网络研究资源

[1] 中国新闻传播学评论, http://www.cjr.com.cn

[2] 传播研究网, http://www.mediaresearch.cn

[3] 清华大学国际传播研究中心, http://www.media.tsinghua.edu.cn

[4] 中国新闻研究中心, http://www.cddc.net

[5] 传播学论坛, http://ruanzixiao.myrice.com/

[6] 新传播资讯网, http://www.woxie.com

[7] 南京大学网络传播研究中心, http://www.cmcrc.com.cn/

[8] 中华传媒网, http://www.mediachina.net

[9] 新华传媒, http://www.xinhuanet.com/newmedia/

[10] 人民传媒, http://media.people.com.cn

[11] 凤凰网, http://www.ifeng.com/star/

[12] 中国人民大学新闻与社会发展研究中心, http://research.ruc.edu.cn/xw/index.asp

[13] 芒果, TVhttp://www.imgo.tv

[13] 央视网, http://www.cntv.cn/

[14] 新浪微博, http://weibo.com/

[15]《新闻记者》网站, http://xwjz.eastday.com/

[16] 五洲传媒网, http://www.cn5c.com/new/

[17] 土豆网, http://www.tudou.com

[18] 城市联合网络电视台, http://www.cutv.com

后 记

在本书成稿之际，人工智能技术的蓬勃发展及其创新性互动已经对当前播音主持领域产生了广泛影响，传统播音主持工作的类人际口语传播正在被颠覆。当 ChatGPT 和 GPT-4 生成的 AI 主持人受到社会的强烈关注和热烈讨论时，很多省市县域融媒体和传播平台都掌握了 AI 合成主播技术，并融入当地的内容生产和传播。生成型人工智能主播是传播者大脑的扩容，进一步创新了传播的内容和节目形态，提高了节目制播的效率和智能化水平，媒体传播得到了进阶与互构，也为未来播音主持研究带来了全新的课题和方向。

笔者以 2012 年博士论文《中国电视节目主持风格的演进与创新》为基础，对其进行十余年的打磨修改，结合过去和当前播音主持学科研究的重点和热点，从播音主持风格出发，依据语言学、美学、艺术学等学科的风格理论资源，结合传播学的理论和实践，写成《新媒体环境下播音主持风格创新研究》一书，试图建立主持风格的研究体系和分析维度。从语言风格、审美风格和表现风格等方面来梳理主持风格的概念、构成、类别和特征。播音主持风格是播音员主持人的风格和节目风格的有机结合，是增强传播效果的一种途径，是传播艺术的综合体现。对于传播主体而言，播音主持风格是诠释播音员主持人特质的重要依据，是播音员主持人在外在形象、个性语言、性格气质、生活实践、心理特征等方面呈现出来的具有统一内涵、相对稳定又独具个性的艺术特色；对传播客体而言，播音主持风格是电视节目人格化传播的重要形式,是增强节目和播音员主持人的可识别性、帮助受众接受信息以及规范主持人传播行为的传播方式,也是衡量节目质量的重要标准之一。风格即人,作品即人,对于播音主持传播实践而言,无论技术如何迭代、进阶或变迁,它都是帮助播音员主持人在传播中提质增效的手段,可以说是一种催化剂,又是试金石和照妖镜,让传播者更清晰地区别自身的人格化内涵和非人格化内涵,去思考如何增强核心能力,塑造自己的风格,加强和提升在传播中所要体现的人格魅力、人性力量和人文价值。

不同时代有不同的播音主持风格,播音主持风格的演进也折射出时代和社会变迁、传播媒介和传播产业的发展变化,以及受众地位、结构和需求的变化等。从 20 世纪 80 年代我国出现首位电视节目主持人开始,主持风格借鉴早期广播电视播音风格,并在 80 年代、90 年代、21 世纪前后、2010 年网络时代、2020 年人工智能时代发生阶段性演进,风格样式从单一到多元,意识形态从政治化到"去政治化",叙事方式从宏大叙事到微型叙事,传播身份从附属到主导。从 2000 年至 2023 年这 20 多年间,播音主持风格在融合中创新,在创新中精进,出现了一大批优秀的、独具风格的播音员主持人,他们和其节目或作品在人格、人性、人文方面都给予观众无限的心灵慰藉、灵感启发和文化滋养,他们的风格代表和体现了时代风貌、平台立场,在风格传递中高扬为了人、体现人、尊重人的人文精神,也让人文逻辑实实在在地回归传播实践,影响和感染了无数观众。

节目类型决定播音主持风格的基本格调,不同类型的节目具有不同的播音主持风格特征。新闻类节目、谈话类节目、综艺娱乐类节目和社教类节目等不同类型的播音主持风格各有变化。新闻类节目主持人从播新闻到说新闻,主持风格凸显权威性;谈话类节目主持人从俯视观众到平视观众,主持风格更趋对象化、平民化,凸显思想性;综艺娱乐类节目主持人从串联台词到参与表演,主持风格日趋明星化、类型化,凸显表演性;社教类节目主持人从教育指导到参与服务,主持风格从平和质朴到知性明快,凸显专业性、知识性。

播音主持风格不仅有不同时代的总体风格、不同节目类型的风格,也具有明显的个性特征,播音主持风格需要播音员主持人来体现,播音员主持人的个人特质对主持风格具有内在规定性。播音员主持人的个人条件、角色认知和他对风格的自觉追求,促使播音主持风格产生不同的类型。

播音主持风格演进与社会时代语境的变迁、传播观念及体制的变迁、受众审美需求变化有重要联系。民主政治环境日益宽松、大众文化和视觉时代趣味重构、商业浪潮及消费社会的理念诉求带来主持风格的变化;中外传播理念的嬗变、媒介管理视域下的定位调整和传媒体制变革下的实践调整,催生主持风格从单一走向多元;受众本位观念的确立,受众结构的变化和受众需求的多样化,为主持风格的融合创新提供了市场。

我国媒介发展经历了传统媒体时代、新媒体时代和泛众传播时代,从单向传播时代向新媒体分众、双向、去中心化、沉浸式传播时代转变。作为一种传媒文化现象,播音主持风格必然会体现出一个时代社会文化的变迁,适应不同时代传播语境,服从不同时期社会发展和受众审美需求,并发挥一定的社会功能。

我国播音主持风格经过40多年的演进、锤炼、创造、提升,形成了播音主持风格的多元样态和个性特征,产生了符合受众收视需求、推动中国广播电视节目发展的播音主持风格。在媒介发展的历程中,播音主持风格都发生了不同程度的异化,存在媚俗化、同质化和表象化等问题。原创能力不强,艺术标准不高,内涵不足,稳定性差,凝聚力和同化力不强,能体现中国时代特色的播音主持风格较少,不能完全反映客观现实和受众需求,可持续性发展不强。在坚守中求变革、在变革中求创新,已成为智能媒介时代播音主持艺术可持续发展的主流态度。对播音主持行业出现的新现象、新问题展开理性辨析与价值反思，是新时期播音员主持人审视自我、守正创新的出发点。

在未来的播音主持传播实践中，播音员主持人的个性化风格仍是主持人发展的基础和制胜的关键，播音员主持人也只有真正扎根于垂直领域，打磨主持技能，创作出经典作品，真诚与观众沟通，才能发挥出自身的独特价值与人格魅力。要从整体上确立具有时代特色并为广大观众所接受的风格类型，在此基础上形成占主导地位的风格流派、打造具有全国乃至世界影响力的电视节目主持人，需要树立创新意识，逐渐向品牌化、专业化、人文化方向塑造播音主持风格。在宏观设计上，应注重播音主持风格的文化传播、受众认可和整体定位；在微观塑造上，应注重播音主持风格的个性展示、视觉设计、话语策略和情感传递。

新时代，智能媒介传播环境下播音主持艺术要与时俱进、因时而变，当前国际形势和传播环境复杂多变，这要求播音员主持人切实掌握国际传播规律、适应新的传媒形式，打好双语播音基本功，丰富国际交流经验，成为具有中国气质、理解海外受众、高效沟通中外的国际播音主持人才，讲好中国故事，为提升中国国际话语权和国际传播能力添砖加瓦。未来，主流媒体主播将在更广阔的国际舆论格局中担任排头兵，传播正能量、弘扬主旋律，不负历史、不负时代、不负人民，为全面建设社会主义现代化国家、实现中华民族伟大复兴做出更大贡献。

受研究水平和研究视野的限制，特别是研究对象"播音主持风格"本身难以准确描摹、难以定性和定量分析，虽然搜集了大量的研究资料并进行了较长时间的整理、归纳、描述、分析，但仍存在理论创新性不足和分析论述不够全面等诸多问题，对现今中国电视节目主持人特别是新媒体博主的主持传播风格存在的问题审视不够深入，对如何塑造具有时代特色和中国气派的播音主持风格的探讨还不够全面系统，对播音主持风格的分析维度、演进动因、演进阶段和分类研究仍然有许多不足之处。笔者将在今后的理论研究中进一步增强现象和样本分析，完善、细化播音主持风格研究的有关问题，特别是加深对国际传播语境、智能主播的产生和发展趋势、传媒文化及播音主持业务等方面的研究，提高该研究的理论性、应用性和前瞻性。

致　谢

通过在暨南大学新闻与传播学院多年的学习,在董天策教授的悉心指导下,从研究方法到研究能力、从学术视野到学术思维,我都有了全面的提升,学会了如何发现问题和研究问题,如何阐述问题和分析问题,如何从多学科、多角度、多层次理解问题,同时增强了文学、艺术学、心理学等各个学科领域的知识,在艰难的学术道路上又迈进了一步。董老师渊博的知识、良好的学术素养、严谨的治学态度和持之以恒的理想追求,给学生们树立了典范,也让我时常感到学术之难和学术之苦。经过不知道多少个日日夜夜的刻苦奋战、多方调研、反复思考、几易其稿,终于完成了博士学位论文。对我来说,这个过程是十分艰辛和难忘的,也是人生重要的心路历程,在这个过程中所磨砺出来的毅力和耐心,将使我终身受用,衷心地感谢董老师多年来对我的耐心指导和谆谆教诲。今年是博士毕业第12年,经过这些年工作和科研的积累,我反复对博士论文进行修改,终于将论文整理成书。

在这里,我十分感谢帮助过我的老师和领导,特别感谢我在湖南大学新闻与传播学院读书时的硕士生导师吴高福教授;感谢在暨南大学读博士期间指导过我的林如鹏教授、范以锦院长、曾建雄教授、蒋建国教授、蔡铭泽教授、张晋升教授;感谢香港理工大学的李德超教授、香港浸会大学的黄煜教授、中国人民大学的高贵武教授、华南理工大学的苏宏元教授;感谢东莞广播电视台的领导和同事们;感谢我所在的东莞理工学院文学

致 谢

与传媒学院的郑坚院长、田根胜教授、阎江书记、杨金山主任、李缨教授,感谢学院传媒系同事们给予的良好科研氛围;也感谢陈文敏、李红、许鑫、胡丹、李绍元、陈娟、刘佩、孙彧、陈长松、文远竹等同学无私的帮助。最后,感谢我的家人给予我的无限关怀与支持。

本书虽然出版了,但仍有一些不足之处,学术之路也永远没有停歇,我将在智能媒介时代播音主持艺术创新和国际传播等领域继续深入研究,争取取得更大的进步。